戦後ドイツと知識人

アドルノ、ハーバーマス、エンツェンスベルガー

橋本紘樹

人文書院

戦後ドイツと知識人　目次

凡例

一、アドルノ、ハーバーマス、エンツェンスベルガー、ゲーレンのテクストへの参照に関して、略号を設定したものは、本文中および巻末の「参考文献」で略号を示し、必要に応じて巻数および頁数を記載している。

一、外国語文献に関して、原書が挙げられている場合は、独・仏・英語に関係なく拙訳を用意したが、邦訳情報が併記されているものは、そちらを適宜参照している。ただし、アドルノ、ハーバーマス、エンツェンスベルガーについては数多くの引用を行っているため、本文中の注には邦訳情報を記載せず、巻末の「参考文献」で指示するにとどめた。

一、書名、雑誌名、新聞名、ウェブサイト名には『　』を、新聞・雑誌等の記事名、論文名には「　」を付した。

一、本文中の〔　〕は、筆者による補足を示している。なお、〔…〕は中略を意味する。

戦後ドイツと知識人——アドルノ、ハーバーマス、エンツェンスベルガー

序章

体系なしに拘束力を持とうとする思考は、その際、自分に対して現れてくる抵抗に準拠するのであり、それゆえ統一的契機は、思想自体の「自由な事行」ではなく、事象が思想におよぼす強制力に由来するのである〔…〕。（テオドール・W・アドルノ）[1]

一　知識人とはなにか

「知識人（Intellektuelle）」という概念が明確な輪郭を持って歴史に登場したのは、一八九四年のドレフュス大尉の逮捕に端を発する、フランスのドレフュス事件においてである。以来その言葉は、「私は弾劾する（J'accuse）」と抗議の声を発したエミール・ゾラに代表されるドレフュス派の作家たちを指し、公的な場で知的批判を行う者を集団的に指し示すものとなった。[2]第二次世界大戦後、このようなドレフュス事件に由来する知識人の形象を最も体現したのは、ジャン＝ポール・サルトルである。

さまざまな社会問題に介入し、公衆の意思形成に働きかけたサルトルは、知識人を考察する論考において一つのメルクマールとなっている。ドレフュス事件において誕生し、サルトルが体現した知識人像は、「普遍的価値」に依拠して社会問題に介入するという特徴を付与され、「普遍的／一般的知識人（universelle Intellektuelle/ allgemeine Intellektuelle）」と呼ばれてきた[3]。

しかし、時代の変遷とともに社会の細分化が加速すると、とりわけ知識人が有するとされた「一般性」や「普遍性」が疑問視され始め、特定領域における「専門性」に立脚点を求める議論が展開されていくことになる。なかでも、ジャン＝フランソワ・リオタールが一九八〇年代に行った「知識人の終焉」宣言は、非常にセンセーショナルなものであった。リオタールは、技術が高度に発展し知的営みが非常に分化した現代において、知的階層の人々は自身の管轄領域で「可能な限り優れた遂行（performances）を実現すること」に注力しており、「ある普遍的な価値（une valeur universelle）をそなえた一個の主体」の立場から批判を行うような、従来の知識人の位置づけを再考する必要性をいち早く看取したのだった[4]。

リオタールとほぼ同時期に、専門分化が高度に進展する現代社会において、知識人の政治的機能が変化してきていることを察知し、その新たな可能性を先駆的な形で主張したのがミシェル・フーコーである。彼によれば、知識人たちはもはや「普遍的なもの」や「正義」においてではなく、「特定の諸部門、彼らを位置づける明確な地点において」知的活動を行っているため、現代において考察されねばならないのは、「専門知」を基盤に自身の領域における特定の活動を通じて政治参与を行う、「〈特定的〉知識人（intellectuell « spécifique »）」の役割であるとされる。そして、特定の領域を通じて政治化が行われるため、以前は文筆家に限られていた知識人の役割が、官僚、医者あるいはソーシャルワーカーなど、より多様な領域へと拡張され、「知から知へ、ある政治化の地点からほかの地点への横断的な紐帯を生産することが可能となる」[5]。むろんフーコーは、「特定的知識人」が「状況的な闘争、および各部門の要求事項に甘んじる危険」や、「この局地的闘争を導いている政党や組合装置によって操作されるがままになるリスク」を認めている[6]。そのような危うさを認めながらも、フーコーは「特定的知識人」の構想を通じて、諸専門間の交換と支援を行う知識人の政治的介入のあり方を模索することで、従来の普遍性に代わる新たな総合的地平を志向し、知識人の役割の再定義を試みたのであった。

こうした議論は、むろん決してフランス語圏に留まるものではなく、広く西洋全体の問題でもあった。英米圏に目を向けてみると、たとえば一九九〇年代にはエドワード・サイードが、フーコーとある種対照を成すような、独自の知識人論を展開した。その骨子は、「専門知」を立脚点とすることで生じてくる「プロフェッショナリズム（専門主義）」に対する批判である。サイードは、専門家が政府のスポークスマンになりうる可能性や、専門用語を用いることで公衆から議論の内実を隠してしまう危険性を指摘し、「エキスパートでないという理由で反論を向けられる」時代状況に警鐘を鳴らした[7]。サイードが提示するのは、「プロフェッショナリズム」に対する「アマチュアリズム」、つまり「〔専門主義とは〕異なる一連の価値観や権利」を表象し、「普遍的原則」にのっとり、権威に対して批判を行う知識人の意義である[8]。その際「普遍的」とされるのは、自由や公正を要求し、それらが侵犯されたときに抗議すること、あるいは「最低でも、国際社会全体で文書として集合的に承認された行動基準と規範をひとしく適用する[9]」ことであり、形而上学的「普遍性」とは次元が異なるものである。そしてそうした価値観を表象し、批判を行うには、顔のない専門家としてではなく、社会のなかで特殊な公的役割を担う個人として、権威や組織から相対的に自立していなければならない。サイードの試みは、「専門性」が問題を抱えるなかで、権威や体制に組み込まれることのない「個人」あるいは「主体」を出発点として、従来とは異なる「普遍性」を希求するものであった。

比較的新しいドイツ語圏からの声にも耳を傾けておこう。二〇〇〇年代に入ると、アクセル・ホネットが、「社会批判（Gesellschaftskritik）」と区別する形で、現代社会における知識人の役割について検討している。ホネットによれば、民主主義の進展により、共通の利害について議論される「政治的公共圏」の制度化は一定の成功を収めてきており、「専門的知識」をもとに公的な場に参与する人々の数は明らかに増加している。[10] それゆえ、「文芸欄で愚かしくも繰り返される知識人消滅に関する議論も正当化される余地は全くない」[11]。一方で、公共圏ではメディアの「内的な水門の作用」により論じる対象が限定されるため、そうした活動は「日々の政治にとって重要な問題」だけに集中し、問題の選択や説明がどのようにして公的に受け入れられるに至ったのか、その構造自体は不問にされる。[12] そしてホネットは、こうした既存の公共圏において「規格化された知識人（normalisierte Intellektuelle）」を民主主義進展の証左として一面では評価しつつも、この間に知識人たちの論争の場から、公的な諸問題が成立する前提条件を問う「社会批判」が消え、「知性」と「社会批判」の間の従来の関係性が瓦解してしまったと悲観的に語っている。[13]「社会批判」には、「社会・文化的な諸条件の連鎖」からなる意思決定過程の総体を疑問に付すという「全体論的な特徴（holistische[r] Zug）」があるため、説明的な社会理論による正当化が不可欠である。[14] ホネットは一人の研究者として、現代の知識人から切り離されてしまった機能を補完すべく、説得力のある「理論」を通じて社会を「全体」として批判的に捉えるという方向性で、社会との距離を新たに模索しているのだ。

以上、かなり大まかにサルトル以後の知識人論の展開の概観を追ってきたが、近年一つの大きな潮流を成しているのは、フーコー的な側面から、「専門性」に依拠した公的議論への参加の可能性を探る試みである。(15)その問題点はすでにサイードにより的確に指摘されてはいるが、サイードの議論もまた、一般的で抽象的な原則に甘んじ、当該の問題のメカニズムを捉えきれないという課題が残されている。(16)また、専門家ではないアマチュア的批判を強調することにも注意を払わねばならない。なぜなら、専門家に対峙する際、アマチュアの「直感」が重要視される可能性があり、確固とした理論ではなく「感覚」だけに依拠することで、公共の場で行われる批判が独善的なものになる恐れがあるからである。また、民衆の感覚や利害に訴えかけることによってのみ知識人が正当性を得ようとすれば、アマチュア的価値観の顕揚《けんよう》が悪い意味でのポピュリズムへとつながっていくことも考えられる。(17)そしてホネットにおいては、ドレフュス事件の際にゾラが現行法に則って抗議を展開したことからも分かるように、過去を振り返っても「知識人」の活動と「批判的な社会理論」が必ずしも一致していたわけではなく、現代の知識人に対する諦観が一面的であるように思われるうえに、(18)その突破口を社会理論にのみ見出すことが適切なのかどうか、疑問が残る。

いずれにしても重要なのは、ドレフュス事件に由来する「知識人」の役割をめぐる戦後の議論が、「普遍性」の素朴な標榜が不可能になった時代を正視しつつも、新たな包括的視点を確保し公的介入の意義を問い直す、という一点で結ばれているということだろう。そして、それはいまだ解決を見ていない。もとより、二〇世紀の知識人の歴史的形象を「一般的／普遍的知識人」のような一つの定義に還元することは、示唆に富む数々の差異を消し去ってしまう行為である。そうであれば、今一度歴史を振り返り、かつての知識人たちの「一般性／普遍性」への志向や公的介入のあり方を再考してみる余地も十分に残されているのではないだろうか。

二　知識人研究の方法論、あるいは対象の選択

誰が「真の」知識人であるか、あるいは、「真の」知識人の役割とは何か、という問いは、決して一義的に答えられるものではない。それは常に、知識人間で繰り広げられる「卓越化・地位・権力をめぐる闘争の対象」であり続けてきた[19]。フーコー、サイード、そしてホネットの試みもまた、他の言説との差異化のなかで自らの洞察に説得力を持たせることで、知識人（ないしは社会理論家）の新たな役割を浸透させる狙いがあったと言える。

もちろん、知識人間で繰り広げられる解釈をめぐる争いが全てではない。その特有の活動領域を思い描くために、フランスの社会学者ピエール・ブルデューの分析を引用しておこう。

知識人とは、二つの次元を行き交う存在（*ein bi-dimensionales Wesen*）である。知識人の名に値するために、文化の生産者は二つの前提を満たさねばならない。一方では、知的に自立した〔…〕世界（場）に属し、そこで通用している独自の規則を尊重せねばならない。他方では、どんな時

にも狭義の知的な場の外部で生じる政治的活動に、知的な場の内部で獲得した能力と権威を持ち込まねばならない。〔強調は原文ママ〕[20]

知識人が知識人たり得るには、自らの足場たる「文化的領域」に属しつつ、そこで得た知見や権威を活用して、「政治的領域」で活動を行う必要がある。もっとも、その二つの領域の間にそれほど明確な線が引けるかどうか疑問が残るだろう。例えば文学賞や文化的行事というものは、常に政治的な要素を含む、いわば双方の間に位置づけられるような出来事であるし、知的に自立した「文化的領域」という発想も、知の生産そのものが権力をめぐる闘争である、というフーコー的な見方に十分に耐えることができないように思われる[21]。しかしながらこのブルデューの定義は、なにが「政治的」であるかをそのつどの文脈に即して注意深く検討に付す必要があるものの、知識人の分析を行ううえで一つの道標となるだろう。純粋な理論や真理、学問の追求だけが問題なのではなく、それとは異なる次元で展開されるなんらかの「政治的活動」に結び付けられてはじめて、知識人としての行為が識別されうるのである。

したがって、知識人が置かれている歴史的状況や社会における立ち位置といった要素が非常に重要になってくる。「知識人」という言葉で理解されるものは、予め決定されているのではなく、「歴史的に特有の位置関係や可能性の地平に依存している」のである[22]。知識人の活動領域は、常に現代史の文脈のなかで規定されてきた。ブルデューの議論にも関連するが、その際に、「思想史（Ideen-geschichte）」と「知識人の歴史（Intellektuellengeschichte）」を区別しておくことは有益だろう。前者が、ある思想の成立を歴史に位置づける傾向を持つとすれば、後者はよりアクターたる思想の担い手に焦点を当てる試みを指す[23]。知識人を単なる「テクストの生産者（Textproduzent）」に還元することを避けるには、それぞれの伝記的背景はもちろんのこと、メディアの性質や経済的な利害関係、知識人間同士の論争、政治的立場の戦略的な選択、個人のパフォーマティブな能力、あるいは不可避的で偶然的な要素などを総合的に考慮に入れなければならない[24]。

以上の点を踏まえれば、たとえば現代的な視点から、歴史的に成立した知識人像を直接参照することの問題性が浮き彫りになる。むしろ焦点を当てるべきなのは、ある知識人像が特定の歴史的文脈の下でどのように生まれ、実践されたのか、同時代の知識人たちの布置連関のなかでいかなる位置を占めていたのか、そして時代情勢の変化のなかでいかに批判的に対峙されつつ反響を生み出していったのか、という側面ではないだろうか。「一般性／普遍性」を素朴に標榜できない時代における、政治的ないしは公的な場で知的批判を行う知識人の役割という一点は堅持しながら、そうした変遷を精緻に追い、ある知識人像の持つ意義と可能性を適切な形で把握してはじめて、それを現代的な議論へと結びつける端緒が開かれるのである。

三　ドイツ連邦共和国とアドルノ、ハーバーマス、エンツェンスベルガー

本書ではこのような問題設定のもと、ナチズムという全体主義により、「普遍性」のような一義的な価値観のもとに社会を形成していくことの脅威を直近の過去に経験した戦後のドイツ連邦共和国、

それも民主主義国家として成熟する足場が固められた一九四九年の建国から一九七〇年ごろに至るまでの時期に活躍した知識人たちにスポットライトを当てたい。

主権国家としての地位確立を最優先事項に掲げた初代連邦首相コンラート・アデナウアーによる強権的な「宰相民主主義」は、「経済の奇跡」により終戦まもない西ドイツを安定的な成長軌道に乗せるという成果をもたらしたものの、その反面で「非ナチ化政策」の終了が告げられたこともあり、戦前からの連続性が保持され、閉鎖的で抑圧的な雰囲気が社会に蔓延していた。そうしたなか、とりわけ反体制派の知識人たちに許された活動範囲は非常に限定的なものだったが、これは、「ドイツのドレフュス事件」と呼ばれる一九六二年の『シュピーゲル』事件で大きな変化を迎えることとなる(25)。NATOの軍事機密を暴いた一九六二年一〇月一〇日号の週刊誌『シュピーゲル』が、国益に反する情報を漏洩したとして、当該記事の発行者と編集者ルードルフ・アウクシュタインが逮捕された。すると、当時さまざまなメディアで注目を集めていた文学集団「四七年グループ」の作家たちをはじめ、学者やジャーナリストがこぞって言論の自由の侵害に抗議の意を表明し、摘発を指示したシュトラウス国防相は辞任に、その余波でアデナウアー政権もまた退陣に追い込まれたのだった。こうして、より民主主義的な社会を求める声が高まりを見せ、一九六〇年二月の時点で議会に上申され可決が時間の問題となっていた非常事態法への抗議など、学生運動を中心とした議会外反対派（APO）の動きが盛り上がるなか、知識人の影響力も次第に強まっていった。概して、一九六〇年代から一九七〇年代にわたるこの時期において、知識人たちは国家の方向性を問い直すうえで非常に重要な役割を果たし(26)、「論争的」ではあるものの「正当性を持った」存在として、政治のアリーナに登場したのである(27)。

とはいえ、こうした状況が突如として生まれたわけではない。終戦直後から「民主主義的再生（democratic renewal）」に向けてなされた知識人の尽力を決して忘れてはならないし[28]、一九五〇年代から西ドイツ国家の形成を追いかけるように文化面で生じた「第二の知的基盤形成」もまた、民主化の進展に確固たる足場と継続性をもたらした[29]。その苦闘が日の目を見るに至った一連の流れは、社会全体のリベラル化に向けた「学習過程（Lernprozess）」として捉えうるし、ユルゲン・ハーバーマス（一九二九―）の言葉を借りて、社会における「知識人の制度化」と呼び表すことができるだろう[30]。さらにこれに関連して忘れてはいけないのは、「体制批判」を連想させる知識人という概念が、いわゆる左派ないしはリベラルの専有物では決してないという事実である。たとえば「体制批判」を否定的に捉える言説であっても、「体制批判」の激化を通じた社会の不安定化という公的なレベルで生じる問題を懸念し、それに対する介入を試みるものであれば、それ自体が知識人としての役割の一つと見なしうるのである[31]。また、かような相互批判は一見対立的に見えたとしても、左派／リベラル対右派／保守というしばしば無批判に想定されがちな対立軸を超えて、知識人の意義をめぐる議論に繰り返し新たな刺激を与えていくものである。ドイツ社会がリベラルな自己理解を培うなかでも、保守派の議論は確かな寄与を果たしてきたし、その影響を無視することは実情に見合わない[32]。

上述した背景を踏まえ、ここで注目したいのが、戦後に亡命先のアメリカから帰国し、フランクフルト社会研究所の再建やナチズムの「過去の克服」に精力的に取り組むことで、若い世代に多大な影響を与えた思想家テオドール・W・アドルノ（一九〇三―一九六九）である。先に挙げたサイードが、アドルノを「本質的な知識人」の体現者と評したことは非常に示唆的である。サイードの目に映るのは、「全面管理社会内部において統制されえぬもの」、つまり「主体」や「個人」の意識を強調し批判を行い続けたアドルノの姿であった。[33] しかしながら、サイードのような積極的な評価はむしろ例外的で、これまでアドルノは「知識人」という観点からあまり主題的に取り扱われてこなかった。それには、これまでアドルノに対して付与されてきたイメージと密接な関係があると思われる。

マックス・ホルクハイマーとの共著『啓蒙の弁証法』や主著『否定弁証法』に見られる、アドルノの徹底的な理性批判（ないしは近代批判）に対する反論の代表として、同じく「フランクフルト学派」に属するハーバーマスのものを挙げることができる。ハーバーマスは、理性が合理性を追求する「道具的理性」に凝固し、全面物象化を通じて人類が「野蛮」へと転落することを警告する『啓蒙の弁証法』のテーゼに疑問を呈し、「道具的理性」と化したはずの理性による理性批判、すなわち自らの理性使用だけを特権化する論証の「遂行的矛盾」を指摘した。そして、アドルノの主著『否定弁証法』と併せて、「出口のない」批判ないしは「実践」から遠ざかる「修行」と断じたのである。[34] また、一九六〇年代末アドルノは、激化する抗議運動に対して理解を示しつつも、「行動主義」の危険性を警告し一定の距離を置いたことから、急進派の学生たちから非実践的な大学教授と揶揄され、フランクフルト社会研究所の占拠や講義妨害を受け、その直後に持病の悪化によりこの世を去った。そして遺作も、一見政治的実践とはかけ離れているかに見える、美学芸術学をテーマとした『美の理論』だった。[35] つまり、「否定」の理論という受容に当時の伝記的背景が重なる形で、非実践的な思想家アドルノというイメージが、彼を知識人研究の領域で取り上げる妨げとなってきたと言える。

しかしながら、二〇〇〇年前後からその傾向も少しずつ変化してきている。まずもって以前は、ハーバーマスの批判に対してアドルノの理論を再度問い直そうとする動きは——一部反動的な擁護も含めて——非常に限定的なものだったが[36]、それがより幅広い論者や分野において見受けられるようになってきた[37]。そして理論面だけでなく、たとえばアルブレヒトらは、アドルノがラジオやテレビなどを通じて「過去の克服」を訴えかけることで若い世代に影響を与え、ドイツ連邦共和国の「知的基盤形成」に多大な寄与を果たしたことを社会史の観点から明らかにした[38]。同様に、「文化産業」の概念を生み出し、大衆文化・メディアを拒絶した文化保守的エリートというクリシェの見直しも進んでおり[39]、伝記類の出版も含め[40]、アドルノの実態が一層鮮明に解き明かされてきているのだ。

デミロヴィッチによる『非体制順応的知識人』（一九九九）は、「知識人」という観点を明確に打ち出した貴重な研究である。まずもってデミロヴィッチは、アドルノとホルクハイマーの「批判理論」は「常に繰り返し、もっともな根拠から疑問視され論駁されてきたし、時として全てが不毛だと非難され、死を宣告されもした」という定説を覆すべく、「社会理論は、それを代表する知識人たちによる実践との連関においてのみ把握されうる」というテーゼを出発点に据えている[41]。その主張によれば、アドルノとホルクハイマーは、当時の社会学のあり方をめぐる論争や学生への教育実践などを通じて、他の言説との差異化を図り、戦後西ドイツのアカデミズムで文化的ヘゲモニーを獲得することで、自らが構想する「理論に持続性を付与し、それを単なる狭いサークルを超えて広げること」を試みたのである[42]。その際に鍵を握るのが『啓蒙の弁証法』であり、「彼らにとって重要だったのは明らかに、支配の宥和という契機を、啓蒙の弁証法が持つもう一つの側面として強調することだった」[43]。ただし、先にも見たように、「道具的理性批判」による理性の救済はアポリアを抱える。それゆえ、知識人たちは、

「もはや自らの思考をミメーシス的に世界に適応させるのではなく、それを自己省察的に（reflexiv auf sich selbst）用いて世界から距離を取ることによって」、啓蒙を継続する必要がある。[44] デミロヴィッチによれば、知識人は解釈のために歴史や社会に対して取らねばならない距離を「自己省察」することで、権威的な振る舞いを遠ざけつつ一面的な発展に疑問を呈し、ささやかながらその抑制に寄与することができると、アドルノとホルクハイマーは考えていたとされる。[45] そして両者の「理論」は、歴史の頽落を阻止すべく、こうした洞察を社会に一般化するためになされた「実践」と、すなわち、自らの体現する「非体制順応的知識人」の制度化と結びつけて解釈せねばならないのである。

このデミロヴィッチの洞察は、同じく批判理論の研究者であるマルティンにより継承されている。彼女は、「非体制順応的知識人」の概念を「批判理論」の外部の同時代の思想家ギュンター・アンダースとジャン・アメリーにも拡張し、アドルノを含めた三人に、「知識人としての性質（Intellektualität）」として、「自己省察」的思考が共通することを明らかにした。[46]

これらの研究のおかげで、アドルノの知識人像を検討するうえで「自己省察」が極めて重要な要素となることがわかった。一方で、デミロヴィッチが分析するアカデミズム内部の活動が、「非体制順応的知識人」の制度化という「実践的」で「政治的」な側面を持つことは否定しえないものの、アドルノが知識人として、ラジオやテレビなどのマスメディアを通じ、より「公的」な場で社会批判を「実践」に移していたことも事実であるため、新たにメディア実践という観点を付け加えねばならない。それにより、「自己省察」の内実をより精緻に読み解くことができるだけでなく、他者との開かれた議論を志向する「討議」という契機もまた不可欠のものであったことが判明するだろう。

本論の主眼はもう一つある。それは、いかにしてある知識人像が歴史のなかで批判的に対峙されつつも反響をもたらし、新たな可能性に開かれていくのか、というものだ。そもそもデミロヴィッチは、初期批判理論の正当性を擁護するために、大学における「非体制順応的知識人」の制度化という観点を組み入れたわけだが、その点を強調するあまり、「批判理論」の側にありながらも後にアドルノやホルクハイマーに対して痛烈な批判を向けたユルゲン・ハーバーマスの位置付けについては――当時の活動については詳述されているものの――時折差異を強調する程度でほとんど論求していない(47)。マルティンにおいても、直接的な影響関係のない思想家を意図的に選択しているため、アドルノとハーバーマスの関係性は不問にされている(48)。さらに、両者の伝記の著者でもあるミュラー＝ドームに至っては、それぞれの知識人像を「無人地帯からの批判者」と「公共圏の参加者」という形で、二項対立的に捉えてしまっている(49)。そこで、あらためて、知識人としてのアドルノとハーバーマスの関係性を歴史的文脈に即して問い直さねばならない(50)。

くわえて、例えば先述の『シュピーゲル』事件に見られるように、当時の公共圏で作家や詩人たちが担った重要性に鑑みるならば(51)、「フランクフルト学派」を超えたアカデミズムの外部にアドルノの反響を同定することもまた必須だろう。事実、「アウシュヴィッツの後に詩を書くことは野蛮である」という彼の有名な文言は、同時代の作家・詩人にきわめて重くのしかかった。その代表的な人物の一人として、文学集団四七年グループの作家であり詩人のハンス・マグヌス・エンツェンスベルガー（一九二九―二〇二二）を挙げることができる。エンツェンスベルガーもまた、アドルノに感化されると同時に批判的に対峙しながら、自らの知識人としてのあり方を絶えず問い直し、ハーバーマス同様、社会情勢に毅然と立ち向かったのだった。以下では、思想と文学の垣根を超えてアドルノの知識人像の浸透力を見定めることが目標に据えられる。

もっとも、すでに記したように、右派／保守派の議論の意義も決して忘れてはならない。そのため、アドルノ、ハーバーマス、エンツェンスベルガーといった縦糸に、当時を代表する保守思想家で旧ナチス党員のアーノルト・ゲーレン（一九〇四―一九七六）を横糸として織り込みながら、アドルノを起点とした知識人像の展開を多角的な視点から考察していくことを試みる。[52] 一方、ここでは男性の知識人しか取り上げられていない、という反論が向けられるかもしれない。たしかに、フランクフルト社会研究所においても、六八年運動においても、女性たちの果たした役割は大きいものだったし、[53]ハンナ・アーレントのような知識人が確かな発言力を有していたことも疑いえない。その点については、アドルノとの連関において、公的な場で批判を展開した知識人の諸相を探る本論の目論見から――当時の公共圏そのものの限界として問題提起する可能性はあるかもしれないが――対象の選択を行う必要があったことを付言しておきたい。

四　全体の構成

具体的には、以下の順で論証を進めていく。なお、背景となる歴史的事象に関しては、アドルノ、ハーバーマス、エンツェンスベルガーにとって三者三様の意味合いを帯びていると考え、同一のものでも繰り返し言及している箇所がある。

第一章では、第二次世界大戦終結の前後に亡命先のアメリカで記されたアフォリズム集『ミニマ・モラリア』を紐解き、「普遍的価値」の不可能性や「思考する主観性」という点から、アドルノの知識人観の要諦である「自己省察」を再考すると同時に、「討議」という要素にも着目する。そしてそれをもとに、一九四九年に執筆された「文化批判と社会」を検討し、戦後ドイツへの帰国に際してアドルノが抱いていた社会批判の構想を浮き彫りにする。

続いて第二章に移り、ドイツへの帰国の前年にあたる一九四八年にロサンゼルスの大学で行われた英語での講演「ハイネの再評価に向けて」と、一九五六年にラジオで放送された「ハイネという傷」を、当時のアドルノの文化観を考慮に入れて比較検討する。アドルノは、文化的、かつ政治的な問題でもあったハイネ受容を切り口に、発表の場や媒体を意識しながら、自らが練り上げていた社会批判の理論的考察を実践に移していたのである。

第三章で取り上げるのは、アドルノとゲーレンのラジオ・テレビ対談「公共性――それは本来何を意味するのか」（一九六四）と「制度と自由」（一九六七）である。『シュピーゲル』事件を起点とする抗議の波が次第に高まり、学生運動が盛り上がりを見せるなか、アドルノがメディアで――それも保守思想家で旧ナチス党員のゲーレンとの「討議」を通じて――いかに振る舞ったかが、重要なポイントとなる。

第四章の課題は、フランクフルト社会研究所で活動を共にしていたアドルノとハーバーマスが、一九六〇年代の西ドイツの社会状況を前に共有していた、知識人としての問題意識を詳《つまびら》かにすることだ。アドルノの「理論と実践」観を一つの参照軸として、ハーバーマスの『公共圏の構造転換』（一九六二）

と『認識と関心』（一九六八）を読み解いていきたい。

そして第五章に向かい、まずゲーレンの主著『人間の原型と後期文化』（一九五六）と『モラルとハイパーモラル』（一九六九）を概観しつつ、ハーバーマスによるゲーレンの制度論の読解を丹念に追い、ハーバーマスの学生運動批判「見せかけの革命とその子どもたち」（一九六八）を新たな角度から照らし出す。ハーバーマスは、民主主義を保障する西ドイツ「国家」の存在意義を踏まえたうえで、「自己省察」のうえにはじめて成立する「討議」の必要性を、抗議する学生たちに身をもって訴えかけていたのだ。

第六章で扱うのは、エンツェンスベルガーである。彼にとって、「アウシュヴィッツの後に詩を書くことは野蛮である」と言い放ったアドルノは、知識人による社会参加が活発化する時代状況下で、詩人としてのあり方を「自己省察」させる存在であった。その問題意識は、詩集『点字』（一九六四）に顕著に表れており、一九六五年に公刊が始まり、自ら編集長を務めた雑誌『時刻表』の構想へと流れ込んでいく。

第七章では『時刻表』を詳細に取り上げ、エンツェンスベルガーにおける政治的実践と文学的実践の融合関係を炙り出していく。彼は、同じく反体制派の作家ペーター・ヴァイスとの論争や、ロシア革命後の水兵たちの反乱をもとにしたドキュメント「クローンシュタット一九二一、あるいは第三の革命」（一九六七）を通じて、「論拠」に基づく社会変革の道筋を示そうとしていた。そしてそうした試みは、同じく『時刻表』に掲載された詩群「さまざまな五つの詩」（一九六七）を通じて詩的表現にもたらされることになる。

第八章では、学生運動が一九六〇年代末に頂点を迎えて次第に下火となるなか、エンツェンスベルガーが作家・詩人かつ知識人として果たした役割をさらに検討する。まず、一九六八年に『時刻表』で立て続けに発表された小論「ベルリンの常套句」、「ベルリンの常套句Ⅱ」および「常套句、最新の文学に関連して」を題材に、そこで主張されている社会と文学の関係性を解き明かしていく。そして、キューバ革命のいわば黄金期に録音された実際の記録を編集し、ドキュメント文学として発表された『ハバナの審問』（一九七〇）を取り上げる。こうして、当時のエンツェンスベルガーが志向していた「自己省察」ならびに「大いなる対話」という討議的プログラムの内実に迫りたい。

以上により、アドルノを出発点に、「自己省察」および「討議」という契機を共有した知識人たちが、歴史的推移のなかで、そして相互ネットワークを通じて、いかなる展開を見せたかが明らかになるだろう。最後に、締めくくりにあたる終章では、アドルノ、ハーバーマス、エンツェンスベルガーの歴史的な知識人像が有するアクチュアリティを展望として示すことが目標となる。先述したように、何かある知識人像を直接現代へと結びつける傾向には、十分に注意を払わねばならない。しかし、歴史的背景に照らして対象を緻密に分析するからこそ見えてくる、現代との交点もまた存在するに違いない。そのためにも、まずは本書の分析対象であった一九四五―一九七〇年以降の社会の変化を視野に収め、当時と現在の差異と共通項を改めて明らかにしておく必要がある。その際重要なポイントとなるのが、一九七〇／八〇年代に生じたとされる「後期近代」への社会構造の転換と、それに起因する諸問題である。現代ドイツを代表する二人の社会理論家アンドレアス・レクヴィッツとハルトムート・ローザに依拠しつつ、「自己省察」と「討議」がこれらの諸問題に立ち向かううえで重要な契機となることを示し、本書の歴史的分析と現代との接合点を見届け、論考全体の結びとしよう。

注

(1) Adorno, Theodor W.: Vorlesung über Negative Dialektik. In: Ders.: *Nachgelassene Schriften.* 4. Abt. Bd. 16. Hrsg. von Rolf Tiedemann. Frankfurt a. M. (Suhrkamp) 2003, S. 64.

(2) 以下を参照――Berling, Dietz: *Die Epoche der Intellektuellen 1898-2001. Geburts - Begriff - Grabmal.* 2. Aufl. Berlin (Berlin University Press) 2011, S. 24-60; ヴィノック、ミシェル『知識人の時代――バレス/ジッド/サルトル』(塚原史/立花英裕/築山和也/久保昭博訳) 紀伊国屋書店 二〇〇七年、四―二三頁。ジュリアールは、サン=シモンがすでに一八二一年の『産業体系』のなかで「知識人」という語を用いていることに触れながらも、ドレフュス事件以前、公的介入は個人的なものにとどまっており、一九世紀末に「知識人」が社会的集団として政治の舞台に登場することでフランス語に定着したと述べている。ジュリアール、ジャック「フランスにおける知識人の歴史――18世紀から現代まで」(築山和也訳):石崎晴己/立花英裕監修『21世紀の知識人――フランス、東アジア、そして世界』藤原書店 二〇〇九年、一四―二三頁所収。

(3) 「普遍的知識人」という言葉は、サルトルだけを指して用いられることもある。以下を参照――Kreisky, Eva: Intellektuelle als historisches Modell. In: Dies. (Hrsg.): *Von der Macht der Köpfe. Intellektuelle zwischen Moderne und Spätmoderne.* Wien (Universitätsverlag) 2000, S. 11-65. 以下で取り上げるフーコーも「普遍的知識人」という語で直接にはサルトルを念頭に置いているが、同時に一九世紀から二〇世紀初頭において「普遍的知識人」が機能していたと論じている。そのため本書では、サルトルに限定することなく、「普遍的知識人」という語を用いる。また、「普遍的価値」の体現者としての知識人という理解に、サルトルがどの程度自覚的であったかは別途議論が必要である。

(4) Lyotard, Jean-François: Tombeau de l' intellektuel. In: Ders.: *Tombeau de l' intelletuel et autres papiers.* Paris (eidition galilée) 1984, S. 11-12, hier S. 12-13. 〔リオタール、ジャン=フランソワ『知識人の終焉』(原田佳彦/清水正訳) 法政大学出版局 一九八八年、三―一八頁、四―六頁参照〕なお、リオタールの議論に関しては本書の終章で改めて取り上げる。

(5) Foucault, Michel: La function politique de l'intellectuel. In: Ders.: *DITS ET ÉCRITS.* Tomes III. Hrsg von Daniel Defert und François Ewald. Paris (Éditions Gallimard) 1994, S. 109-114, hier 109f. 〔フーコー、ミシェル「知識人の政治的機能」(石岡良治訳):同書者『ミシェル・フーコー思考集成Ⅵ 1976-1977 セクシュアリティ/真理』(蓮實重彦・渡辺守章監修/小林康夫・石田英敬・松浦寿輝編) 筑摩書房 二〇〇〇年、一四五―一五一頁所収、一四六頁〕

（6）Ebd. S. 111.〔邦訳書、一四八頁〕

（7）Said, Edward W.: *Representations of the Intellectual. The 1993 Reith Lectures.* New York（Pantheon Books）1994, S. 79.〔サイード、エドワード・W『知識人とは何か』（大橋洋一訳）平凡社 一九九八年、一三一頁〕サイードを取り上げ、専門家による批判に疑義を呈した近年の研究としては、立花の論考が挙げられる。立花英裕「知識人の問題系――20世紀的空間から21世紀的空間へ」：石崎晴己／立花英裕監修『21世紀の知識人――フランス、東アジア、そして世界』、三〇〇―三一八頁所収。

（8）Ebd. S. 82.〔邦訳書、一三六頁〕

（9）Ebd. S. 98.〔邦訳書、一五六頁〕

（10）Honneth, Axel: Idiosynkrasie als Erkenntnismittel. Gesellschaftskritik im Zeitalter des normalisierten Intellektuellen. In: Ders.: *Pathologie der Vernunft. Geschichte und Gegenwart der Kritischen Theorie.* Frankfurt a. M.（Suhrkamp）2007, S. 219-234, hier S. 220.〔ホネット、アクセル「認識手段としての奇想――規格化された知識人の時代における社会批判」：同著者『理性の病理――批判理論の歴史と現在』（出口剛司／宮本真也／日暮雅夫／片上平二郎／長澤麻子訳）法政大学出版局 二〇一九年、二七一―二九〇頁所収、二七三―二七四頁〕

（11）Ebd.〔邦訳書、二七三―二七四頁〕

（12）Ebd. S. 222.〔邦訳書、二七五頁〕

（13）Ebd. S. 222f.〔邦訳書、二七六頁〕

（14）Ebd. S. 226.〔邦訳書、二八〇頁〕

（15）以下を参照――Bock, Hans Manfred: Nekrologe auf Widerruf. Legenden vom Tod des Intellektuellen. In: *Merkur* 66（2012）, S. 866-877; Carrier, Martin: Die Intellektuellen im Umbruch. In: Ders./ Roggenhofer, Johannes（Hrsg.）: *Wandel oder Niedergang? Die Rolle der Intellektuellen in der Wissensgesellschaft.* Bielefeld 2007, S. 13-32; Müller, Hans-Peter: Wozu（noch）Intellektuelle? Versuch einer Standortbestimmung. In: *Merkur* 66（2012）, S. 878-885, bes. S. 880f. もっとも、専門家の役割自体もまた、現代においては軽視され始めている――ニコルズ、トム『専門知は、もういらないのか――無知礼賛と民主主義』（高里ひろ訳）みすず書房 二〇一九年。

（16）立花、三一一頁。

（17）ポピュリズムの持つ危険性については、例えば、以下を参照――ミュラー、ヤン＝ヴェルナー『ポピュリズムとは何か』（板橋拓己訳）岩波書店 二〇一七年。それとは反対に、ポピュリズムを単なる大衆迎合と捉える潮流に異議を唱え、その内的論理と民主主義社会における可能性を追求したものとして以下を参照――ラクラウ、エルネスト『ポピュリズムの理性』（澤里岳史・河村一郎訳／山本圭解説）明石書店 二〇一八年：ムフ、シャンタル『左派ポピュリズムのために』（山本圭／塩田潤訳）明石書店 二〇一九年。

（18）以下を参照——Berling, S. 551-554.

（19）Gilcher-Holtey, Ingrid: Prolog. Eingreifendes Denken. In: Dies.: *Eingreifendes Denken. Die Wirkungschancen von Intellektuellen.* Weilerwist（Velbrück Wissenschaft）2007, S. 7-14, hier S. 11.

（20）Bourdieu, Pierre: Die Korporativismus des Universellen. Die Rolle des Intellektuellen in der modernen Welt. In: Dölling, Irene（Hrsg.）: *Die Intellektuellen und die Macht.* Hamburg（VSA-Verlag）1991, S. 41-65, hier S. 42. このブルデューの論考は、一九八九年一〇月二五日に東ベルリンのフンボルト大学で行われた講義をもとにしたもので、その後ドイツ語へと翻訳されて出版されたものである。ドイツ語圏の知識人論の研究においてしばしば参照される重要な論考だが、筆者の調べた限りフランス語版を発見することができなかったので、ドイツ語から引用している。

（21）例えばフーコーは、「特定的知識人」の構想を展開する際にも、「各々の社会は、その真理の体制、その真理の〈一般的政治〉を持つ。すなわち、真なるものとして受け入れられ、機能させられるような言説の種々のタイプ。真あるいは偽である諸言表の区別を可能にする諸所のメカニズムや審級、その一方を認可し他方を罰する方法。真理の獲得のために価値付与されている諸所の技術や手続き。真なるものとして機能することを告げる任務を持つ人々の地位のことだ」と語っており、知の生産をめぐる「真理政治」的な側面に言及している。以下を参照——Foucault, S. 112.〔邦訳書、一四九頁〕

（22）Kroll, Thomas/ Reitz, Tilman: Zeithistorische und wissenssoziologische Zugänge zu den Intellektuellen der 1960er und 1970er Jahre. Eine Einführung. In: Dies.（Hrsg.）: *Intellektuelle in der Bundesrepublik Deutschland. Verschiebungen im politischen Feld der 1960er und 1970er Jahre.* Göttingen（Vandenhoeck & Ruprecht）2013, S. 7-18, hier S. 11.

（23）Schildt, Axel: *Medien-Intellektuelle in der Bundesrepublik.* Herausgegeben und mit einem Nachwort von Gabriele Kandzora und Detlef Siegfried. 3. Aufl. Göttingen（Wallstein）2021, S. 19f.

（24）Ebd.

（25）以下を参照——Kroll/ Reitz, S. 9; Berling, S. 354-380; Moses, A. Dirk: *German Intellectuals and the Nazi Past.* Paperback edition, New York（Cambridge University Press）2009, S. 172-182.

（26）以下を参照——Geppert, Dominik/ Hacke, Jens: Einleitung. In: Dies.（Hrsg.）: *Streit um den Staat. Intellektuelle Debatten in der Bundesrepublik 1960-1980.* Göttingen（Vandenhoeck & Ruprecht）2008, S. 9-22, bes. S. 12.

（27）以下を参照——Kroll, Reitz, S. 9.

（28）以下を参照——Forner, Sean A.: *German Intellectuals and the Challenge of Democratic Renewal. Culture and Politics after 1945.* Cambridge（Cambridge University Press）2014.

(29) Kesting, Franz-Werner/ Reulecke, Jürgen/ Thamer, Hans-Ulrich (Hrsg.): *Die zweite Gründung der Bundesrepublik. Generationswechsel und intellektuelle Wortergreifungen 1955–1975*. Stuttgart (Franz Steiner) 2010; Albrecht, Clemens/ Behrmann, Günter C. u. a.: *Die intellektuelle Gründung der Bundesrepublik. Eine Wirkungsgeschichte der Frankfurter Schule*. New York (Campus) 1999.

(30) 以下を参照――Schildt, S. 12f.; Habermas, Jürgen: Heinrich Heine und die Rolle des Intellektuellen. In: Ders.: *Eine Art Schadenabwicklung*. Frankfurt a. M. (Suhrkamp) 1987, S. 22–54.

(31) Ebd.

(32) 以下を参照――Hacke, Jens: *Philosophie der Bürgerlichkeit. Die liberalkonservative Begründung der Bundesrepublik*. 2. Aufl. Göttingen (Vandenhoeck & Ruprecht) 2008.

(33) Said, S. 55.〔邦訳書、九七頁〕なお、政治的実践と密に連関する、本書の用いる意味での「知識人」という観点ではないが、サイードとの共通点を起点にアドルノの知識人としてのあり方をテーマ化したものとして以下を参照――入谷秀一『かたちある生――アドルノと批判理論のビオ・グラフィー』大阪大学出版会 二〇一三年、一二五―一六四頁。

(34) 以下を参照――Habermas, Jürgen: *Theorie des Kommunikativen Handelns. Band I. Handlungsrationalität und gesellschaftliche Rationalisierung*. Frankfurt a. M. (Suhrkamp) 1995, S. 489–534, hier S. 513.「遂行的矛盾」については、以下も参照、ders.: *Der philosophische Diskurs der Moderne. Zwölf Vorlesungen*, Frankfurt a. M. (Suhrkamp) 1998, S. 130–157. この線上で行われた批判として代表的なのは、Honneth, Axel: *Kritik der Macht. Reflexionsstufen einer kritischen Gesellschaftstheorie*. Frankfurt a. M. (Suhrkamp) 1989.〔ホネット、アクセル『権力の批判――批判的社会理論の新たな地平』(河上倫逸監訳) 法政大学出版局 二〇〇三年〕ほかにも、アドルノ理論の非実践性を指摘したものとして、Honneth, Axel: Kritische Theorie. In: Fetscher, Iring/ Münkler, Herfried (Hrsg.): *Pipers Handbuch der politischen Ideen*. München (Piper) 1987, S. 601–611; Kager, Reinhard: *Herrschaft und Versöhnung. Einführung in das Denken Theodor W. Adornos*. Frankfurt a. M. (Campus) 1988.

(35) 学生との対峙については、本書第三章で詳細に取り上げている。

(36) 以前の試みとしては以下の論集を参照――Löbig, Michael/ Schweppenhäuser, Gerhard (Hrsg.): *Hamburger Adorno-Symposion*. Lüneburg (Dietrich zu Klampen) 1984; Hager, Frithjof/ Pfütze, Hermann (Hrsg.): *Das unerhört Modern. Berliner Adorno-Tagung*. Lüneburg (Dietrich zu Klampen) 1990. たとえば後者に収録されている Elisabeth Lenk (S. 10–27) の論考は、ハーバーマス的なコミュニケーション理性にアドルノの(美学)理論を回収しえない点を指摘しており、Christoph Türke (S. 48–62) や Carsten Schülter (S. 63–87) は、アドルノにおける「実践」の意味を再評価している。

（37）アドルノの思想を、ナチスや「ホロコースト」といった時代経験を軸に辿り直し、「肯定的なアドルノ像」を探る細見の試みは、非常に先駆的なものであった。細見和之『アドルノ——非同一性の哲学』講談社　一九九六年。また、ホネットのアドルノに対する否定的評価も、二〇〇〇年頃から変化を遂げている。Honneth, Axel: Eine Physiognomie der kapitalistischen Lebensform. Skizze der Gesellschaftstheorie Adornos. In: *Dialektik der Freiheit. Frankfurter Adorno-Konferenz 2003*. S. 165-187.〔ホネット、アクセル「資本主義的生活様式の観相学——アドルノの社会理論の素描」：同著者『理性の病理——批判理論の歴史と現在』、八三—一一三頁〕英語圏からのアプローチとしては——Cook, Deborah: *Adorno, Habermas, and the Search for a Rational Society*. London/ New York（Routledge）2004. ほかにも、近年のものを挙げるだけでも、たとえば以下のものがある——Hogh, Philip: *Kommunikation und Ausdruck. Sprachphilosophie nach Adorno*. Weilerswist（Velbrück Wissenschaft）2015; Bonß, Wolfgang: *Wie weiter mit Theodor W. Adorno?* E-Book-Ausgabe, Hamburger Edition 2016; 表弘一郎『アドルノの社会理論——循環と偶然性』現代書館　二〇一三年：守博紀『その場に居合わせる思考——言語と道徳をめぐるアドルノ』法政大学出版局　二〇二〇年。なお、ハーバーマス的な方向性での批判は現在でも主張されている。『啓蒙の弁証法』に即したものとして以下——Sandkaulen, Birgit: Begriff der Aufklärung. In: Hindrichs, Gunnar（Hrsg.）: *Max Horkheimer/ Theodor W. Adorno: Dialektik der Aufklärung*. Berlin/ Boston（De Gruyter）2017, S. 5-21.

（38）以下を参照——Albrecht, Clemens/ Günter, Behrmann u. a.: Schneider, Christian: Deutschland I. Der exemplarische Intellektuelle der Bundesrepublik. In: Klein, Richard/ Kreuzer, Johann/ Müller-Doohm, Stefan（Hrsg.）: *Adorno-Handbuch. Leben – Werk – Wirkung*. Stuttgart（J. B. Metzler）2011, S. 431-435. これらの議論の問題点については、本書第二章で扱う。

（39）竹峰義和『アドルノ、複製技術へのまなざし——〈知覚〉のアクチュアリティ』青弓社　二〇〇七年：同著者『〈救済〉のメーディウム——ベンヤミン、アドルノ、クルーゲ』東京大学出版局　二〇一六年。

（40）以下を参照——Claussen, Detlev: *Theodor W. Adorno. Ein letztes Genie*. Frankfurt a. M.（Fischer）2003; Müller-Doohm, Stefan: *Adorno. Eine Biographie*. Frankfurt a. M.（Suhrkamp）2003.〔ミュラー＝ドーム、シュテファン『アドルノ伝』（徳永恂監訳）作品社　二〇〇七年〕; Jäger, Lorenz: *Adorno. Eine politische Biographie*. München（Deutsche Verlags-Anstalt）2003.〔イェーガー、ローレンツ『アドルノ——政治的伝記』（三島憲一／大貫敦子訳）岩波書店　二〇〇七年〕

（41）Demirović, Alex: *Der nonkonformistische Intellektuelle. Die Entwicklung der Kritischen Theorie zur Frankfurter Schule*. Frankfurt a. M.（Suhrkamp）1999, S. 11ff.〔デミロヴィッチ、アレックス『非体制順応的知識人——批判理論のフランクフルト学派への発展：第一分冊　戦後ドイツの「社会学」とフランクフルト学派』（仲正昌樹監訳）御茶の水書房　二〇〇九年、六—九頁〕

（42）Ebd. S. 37.〔邦訳書、三〇—三一頁〕

（43）Ebd. S. 63.〔デミロヴィッチ、アレックス『非体制順応的知識人——批判理論のフランクフルト学派への発展：第三分冊　批判理論と

は何か』（仲正昌樹監訳）御茶の水書房 二〇一〇年、二四―二五頁〕

（44）Ebd.〔邦訳書、二五頁〕

（45）Ebd., S. 66-69.〔邦訳書、二八―三一頁〕

（46）以下を参照――Martin, Susanne: *Denken im Widerspruch. Theorie und Praxis nonkonformistischer Intellektueller.* Münster（Westfälisches Dampfboot）2013.

（47）たとえば、両者の「理論と実践」観の差異に関して、以下に簡単な言及がある――Demirović, Alex, S. 908ff.〔デミロヴィッチ、アレックス『非体制順応的知識人――批判理論のフランクフルト学派への発展：第二分冊 戦後ドイツの学生運動とフランクフルト学派』（出口剛司訳）御茶の水書房 二〇〇九年、一三八―一四〇頁〕

（48）なお、ハーバーマスについての考察自体はなされている。しかしそれは、近年の知識社会における知識人の取り扱われ方を確認するためのもので、アドルノとの関係性を問うたものではない――Martin, Susanne, S. 199-206.

（49）以下を参照――Müller-Doohm, Stefan: Zur Soziologie intellektueller Denkstile. Gemeinsamkeiten und Differenzen zwischen Theodor W. Adorno und Jürgen Habermas. In: Bluhm, Harald/ Reese-Schäfer, Walter（Hrsg.）: *Die Intellektuellen und der Weltlauf. Schöpfer und Missionare politischer Ideen in den USA, Asien und Europa nach 1945.* Baden-Baden（Nomos）2006, S. 259-274. この考察にわずかな変化を加えたものが、以下にも収録されている。Ders.: Theodor W. Adorno und Jürgen Habermas – zwei Spielarten des öffentlichen Intellektuellen. Soziologische Betrachtungen zum Wandel einer Sozialfigur der Moderne. In: Gebhardt, Winfried/ Hitzler, Ronald（Hrsg.）: *Nomaden, Flaneure, Vagabunden. Wissensformen und Denkstile der Gegenwart.* Wiesbaden（VS Verlag für sozialwissenschaften）, S. 23-36. また、ミュラー＝ドームはツィーグラーとともに、伝記的背景からアドルノの知識人観を検討しており、そこでも、アドルノが、とりわけナチスと亡命の経験により、社会の内にありながらも外部から来た「異分子（Dissident）」として批判を展開する視点を獲得したと主張されている。しかしながら、幼少期から伝記を辿り直したこの論考では、一九六〇年以降にようやく「知識人」として影響を持ち始めたと言われるのみで、その内実にはほとんど踏み込まれていないだけでなく、理論と知識人としての活動の間の区別にも十分に注意が払われておらず、基本的にはアドルノの思想形成の過程を後付けるにとどまっている。以下を参照――Ders./ Ziegler, Christian: Professionell Heimatloser – Theodor W. Adornos intellektuelle Praxis zwischen Kontemplation und Engagement. In: Müller-Doohm, Stefan/ Jung, Thomas（Hrsg.）: *Fliegende Fische. Eine Soziologie des Intellektuellen in 20 Porträts.* Frankfurt a. M.（Fischer）2008, S. 63-84.

（50）日本においては、アドルノとハーバーマスの思想の間に連続性を見出す議論が早い段階からなされてきた。ハーバーマスのアドルノ批判は、『啓蒙の弁証法』における「文明と自然の和解」、ないしは『否定弁証法』における「客観の優位」という問題圏を徹底的に考え抜いた内在的帰結であり、アドルノの良き理解者でもあった自己自身の克服の運動であるとして、両者の思想の間に存在する「異質的連続」をいち早く指摘したのは徳永だった。徳永恂「アドルノ対ハバーマス?」:同著者『フランクフルト学派の展開――20世紀の思想の断層』新曜社 二〇〇二年、二九四―三二七頁所収。もともとは以下に収録されていた――『フランクフルト学派再考』(徳永恂編)弘文堂 一九八九年。細見もまた、徳永の解釈を引継ぎ、ハーバーマスは「社会システム論」や「言語行為論」などの新しい触媒を通じて、アドルノが陥った理性批判の自家撞着を乗り越えようと考えていたと捉え、「戦後思想」という観点でその思想を問い直している。細見和之『「戦後」の思想――カントからハーバーマスへ』白水社 二〇〇九年、二九九―三二六頁。本書もまた、アドルノとハーバーマスの連続性を追求するという点で、両者の解釈に連なるものである。

(51) 当時の政治的公共圏で、詩人や作家が知識人として果たした役割を問い直すものとして、例えば以下を参照――Hanuschek, Sven/ Hörnigk, Therese/ Malende, Christine: *Schriftsteller als Intellektuelle. Politik und Literatur im Kalten Krieg*. Tübingen (Max Niemeyer) 2000.

(52) 戦後ドイツにおける社会秩序観に焦点を当て、ゲーレンやその高弟ヘルムート・シェルスキー(およびニクラス・ルーマン)とハーバーマスとを比較考察した優れた研究として以下を参照――城達也『自由と意味――戦後ドイツにおける社会秩序観の変容』世界思想社 二〇〇一年。この研究は、ナチスにおいて解体した「全体」への志向性が、保守系の現実主義・テクノクラシー的論者たちとハーバーマスにおいてどのように理論化されたかを知識社会学的なアプローチで明らかにしており、本書の試みを補完してくれる。しかしその一方で、ドレフュス事件に由来する「知識人」および個々の公的実践という観点、ならびにアドルノの重要性をはじめハーバーマス解釈における個々の差異(本書第四、五章参照)、学生運動をめぐる問題の主題化などの点で異なっている。

(53) フランクフルト社会研究所における女性たちを扱ったものとして、Becker-Schmidt, Regina: Nicht zu vergessen: Frauen am Frankfurter Institut für Sozialforschung. Gretel Adorno, Monika Plessner und Helge Pross. In: Boll, Monika/ Gross, Raphael: *Die Frankfurter Schule und Frankfurt. Eine Rückkehr nach Deutschland*. Göttingen (Wallstein) 2009, S. 64-69. 六八年運動については、Hodenberg, Christina von: *Das andere Achtundzwanzig. Gesellschaftsgeschichte einer Revolte*. München (C. H. Beck) 2018, S. 103-150. なお、フェミニズムの観点を導入しつつ、アドルノをはじめとするフランクフルト学派の思想を辿り直したものとしては以下を参照――入谷秀一『感動を演技する――フランクフルト学派の性愛論』晃洋書房 二〇二二年。

第一章　「自己省察」的な知識人の始まり

一九三三年にナチスが政権を掌握すると、マルクス主義系のユダヤ人を中心とした機関であったフランクフルト社会研究所は活動の権利を奪われ、最終的にニューヨークに拠点を移すことになった。アドルノもまた、同年九月に、その二年前にフランクフルト大学哲学部で承認されていた教授資格を剝奪された。当初彼はイギリスのオックスフォードに一時的に退避し、第三帝国の早期瓦解を予想していたが、その楽観的な期待は裏切られ、政権による蛮行が深刻化するなかで、一九三八年に遂にニューヨークへと渡り、以降一九四九年に一時帰国を果たすまでアメリカで亡命生活を送ることになる。マックス・ホルクハイマーとの共著『啓蒙の弁証法――哲学的断想』（一九四七）が執筆されたのもこの時期であり、ナチズムという全体主義、ヨーロッパよりはるかに発展を遂げたアメリカの高度資本主義や大衆文化を目の当たりにしながら、アドルノは自らの思想を紡いでいく。そしてこの経験は、なによりも、社会における自らの知識人としての存在意義を問い直す契機ともなり、アフォリズム集『ミニマ・モラリア――傷ついた生活裡の省察』に結実する。本章では、まずこの『ミニマ・モラリ

ナチス体制下のフランクフルト社会研究所の様子。左側は「鉤十字《ハーケンクロイツ》」がかけられており、右側は空襲で被害を受けた様子。

ア』に登場する知識人に関するアフォリズムを取り上げ、序章でも言及したミュラー＝ドームやデミロヴィッチらの解釈を検証しつつ、「普遍的価値」の不可能性、「思考する主観性」という観点から、知識人の「自己省察」という契機を再考する。その際、「討議」もまた、重要な要素であることを新たに示したい（一節）。続いて、アメリカからの帰国の同年にあたる一九四九年に執筆された「文化批判と社会」を分析対象に据え、(1)デミロヴィッチの議論が抱える問題点を浮き彫りにし、アドルノが構想していた「自己省察」的な知識人が行う社会批判のあり方を抽出する（二節）。以上により、アドルノを起点に、戦後ドイツにおける知識人の諸相を辿る本書全体の出発点が形成されることになるだろう。

一　『ミニマ・モラリア』におけるアドルノの知識人観

第一部（一九四四年）、第二部（一九四五年）、第三部（一九

四六―一九四七年）とそれぞれに年号が付された三部からなる『ミニマ・モラリア』は、まさしく亡命の最終段階において、アフォリズムという表現形態に仮託しながら、アドルノが自らの矛盾をはらんだ存在や個々の生活体験を微視的な視点から分析し、一つの思想へと昇華したものである。「日常の現象学」(2)とも呼びうるこのアフォリズム集を、たとえばハーバーマスははやくからアドルノの「主著」と見なしており(3)、作中に登場する「誤った生のなかに正しい生など存在しない」（GS4, S. 43）という象徴的な一節は、その後広く人口に膾炙することとなった。

伝記作者のミュラー＝ドームは、アドルノが知識人を「熟達した故郷喪失者」(4)と呼んだトーマス・マンとの往復書簡に依拠したうえで、『ミニマ・モラリア』のアフォリズムに言及している。彼によると、「破ることのできない孤独」にある知識人は、政治的介入に際して特定の立場を取らざるをえず、自らの独立性を失ってしまうが、一方でそもそも社会から完全に隔絶された象牙の塔など存在しない、という点をアドルノは認識していた。そしてこの矛盾は、「過去の克服」に代表されるアドルノ自身の実践的活動において、党派性や政治的利害に絡め取られないよう否定に徹しつつ、「異端者」として「局外地」から公共の討論に参加するという形で解消されているとされる(5)。こうした解釈は示唆的であるものの、政治領域への介入以前には知識人が「普遍性」を体現できるような特権的地位にあるとアドルノが捉えていたという主張につながる恐れがある。まずは、ミュラー＝ドームも引き合いに出している『ミニマ・モラリア』のアフォリズム六「アンチテーゼ」を見てみよう。

社会的営みから距離をとる人も、それに没頭する人と同じくらい社会に絡めとられている。後者よりも優れていることといえば、絡めとられているという洞察と、認識それ自体に宿るわずかな自由という幸福ぐらいである。社会的営みから距離をとることは、ただその営みだけがもたらしてくれる贅沢なのだ。身を引き離すあらゆる動きは、まさに否定されたものの特徴を帯びている。(6)
(GS4, S. 27)

たしかにこの箇所では、「社会的営みから距離を取る人」と表現される知識人は、いわば自らを包含する社会を俯瞰的に「認識」することが可能な特権的な地位にある、とされている。しかしながら、そうした独立性は、社会から「身を引き離すあらゆる動き」により成立するものであるがゆえに、知識人は、「否定されたもの」、すなわち認識の対象である社会の影響を免れることができない。意識はそれ自体としてではなく、社会に媒介されて存在するというアドルノの社会理論的ないしは認識論的な洞察はよく知られているが、(7)これは知識人をめぐる考察でも一貫している。アドルノは、単に象牙の塔での安住に警告を発するだけでなく、誤謬なき思考、すなわち「普遍的価値」を体現することの根源的な不可能性を主張していたのである。こうしたテーマは、アフォリズム八六「小さなハンス君」において、知識人による社会批判のジレンマをめぐり、より詳細に取り上げられている。

知識人、とりわけ哲学的な知識人は、物質的実践から切り離されている。〔…〕しかし、物質的実践は知識人の存在の前提であるだけでなく、その批判こそが知識人の活動である世界の基礎なのだ。〔…〕もし知識人がその基盤について何も知らなければ、彼の狙いは無に帰することになる。

〔…〕知識人は悪しき社会の受益者であるが、それと同時に、有用性から解放された社会が実現するかどうかは知識人の社会的に無用な活動にかかっているのである。（GS4, S. 148）

ここでもまた、知識人の独立性の仮象が疑義にさらされている。知識人が思考することができるのは、自らの生を可能にしてくれている社会の存在のおかげである。しかしまたそうである以上は、あらゆる認識にはすでに社会的な要素が入り込むことになり、知識人の「社会批判」は大きな矛盾を抱えてしまう。一方では、普遍的な認識が存在しえないなか、「普遍的価値」を掲げた批判は欺瞞的なものとなり現実に即したものではなくなるため、批判がそもそも意味を成さなくなってしまう。他方では、正当な批判を展開する立脚点を求め、既存の社会の基準に忠実であろうとすればするほど、一層認識が社会に絡めとられ、そもそも批判をせねばならないと考えていた「対象と同じ水準まで品位を貶す」（GS4, S. 143）ことにつながる危険があるのだ。(8)

こうした困難に直面しつつも、先のアフォリズム六の引用箇所で「絡めとられているという洞察と、認識それ自体に宿るわずかな自由という幸福」と表現されているように、アドルノは知識人の活動にある種の希望を見出していた。さらにこのアフォリズム八六の末尾では、知識人の活動は社会的に無用であるがゆえに社会において必要なのだという、アドルノの逆説的な言い回しが見られる。批判的に社会と対峙するには、当該社会に支配的な価値基準とは異なる視点を打ち出すことが要求される。批判的つまり知識人による批判は、現在の「有用性」という基準で測りえないため社会的には無用だと評価されてしまうものの、だからこそ既存の社会の問題点を明るみに出す可能性を秘めているというわけだ。非常に繊細な語り方ではあるが、知識人の権威的な性格を退けつつその必要性が説かれているのである。それは、アフォリズム四六「思考のモラルについて」において、次のように描写されている。

少なくとも今日の思索者には、どんな瞬間にも事柄の内と外に身を置くことが求められる。沼地から出るために自分の弁髪を引っ張り上げるミュンヒハウゼンの身振りは、確認や構想以上のものであろうとする、あらゆる認識の手本となっている。(GS4, S. 83)

『ほら吹き男爵の冒険』という物語の主人公として知られるミュンヒハウゼン男爵(実在の人物でもある)の逸話を用いながら、思考のモラルについて語られる。デミロヴィッチは、この「ミュンヒハウゼンの身ぶり」に、社会の内にありながらも同時に社会の外から批判を展開するという矛盾を重ね合わせ、アドルノの知識人観の要諦を見て取る。彼によると、「知識人の思考は、本人の自己経験から出発して、自らの社会的地位を反省的に批判し、後期資本主義社会をもう一度批判に委ねねばならない。知識人は、自分自身とその特権的地位に注意を喚起することによって、思考を擁護しつつ、自分のような存在を可能にすると同時に、ますます不可能にもしている社会を批判するのだ」[9]。アドルノにおいて、知識人とは、まさしく「自己省察」によって社会批判を展開する存在なのである。

そしてデミロヴィッチが「本人の自己経験から出発して」という言い回しで示唆するように、アドルノは、知識人の有する「主観性」を社会批判の前提に据えている。

思考する主観性（denkende Subjektivität）は、上から他律的に定められた課題に分類されえないものであり、〔…〕それゆえに、その存在はあらゆる客観的に拘束力のある真理の前提なのである。真理の究明のために主体を犠牲に捧げる絶対的客観主義は、真理にくわえ客観性それ自体をも退けてしまうのである。（GS4, S. 141）

ここでは、客観性を極度に重んじるあまり「主観性」を放棄する「絶対的客観主義」が批判の対象となっている。アドルノにとって問題なのは、「管理社会（verwaltete Welt）」[10]において「精神的な仕事（geistige Arbeit）」（GS4, S. 139）に取り組む知識人の苦境であった。とりわけアメリカでは、全てのものを有用性や合目的性といった基準で測る社会の傾向が、アカデミズムにも急速に浸透してきている。そう認識しているアドルノからすれば、知的仕事は「それに取り組むことが必然的であるか、あるいは合理的であるかという基準に従って」判断されてしまう（GS4, S. 139）。そのような状況下での知識人のふるまいについて言及したアフォリズム八三「副大統領」においては、「知識人への忠告。自らの代理を立ててはいけない。」とあり、代替不可能な「主観性」が強調され、「代替不可能性だけが、精神のサラリーマン化を防ぐことができる」と記されている（GS4, S. 144f.）。システムに取り入れられ、批判能力を喪失してしまった「極めて偏狭な学問の技術者」（GS4, S. 145）になることを避けるためには、「思考する主観性」を手放してはならないのである[11]。

むろんこうしたアドルノの視線は、単にアメリカ社会に向けられているだけではない。異国の地にあり祖国を眺める、という立場に立たされるがゆえに、どちらをも相対化する視点を持つことのできる亡命知識人の目に留まるのは、アメリカに顕著な資本主義社会の諸傾向とナチスというファシズムとの連関である。アフォリズム八五「検査」は、「いわゆる実務の場（Praxis）に立ち、利害を追求して計画を実現せねばならない者にとって、関係を持つ人たちは、友か敵へと自動的に振り分けられる」（GS4. S.149）という一文で始まっている。あらゆる物事を行政的で画一的な型にはめ込んでしまう見方は、否応なく全体主義へとつながっていくのだ⑿。

〔…〕こうした反応様式、つまりあらゆる管理運営や「人事政策」の図式は、あらゆる政治的意思の形成や排他的公約の確立に先立ち、すでにそれ自体として、ファシズムに向かう傾向がある。適性を判断する役目をいったん引き受けた者は、判定される者を、いわば技術的必要性の観点から、帰属者あるいはアウトサイダーとして、同種族あるいは異種族として、共犯者あるいは犠牲者として眺めるのである。

(GS4. S. 149)

とくにアメリカ社会で目の当たりにした極めて高度化された管理主義的な一元化は、そこに馴染まない人々を徹底的に排除し、「アウトサイダー」や「異種族」、さらには「犠牲者」と見なすという点で、ナチスというファシズムと――政治的志向とは無関係に――同根のものであるとされる。この連関を察知し、諸現象と批判的に対峙することで世界史的な厄災を二度と引き起こさないようにするためにも、主体はたえず自律的に思考せねばならないのである。

最後に挙げるのは、アドルノ研究全体においても――知識人という観点からだけではなく！――ほとんど顧みられることのなかった「討議（Diskussion）」という要素である。[13] 具体的には本書第三章ならびに四章で改めて言及するが、これは後年のアドルノの知識人観を語るうえでも非常に重要な視点を提供してくれる。本章では、その「討議」という契機が、『ミニマ・モラリア』ですでに姿を見せている点を簡単に確認するにとどめておこう。アフォリズム四四「ソクラテス以後の哲学者のために」でアドルノは、「討議」や証明に際して知識人が独善的にふるまうことを批判している。

> 以前哲学と呼ばれていたものに取り組もうとする知識人にとって、討議において、そして、そういいたければ証明において、自らの正しさを主張すること以上に不適切なことはない。
>
> (GS4, S. 78)

アドルノの危惧は、理論が自説の正しさを絶対不変のものとみなすことで、それがイデオロギーに陥ってしまうことにある。理論を立てる者は、議論する際「つねに自らの主張が正しくないことを明らかにし、相手に自らの誤りを理解させるように話すべきである」(GS4, S. 79) とされる。なぜなら、「普遍的価値」を体現できない以上、絶対的正当性など存在しえないからだ。アドルノによれば、重要なのは「正当性の問題そのものが向けられるような認識」(GS4, S. 79) を持ち、「討議」や証明を行っていくことである。

「討議」に関わる点は後述することにして、さしあたり次節では、「普遍的価値」の不可能性、「思考する主観性」という契機を含む自己省察的な社会批判のあり方をより詳細に規定しておこう。

二　アドルノによる「弁証法的批判」

『ミニマ・モラリア』とほぼ同時期に執筆され、後に『プリスメン』（一九五五）に収録される論考「文化批判と社会」において、アドルノは「文化」という現象を糸口に社会批判の展望を語っている。「アウシュヴィッツの後に詩を書くことは野蛮である」（GS10-1, S. 30）という末尾の有名な一文で知られるこのテクストは、同時に、どのような立脚点から批判は行われうるのかという問題に正面から向き合ったものでもある(14)。結論を先取りして言うなら、アドルノは、「超越的批判（transzendente Kritik）」と「内在的批判（immanente Kritik）」という二つの批判の形式を引き合いに出しつつ、両者の欠点を指摘することで、自らの立場である「弁証法的批判（dialektische Kritik）」の形式を提示しているのだ(15)。

アドルノによれば、「文化」は決して独立した領域として存在しているわけではない。社会において「文化の内容は純粋にそれ自身のなかにあるのではなく、その外にあるもの、すなわち、物質的な生活過程のなかにある」（GS10-1, S. 23）。高級文化であれ、大衆文化であれ、文化とは社会的に媒介されて形成されるものでしかなく、「社会過程の添え物として、身を引きずるように続いていくだけである」（GS10-1, S. 23）。そうなると文化批判は、「文化のなかに表れ出る社会全体の傾向」を解読する必要に迫られるため、最終的には「社会相貌学」へと姿を変える（GS10-1, S. 25）。

まず、超越的批判についてのアドルノの考察から確認していきたい。超越的批判とは、超越した立場から現象全体を見渡し、文化の領域そのものを全体主義的に管理しようとする立場のことである。文化を超越した立場は、精神という領域の物神化にあらかじめ屈服しない意識として、ある意味で弁証法の前提となっている。弁証法は、あらゆる物象化に対する非妥協を意味する。〔…〕社会の呪縛を免れた立ち位置を選択することは、抽象的なユートピアの建設と同程度に虚構的である。（GS10-1, S. 26.）

アドルノによると、社会は「絶対的物象化」に直面しており（GS10-1, S. 30）、文化ないしは「精神という領域」も、その波に呑まれようとしている。そうであれば、「文化を超越した立場」は、社会を支配する物象化に対する「超越」をも同時に意味することになる。文化という問題を通じて、ある社会現象に潜む既存の社会の傾向に全面的に対峙しようとする意識が、弁証法的批判の出発点として据えられているのだ。(16) とはいえ、社会の傾向から身を引き離す行為は、「普遍的価値」を体現できない以上、疑わしい。超越的批判は、批判者が社会において認識行為を行っているという契機を無視しており、「自らが取り組んでいる対象を経験せずに済ませている」（GS10-1. S. 26）。それゆえ、超越的な立ち位置から文化現象を語ることは社会全体の否定につながり、全体主義的に新たなユートピアを主張するものとなってしまうのである。

では内在的批判はどうだろうか。アドルノは「いっそう本質的に弁証法的な方式」（GS10-1. S. 27）として、内在的批判を評価している。

精神的な諸形象の内在的批判とは、諸形象の掲げる客観的理念と思い上がりとの間にある矛盾を分析のなかで明らかにし、それら諸形象自体の一貫性と矛盾が、現存する体制について表しているものを指し示すことである。

（GS10-1, S. 27）

内在的批判は、批判の対象に即して行われる。つまり、対象それ自体が誤っているという診断を下すのではなく、対象が持つ理念と、それが現実に行っていることとの間にある矛盾を指摘することが課題となる。文化を「文化そのものが晶出した規範と対決させる」（GS10-1, S. 25）ことにより、批判を行うのである。一見すると、アドルノは内在的批判を正当な形式として評価しているように思われるが、同時にその欠点も見逃してはいない。

実際のところ、文化批判を弁証法的に用いるには、文化の尺度を実体化してはいけない。文化批判は全体における自らの位置を洞察することによって、文化に対して流動的（beweglich）であり続ける。そのような自由、つまり文化の内在を意識が超え出ることがなければ、内在的批判それ自体を考えることができない。客体の動きを追うことができるのは、ただその動きに関与していない者だけである。

（GS10-1, S. 23.）

内在的批判は、批判の基準を文化そのものに寄り添う形で設定することで、その基準を固定してしまい、本来社会的過程のなかで形成されてくるはずのものを一つの尺度で測り、実体化してしまう。それゆえ対象を流動的に捉えるために、批判者は内在を超え、それを「全体（＝社会）」と関連づける必要がある。しかし先述したように、超越的立ち位置をとることは虚構的である。このジレンマを前に、いかなる立場から批判は行われうるのだろうか。引用に続く箇所でアドルノは次のように記している。

内在的批判は自らの概念のもとで安らぐことはできない。内在的批判は、精神へと沈潜すれば直ちに束縛から解放されると考えるほど高慢ではない。また、悪しき全体についての主観的知がいわば外から、各瞬間に対象の規定に入り込まなかったとしても、迷うことなく対象へと沈潜し、事物の論理に従うことで、真理を手にできると信じるほどナイーブでもない。（GS10-1, S. 28）

デミロヴィッチは、ここで言及されている「主観的知」に着目し、アドルノが提示する批判者の立ち位置の構成が整合性を有していると主張する。デミロヴィッチによれば、文化批判が社会批判という形でのみ実行可能であるという認識のもと、批判者は「主観的知」（主体）を社会（客体）と対決させ、それを通じて「社会という統一的な全体」から距離をとることができるとされる。社会の「解釈によって批判者は、所与の集合的意味、すなわち社会から距離をとり、この意味を解釈」していくのである。そして、そのような解釈を通じて、「ある外在的な位置からまさしくこの状態を確認する主体」の必要性を批判者は知ることになる。[17] つまり彼によれば、批判者はあらかじめ超越的な立場に立つのではなく、解釈と批判によって社会から距離をとるとされ、「内在」から「超越」へ、という方向で議論が進められている。

しかしながら、この論理展開には飛躍があるように思われる。おそらくその原因は、アドルノが「内在的批判の可能性を適切に基礎づけている」[18]ことを、序章で言及したような彼の社会批判に対する従来の批判にあらがう形で証明しようとしているからだろう。[19]だが、いったいどのようにして批判者は、社会の「一部」ではなく「全体」と距離を取らねばならないことを、「内在的な」現象と基準に即して知ることができるのだろうか。いかなる解釈を施そうとも、批判者自身もまた社会の一構成要素でしかないため、なにか俯瞰的な視座がまえもって担保されていなければ、「全体」を問題とすべきかどうかは不明なままだろう。つまるところデミロヴィッチは、「全体」としての社会が批判者と対立することを、暗黙裡に前提としてしまっているのだ。このような視点に立つには、「全体（社会）は非真理である」という超越的な認識が先取りされていなければならない。[20]

ここで思い起こすべきは、超越的批判に見受けられる既存の社会に対する「主体」の全面的な抵抗の契機が、弁証法的批判の基礎に据えられていたという点だろう。「悪しき全体に対する主観的知」が対象を批判する際に不可欠であるという引用文中のアドルノの言い回しは、やはり、先述したそのような超越的批判の契機と結び付けて考察する必要がある。デミロヴィッチの想定とは異なり、弁証法的批判は、いわば「超越」から「内在」へと進む。アドルノが知識人に要求していた「思考する主観性」とは、まさしく、社会の内部で苦闘する「主体」の抵抗が批判的解釈にもたらされるプロセスを言い当てたものに他ならない。既存の文化現象を生じさせている社会への絶対的な懐疑により、文化という問題が批判的に把握でき、そこに潜む、（物象化のような）社会の抑圧傾向を解釈していくことが可能になる。そして、社会を固定化した視点から眺める際につきものの権威主義を回避しながら批判を有効にしていくために、「超越」と「内在」という自らの二重の立ち位置を、批判者は常に「自己省察」せねばならないのだ。

アドルノは文化という事象を手がかりに、自らの弁証法的批判の構想を練り上げ、自己省察的な知識人が行う社会批判の意義を探っていた。では、実際にアドルノは、第二次世界大戦後に亡命先のアメリカからドイツへと活動の場を移すなかで、当時の時代情勢を前に、自らの理論をどのように実践へと移し替え、いかなる活動を繰り広げていったのだろうか。

注

（1）Müller-Doohm, Stefan: *Adorno. Eine Biographie*. Frankfurt a. M.（Suhrkamp）2003, S. 494.〔ミュラー＝ドーム、シュテファン『アドルノ伝』（徳永恂監訳）作品社　二〇〇七年、四〇九頁〕

（2）Jaeggi, Rahel: »Kein Einzelner vermag etwas dagegen«. Adornos Minima Moralia als Kritik von Lebensformen. In: Honneth, Axel (Hrsg.): *Dialektik der Freiheit. Frankfurter Adorno-Konferenz 2003*. Frankfurt a. M.（Suhrkamp）2005, S. 115-141, hier S. 116.

（3）Habermas, Jürgen: Ein philosophierender Intellektueller（1963）. In: Ders: *Philosophisch-politische Profile*. Frankfurt a. M.（Suhrkamp）1971, S. 176-184, hier S. 178.

（4）Adorno, Theodor W./ Mann, Thomas: *Briefwechsel* 1943-1955. Hrsg. von Christoph Gödde/ Thomas Sprecher. Frankfurt a. M.（Fischer）2002, S. 49.

（5）Müller-Doohm, Stefan: Zur Soziologie intellektueller Denkstile. Gemeinsamkeiten und Differenzen zwischen Theodor W. Adorno und Jürgen Habermas. In: Bluhm, Harald/ Reese-Schäfer, Walter（Hrsg.）: *Die Intellektuellen und der Weltlauf. Schöpfer und Missionare politischer Ideen in den USA, Asien und Europa nach 1945*. Baden-Baden（Nomos）2006, S. 259-274, S. 261ff. あるいは、Müller-Doohm, Stefan: Theodor W. Adorno und Jürgen Habermas – zwei Spielarten des öffentlichen Intellektuellen. Soziologische Betrachtungen zum Wandel einer Sozialfigur der Moderne. In: Gebhardt, Winfried/ Hitzler, Ronald（Hrsg.）: *Nomaden, Flaneure, Vagabunden. Wissensformen und Denkstile der Gegenwart*. Wiesbaden（VS Verlag für sozialwissenschaften）, S. 23-36.

（6）本書を通じてアドルノ全集への参照は以下より行い、略号と巻号、頁数を記す。Adorno, Theodor W.: *Gesammelte Schriften*. 20 Bd.

Hrsg. von Rolf Tiedemann unter Mitwirkung von Gretel Adorno, Susan Buck-Morss und Klaus Schultz. Frankfurt a. M.（Suhrkamp）1970-1986. [=GS]

（7）例えば以下の入門書の類をみるだけで十分だろう――Wesche, Tilo: *Adorno. Eine Einführung*. Ditzingen（Reclam）2018, S. 126-149; ジェイ、マーティン『アドルノ』（木田元／村岡晋一訳）岩波書店 二〇〇七年、一五二―一五七頁。

（8）「普遍的価値」という観点からではないが、デミロヴィッチもまた、アドルノが知識人の「孤独」な立ち位置を主張する一方で、その「孤独」が想像的なものであり、虚栄になってはいけないということを認識していたと指摘している。以下を参照 Demirović, Alex: *Der nonkonformistische Intellektuelle. Die Entwicklung der Kritischen Theorie zur Frankfurter Schule*. Frankfurt a. M.（Suhrkamp）1999, S. 66f.〔デミロヴィッチ、アレックス『非体制順応的知識人――批判理論のフランクフルト学派への発展：第三分冊 批判理論とは何か』（仲正昌樹監訳）御茶の水書房 二〇一〇年、二八頁〕

（9）Ebd., S. 537.〔邦訳書、一一一頁〕また、序章の注33で触れたように本書の観点とは異なるが、アドルノとサイードの知識人観を比較考察した入谷もまた、『ミニマ・モラリア』に言及しながら、ある価値体系の「内」と「外」という両面的なパースペクティヴを持つ亡命知識人の特徴について記述している。以下を参照――入谷秀一『かたちある生――アドルノと批判理論のビオ・グラフィー』大阪大学出版局 二〇一三年、一三九―一五〇頁参照。

（10）アドルノの「管理社会」についての構想は以下の論文に詳しい――Schiller, Hans-Ernst: Erfassen, berechnen, beherrschen: Die verwaltete Welt. In: Ruschig, Ulrich/ Schiller, Hans-Ernst（Hrsg.）: *Staat und Politik bei Horkheimer und Adorno*. Baden-Baden（Nomos）2014, S. 129-149.

（11）なお、類似した洞察がアフォリズム一二六「I. Q.」にも登場する。そこでは、「自律性を失った思考は、もはや、現実のものをあるがままの形で自由に把握する勇気を有していない」（GS4, S. 224）と語られ、有用性など、社会における審査基準に型をはめられることの危険性について考察されている。ちなみに、このアフォリズム一二六に特化した簡単な解説として、以下のようなものもある――Staun, Harald: I. Q. In: Bernard, Andreas/ Raulff, Ulrich: *Theodor W. Adorno »Minima Moralia« neu gelesen*. Frankfurt a. M.（Suhrkamp）2003, S. 105-108.

（12）このアフォリズム八五における、規格化社会とファシズムとのつながりに関して、続く引用にも登場する「適正（Eignung）」という概念に着目しながら説明したものとして、以下も参照――Balke, Friedlich: Musterung. In: *Theodor W. Adorno »Minima Moralia« neu gelesen*, S. 70-75.

（13）たとえば三島は「ホルクハイマー‐アドルノが視野に収めながらどこかで十分に捉えきれなかった公共的討論、もしくは対話的合理性」に目を据えて議論を展開したのがハーバーマスであったと表現している――三島憲一『歴史意識の断想――理性批判と批判的理性のあいだ』岩波書店 二〇一四年、二六九頁。またハーバーマス自身も、『ミニマ・モラリア』に見られる数少ない肯定的な言明の根底には、コミュニケイション的合理性の概念が存在していたと簡単に語っている――Habermas, Jürgen: *Die Neue Unübersichtlichkeit.* Frankfurt a. M. (Suhrkamp) 1995, S. 73; 城達也『自由と意味――戦後ドイツにおける社会秩序観の変容』世界思想社 二〇〇一年、二一九―二二〇頁。これらは非常に示唆に富む指摘だが、本書がこれ以降示すように、とりわけアドルノの「討議」や「公共性」観について、そして「自己省察」も含め彼とハーバーマスとの強い連続性について議論する余地は、まだ大きく残されている。

(14) 以下を参照――Demirović, S. 566.〔邦訳書、一四二―一四三頁〕

(15) 細見もまた、アドルノのハイネ論を考察した論考のなかで、アドルノの批評の形式に簡単に言及しており、文学批評から哲学批評に至るまで、アドルノの批評が「外在的批評」（超越的批評）と「内在的批評」の双方を組み込むような性質を有していることを指摘している。細見和之「テクストと社会的記憶」：同著者『アドルノの場所』みすず書房 二〇〇四年、一〇七―一三九頁所収。

(16) これとの関連で、後年アドルノが学生運動に対して、社会に抵抗しようとする彼らの意識それ自体を評価していたのは興味深い点である。以下を参照――Müller-Doohm, *Adorno. Eine Biographie*, S. 724f.〔邦訳書、六〇七頁〕

(17) 以下を参照――Demirović, S. 570f.〔邦訳書、一四六―一四七頁〕

(18) Ebd., S. 569.〔邦訳書、一四六頁〕

(19) 本書序章第三節参照。

(20) アドルノの社会批判を評価するには、その根底にある、社会全体が非真理であるという認識を考慮することが不可欠であると、しばしば指摘されている。以下を参照――Cook, Deborah: *Adorno, Habermas, and the Search for a Rational Society*. London 2004, S. 99-128, 173; Ritsert, Jürgen: Methode. In: Klein, Richard/ Kreuzer, Johann/ Müller-Doohm, Stefan (Hrsg.): *Adorno Handbuch. Leben - Werk - Wirkung*. Stuttgart (J. B. Metzler) 2011, S. 223-232, hier. S. 232; シュベッペンホイザー、ゲアハルト『アドルノ――解放の弁証法』（徳永恂／山口祐弘訳）作品社 二〇〇〇年、三八頁。また、マルクス主義との関連で、アドルノがいかに現存の社会の肯定的「全体性」の虚偽を主張し、それを否定的なもの、あるいは批判的カテゴリーとして捉えていたかを詳述したものとして、ジェイ、マーティン『マルクス主義と全体性』（荒川幾雄訳）国文社 一九九三年、三七三―四三〇頁参照。

第二章

アドルノによる二つのハイネ講演、あるいは文化批判と社会

第二次世界大戦の終焉とともに、アドルノには——前章で考察したような——文化を手掛かりにした社会批判の構想を、個別具体的な機会に即して実践へと移し替える可能性が一挙に開けてきた。アメリカに留まったハンナ・アーレントやヘルベルト・マルクーゼといった亡命知識人たちとは異なり、戦後ドイツへの帰国を決断した彼は、以後書籍や論文の発表にとどまらず、講演、ラジオや雑誌をはじめとするメディアでの言論活動を旺盛に展開し、時代情勢と相対することになる。ここからはその実態をつぶさに観察し、アドルノの知識人としての公的な批判の試みを解き明かしていきたい。

興味深いことに、この時期アドルノはハインリヒ・ハイネ（一七九七—一八五六）についての講演を二度行っている。ハイネと言えば、ユダヤ系の出自を持ち、一八三〇年にフランスで起こった七月革命に際して反動的なドイツへの抵抗からパリへの亡命を経験しており、「愛の詩人」であると同時に反体制的な批評家でもあった人物で、その評価は——次節以降で取り上げるように——戦前から毀誉褒貶が相半ばするものであった。アドルノが、人生歴も部分的に自らと重なるこの詩人を取り上げて

一九六五年ごろ、ヘッセンラジオ放送局でラジオ放送を収録するアドルノ。

いることは、それ自体着目すべき事態だろう。

よく知られているのは、現在『文学ノート』に収録されている「ハイネという傷」という小論である。こちらは、当初著作としての公刊が予定されていたわけではなく、ハイネの没後一〇〇周年にあたる一九五六年に、ケルンの西部ドイツ放送からラジオで放送された講演である（以降ドイツ講演と表記）。そして、従来の研究では基本的にこのドイツ講演に焦点が当てられてきたのだが、実はそれに先立ってアドルノは、一九四九年に亡命地からドイツへ帰国する前年の一九四八年に、ロサンゼルスの大学で「ハイネの再評価に向けて」という講演を英語で行っていた（以降アメリカ講演と表記）。ドイツ講演はこれまで、ハイネの受容史において、反ユダヤ主義的傾向を孕むカール・クラウスのハイネ批判の延長で捉えられてきたほか、[1] アドルノ研究の側からは、アドルノ文学論解読の切り口として論じられてきた。[2] また、ドイツ文学研究の大家であり批判理論にも精通したホーエンダールはアドルノのハイネ解釈を文献学的および実証的に検証し、その問題点を指摘するだけでなく、ユダヤ性をめぐるアドルノの理論と、ハイネのユダヤ性に関するドイツ講演での言及との間にある矛盾に着目し、それをアドルノのエッセイ理論に結びつけて解釈している。[3] このようにドイツ講演はいくつかの観点から論じられてはいるが、いずれの考察でも依然としてアメリカ講演は視野の外に置かれている。さらにいえば、そもそもこのアメリカ講演自体――当時の両親との書簡のなかでそれが好評だったことが伝えられているものの[4]――これまでほとんど論じられておらず、ユダヤ系亡命文学の研究者オルシュナーが、現代における詩の可能性が主題になっていると簡単に指摘するにとどまっている。[5]

ハイネのユダヤ性の解釈をはじめ、差異が散見される両講演間には、亡命からの帰国というアドルノの生涯における極めて重要な転換点があった。当時の時代情勢、ならびにハイネ受容のあり方は両国で異なるものであったうえに、アドルノ自身の文化観も亡命時と共通点はあるものの、戦後ドイツの知的状況を前に微細に変化している。概して、ハイネ講演の分析はアドルノのテクスト内部で行われてきたが、二つの講演におけるアドルノの企図を解明するには、テクストの外在的コンテクストやそれと密接に結びつく彼の文化観を踏まえ、両講演を比較考察する必要があるだろう。これらの分析を通じて、アドルノが両講演において、それぞれ議論の焦点を変えながら、「ハイネ」という文化現象を手がかりに時代状況への批判を展開していたことが明らかとなってくる。そして、そこから浮き彫りになるドイツ講演の試みは、戦後ドイツにおける彼の知識人像に新たな光をあてるものでもある。まずは、アメリカ亡命時の文化理論と講演を扱い（一節二節）、その後ドイツ講演をめぐる議論へと話を進めていくことにしよう（三節四節）。

アドルノはマックス・ホルクハイマーとともに大学行政に尽力し、西ドイツのアカデミズムの発展に寄与しただけでなく、(6) 新聞やラジオなどメディアでの発言を通じて当時の政治・文化に少なからず影響を与えた。従来は戦後ドイツにおける社会批判的な役割が強調されてきたが、(7) 近年クレメンス・アルブレヒトたちが、戦後西ドイツの「知的基盤形成」への貢献という、単なる批判とは異なる建設的で「形成」的な側面を主張している。(8) 本章の「おわりに」では、ドイツ講演の分析をアドルノにおける「批判」と「形成」についての議論へと接続し、一九五〇年代におけるアドルノの知識人としての活動の射程を見定めたい。

一　アメリカ亡命時の文化観

一九三八年から一九四九年にわたるアメリカ亡命に関して、西洋の文化を重んじたアドルノは、「文化産業」を体現したアメリカ文化を嫌悪し、亡命地に馴染なかったとされてきた。(9) しかし、彼が単に嫌悪するだけでなく、アメリカ文化の分析を通じて、時代状況への批判を具体的な文脈に即して実践に移す方途を探っていたことが、近年新たに発見されている。例えば、ハンス・アイスラーと執筆した『映画のための作曲』で、ハリウッドの撮影所内部で映画作曲家が果たしうる抵抗について考察されているほか、(10)「マーティン・ルーサー・トーマスのラジオ演説の心理学的テクニック」では、プロパガンダに対してカウンター・プロパガンダを対置する構想が練られている。(11) また、すでに本書第一章でも確認したように、自律的な精神文化は存在しえず、全ての文化活動が社会に媒介されているとするアドルノの洞察は、(12) 亡命時からすでに存在していた。前章の引用と一部重なるが、『ミニマ・モラリア』から、該当する記述を引用しておこう。

> 社会的営みから距離をとっている人〔知識人〕も、それに没頭している人と同じくらい社会にからめとられている。〔…〕私たちは、教養の退廃を口にする。しかし、ヤーコプ・グリムやバッハオーフェンのものと比べれば、私たちの書く散文は、無自覚に用いる言い回しにおいて、文化産業に類似しているのである。（GS4, S. 27f.）

一見社会から切り離されているように見える知識層もまた、社会的認識に媒介されており、純粋な文化や教養を体現することは不可能である。しかし、アドルノは文化や教養を欺瞞として単純に捨て去ることはせず、非常に両義的な形でその意義を捉えていた。

しかし、自由で公正な交換それ自体が嘘であるなら、それを否認するものは同時にまた真理を保証してもいる。商品世界の嘘に対して、それを告発する嘘はなお矯正の役割を果たすのである。今日に至るまで文化が失敗しているという事態は、その失敗を促進することを正当化するものではない〔…〕。（GS4, S. 49）

文化は社会を支配する交換原則（＝同一化）を拒絶するが、先述のように、この拒絶は欺瞞である。しかし、資本主義の交換原則の下にある社会がすでに虚偽である以上、それを拒絶する嘘、すなわち文化や教養の意義もまた存在することになる。アメリカ講演を行った当時のアドルノは、高級文化の自律性を退けつつ、その意義を保持するという課題に直面していたのだ。

二　アメリカ講演「ハイネの再評価に向けて」

アメリカでは二〇世紀前半にハイネは高い関心を集めており、[13] 第二次大戦後一九四八年ごろまで、市民的な個人主義やコスモポリタニズムの観点から、非常に進歩的なハイネ像が支配的であった。しかし東西冷戦の影響もあり、その傾向は急速に衰え、次第にハイネの詩的・芸術的側面が取り上げられるようになる[14]。

ロサンゼルスの大学で開かれたアメリカ講演では、当時の時代情勢には直接言及されず、ドイツにおけるハイネ受容から話が始められる。アドルノによれば、一九世紀にハイネの詩は人気の絶頂にあったが、二〇世紀に入り、世紀転換期ウィーンを代表する批評家カール・クラウスや「ゲオルゲ・クライス」(詩人シュテファン・ゲオルゲを指導者とするサークルの名称)を筆頭に、ハイネの詩の「安っぽい大衆性」が「ドイツ文化における危機に意識的になり始めた知識人たちの間で反発を引きおこした」(GS20-2, S. 441f.)。彼らの批判を確認しておくと、カール・クラウスは言語批判の観点からハイネの詩的表現に焦点を当て、そのジャーナリズム性を厳しく糾弾し、「ハイネは言葉を無鉄砲に用いる人物だった[15]」と評した。それだけでなく、ドイツ語による言語芸術に重きをおくクラウスは、大衆的で「文芸欄的」な詩を書くハイネの言語使用のなかにユダヤ的要素を読み取り、反ユダヤ主義的傾向を強く孕む議論を行った[16]。また、ゲオルゲ・クライスの代表的人物フリードリヒ・グンドルフは、「不滅性」と「近代性」、「深さ」と「浅薄さ」、あるいは「詩作」と「日々の仕事」などの二項対立を用い、前者にゲーテを、後者にハイネを位置付け、辛辣な批判を行っている[17]。グンドルフもまた、「彼〔ハイネ〕のドイツ的な苦悩ではなく、ユダヤ的な苦悩が、彼を人気者にしているのだ[18]」と述べ、大衆性というハイネの否定的側面をユダヤ性に結びつけ、反ユダヤ主義的な評価を下した。こうした受容を念頭に置きつつアドルノは、ハイネの過剰な拒絶の原因を「ハイネの詩それ自体に固有の性質に対する、深く両義的な感情」に見て取り、この「両義的な感情」は批判者の心理的な「不安(the malaise)」であるとする（GS20-2, S. 442）。アメリカ講演の主眼は、批判者たちを「不安」にするハイネの詩の性質の解明を通じて、その「再評価」を行うことにある。

アドルノはまず、このような感情を喚起するハイネの詩を、ユダヤ性の観点から解釈することに異議を唱える。そうした解釈が持つ反ユダヤ主義的なステレオタイプは、「現代の社会心理学が明確に示すように、投影のメカニズムによるものである」からだ（GS20-2, S. 443）。こうした理解には、反ユダヤ主義に特有の本質は存在せず、あるのはただ、心理学的あるいは経済的な社会構造から生まれた「レッテル貼り」の作用であるとする当時のアドルノの認識が反映している。[19] 亡命期の主著『啓蒙の弁証法』では、「反ユダヤ主義は誤った投影に基づいている」（GS3, S. 211）とされ、結論部で反ユダヤ主義の「反動的なレッテル（reaktionäres Ticket）」について説明されている。そうしたレッテル思考は、「根源的にユダヤ人に向かうのではなく、むしろある衝動志向を形成している」のであり、「その志向はレッテルによってはじめて、迫害するのに手ごろな対象を受け取るのである」（GS3, S. 232）。ユダヤ人の規定は迫害者によって生み出されるため、本質主義的に把握できないという洞察は、アメリカ講演にも通じている。ハイネのユダヤ性についてアドルノは、「彼の媒体であるドイツ語が、それ〔ユダヤ人の特徴〕を非ユダヤ的な要素から分離するのをほとんど不可能にしています」と語り（GS20-2, S. 443）、本質主義的な議論を退けつつ、こう主張する。

ジャーナリズム的なマスコミュニケーションによる詩作への侵攻という初期の現象の一つとして、彼の作品を特徴づけているものを、ハイネがユダヤ人であるということに帰するのは不合理なこ

とでしょう。（GS20-2, S. 443）

ユダヤ性を基盤にするのではなく、「ジャーナリズム的なマスコミュニケーションによる詩作への侵攻という初期の現象の一つ」として、つまり「彼〔ハイネ〕が巻き込まれていた歴史的ダイナミズム」から、ハイネを解釈する必要性が説かれることになる（GS20-2, S. 443）。

こう考えるアドルノの目に映るのは、「抒情詩は、この醒めて、冷淡で、脱魔術化された初期産業社会で一体いかに可能か」という問題に直面するハイネである（GS20-2, S. 443）。それに対するハイネの解決策はこう語られる。

詩と経験的世界との距離を、抒情的言語と日常言語との距離を強調するかわりに、ハイネはこの距離をラディカルに切り詰めようとしたのでした。もし、〈偉大な様式〉が内実を失ったのであれば、ハイネはこうした偉大な様式を放棄することによって、その内実を救い出そうとしたのです。（GS20-2, S. 446）

「抒情的言語」と「日常言語」の分裂を糊塗するのではなく、両者の距離を取り払うことで、資本主義における抒情詩の内実を保持しようとするハイネの姿勢が明確に述べられる。そしてアドルノは、ハイネが「〈偉大な様式〉」を放棄してまで抒情詩に固執する理由を、「詩という形式それ自体を維持することによってのみ、俗に〈理想〉と呼ばれるかもしれないもの」を救い出すためであったと評する

（GS20-2, S. 447）。しかし、このような試みはその欠点と不可避的に結びつく。「抒情的言語」と「日常言語」の距離を取り去ることで、詩が商業的性格を帯び、ハイネの用いるロマン派的表現が、「聞きやすさ」や「覚えやすさ」を備えた定型句と化すのである（GS20-2, S. 450）。ここで、かかる欠点を持つハイネの詩が、その批判者を「不安」にする構造が明らかにされる。

> ハイネは詩を市場に売り渡したけれども、彼の作品の本質を通じて、市場に対抗する詩はまさにその対立によって、市場の品質表示を押されることを表現したのでした。彼の詩から発せられる不安（the malaise）、つまりその詩のいくぶんショッキングでスキャンダラスな作用は、自身の不可能性を告げる芸術の作用なのです。（GS20-2, S. 450f.）

ハイネが浮き彫りにするのは、市場に抵抗する行為自体が市場を強く意識しており、もはやそこから独立して詩作を営むことが不可能な社会的状況である。ここに、批判者の「不安」の原因も存在する。「不安」は、ハイネの詩が、芸術の自律を掲げハイネを批判する者に、その不可能性を否応なく認識させるために生じてくる。そして、アドルノはハイネの詩のまさにこうした特徴に、「再評価」の可能性を見て取る。ハイネは、「詩作がジャーナリズムへ変容する〔…〕その瞬間を保持することを通じて」、「近代世界の原型」を写し取っているからこそ、偉大な詩人として評価されるべきなのである（GS20-2, S. 451）。

最後にアドルノは、「進歩の弁証法」という語でアメリカ講演を締めくくる。当時アメリカで流布していた英語訳でハイネ『歌の本』の詩群「北海」から引用がなされ、[20]「ハイネにおいて生き続けているものは、敗れ去った神々のために戦い、歴史の無慈悲な判決に抗い続ける、生来の抗議の力であるように思われるのです」と結ばれる（GS20-2, S. 452）。アドルノの目に映るのは、高度に発展する資本主義という現実に立ち向かい、時代にそぐわない詩の記念碑的性格や威厳に抗議しながらも、「敗れ去った神々」と形容される抒情詩の伝統を顧みるハイネであった。こうした試みをアドルノは「進歩の弁証法」と呼んでいるのである。

アメリカ講演を取り上げたオルシュナーは、終戦直後のアメリカで公衆を前にハイネを語るという問題意識は後景に退き、抒情詩の可能性が主題化されていると捉え、ここで展開されるハイネ理解を亡命前後のアドルノの抒情詩理解の線上に位置付けている。[21]その際参照されているのは、一つは亡命以前に書かれた論考である。もう一つは、先に言及した一九四九年に執筆されていたものの、帰国後の一九五一年にはじめて発表された論考「文化批判と社会」のなかに登場し、戦後ドイツのディスクールに強い影響を与え、以後アドルノ自身何度も立ち返ることとなった「アウシュヴィッツの後に詩を書くことは野蛮である」の一節である。オルシュナーはアドルノの問題意識の連続性を明らかにしているが、アメリカ講演には簡単にしか言及しておらず、それを当時の固有の文脈に照らして検討できていない。しかし次節で詳述するように、ドイツ帰国後の彼の文化観においては、文化や教養の両義性についての洞察は受け継がれているものの、戦後ドイツで生じた文化の復古主義に対する批判が顕在化しており、そうした状況を前に文化の意義を保持する可能性についてのより詳細な議論がなされている。こうした変遷を踏まえれば、詩とジャーナリズムの軸で捉えられたハイネ像には、資本主義下の文化の意義をめぐる亡命時のアドルノの文化観やユダヤ性についての見解が強く表れていることにも着目すべきだろう。なにより、当時のアドルノの問題意識を考慮することではじめて、講演の結論部のアドルノの意図もまた明らかとなる。「進歩の弁証法」で話が結ばれるのは、講演の場がアメリカ、それも文化産業を体現したハリウッド近郊のロサンゼルスであることを考えれば示唆的である。亡命地で現実への視座を失うことなく、微力ながらも批判の契機を探っていたアドルノは、高度に発展する資本主義下において伝統を顧みる必要を説くことで、時勢への批判を試みていたと考えられる。当時思索されていた詩の可能性という抽象的な問題がハイネに即して展開され、それが結論部で当時のアメリカ社会を取り巻く時代状況への批判へと結びつけられているのである。

こうした議論の展開は、ドイツ講演には見受けられない。アドルノにとって、戦後西ドイツでハイネを論じるということは何を意味していたのだろうか。彼の試みを明らかにするために、次章ではまず一九五〇年代の西ドイツの文化的状況と、それに対するアドルノの洞察を概観しておこう。

三　戦後の復古主義とアドルノ

一九四九年、ボンを首都とするドイツ連邦共和国が誕生した。初代連邦首相コンラート・アデナウアーは、何よりもまず建国間もない西ドイツの国家としての地位を確立するため、「宰相民主主義」と評されるほど、非常に強権的で保守的な政治を行っていく。物質的・経済的復興が最優先され、非ナチ化政策の終了が告げられると、知的文化シーンもまた、戦前との連続性を有する復古的なものとなっていった。

こうした当時の文化情勢を理解するのに有益なのは「マンダリン（Mandarin）」という概念である。もともとこれは、中国の高級官吏を指し示す言葉として西洋に広まったものだが、リンガーが一八九〇―一九三三年のドイツアカデミズムを特徴づけるために用いて以来[22]、特にフランスとの対比で、ドイツの知的文化状況を指示する語となった[23]。ブルジョワ的教養エリート層からなるマンダリン的文化保守は、精神と国家を同一視し、崇高な精神と文化を顕揚する姿勢を持っており、それは多くの場合国粋主義的態度と反ユダヤ主義に結びついた[24]。彼らは精神の支配を主張し、下位に位置すると見られた政治から距離を置く。こうした特徴を持つ知識層が生む雰囲気は、一九二〇年代から三〇年代にかけての大衆の躍進や民主主義の進展により、教養エリートが存在基盤を脅かされたことで高揚したものである。かかる風潮は、伝承されてきた国民文化の伝統に根差した閉鎖的な思考様式の反映であり、教養エリートが次第に現実的な問題と乖離していく原因となった。多くの場合マンダリンは、意識的にあるいは無意識的に、ナチスの民族共同体的イデオロギーに接続していくことになる。

一九四七年に生じた、戦争で焼け落ちたゲーテハウスの再建問題に象徴されるように、終戦直後にすでに、文化的伝統に精神的支柱を求める動きが存在していた[25]。アデナウアー政権による一連の政策がそれを後押しする形で、戦前のマンダリン的文化風潮が再び蔓延する。その際に顕著であったのは、「過去への省察」の欠如である。これは、国内で精神的にナチスに抵抗していたことを意味する「国内亡命」という言葉がしばしば弁明として持ち出されたことにも見て取れる[26]。そして過去との断絶を試みる姿勢は同時に、政治とは離れ芸術性を追求する動きを生んだ。代表的な例は、芸術作品の内在的解釈を志向する「作品内在解釈」である。[27] 一方で、当時から復古的情勢への懐疑的視線があったことも忘れてはならない。戦後西ドイツの代表的雑誌『フランクフルター・ヘフテ』の編集者ヴァルター・ディアクスの「時代の復古的特徴」(一九五〇)や、マックス・フリッシュの「アリバイとしての文化」(一九四九)はその先駆的事例である。[28] こうした背景が、亡命から帰国後のアドルノの活動には存在していたのだ。

一九四九年にドイツへ帰国したアドルノは、文化の復古主義への批判を展開していく。一九五〇年五月に『フランクフルター・ヘフテ』に掲載された「復活した文化」[29]では、「伝統的な意味における文化は死んだ」ということが人々に意識されていない事態に警鐘が鳴らされている(GS20-2, S. 454f.)。そして、「今日、文化の永遠なる価値に依拠しようと思う者は、そこから新たな血と大地のようなものを作り出す危険にすでに陥っているだろう。しかし、そうした一般的な考察を超えてその文化的復興が示しているのは、批判的な熟考を要する兆候である」と語られ(GS20-2, S. 456)、時計の針を巻き戻すような文化の復古に対する批判が展開された。その後文化の意義をめぐる理論は練り上げられ、一九六〇年に発表された「半教養の理論」ではより精緻な議論が展開されている。そこでアドルノは、文化、すなわち教養を絶対視する態度を批判し、教養概念の疑わしさを浮き彫りにする。

それ〔教養〕は条件として、自律と自由を持つ。しかし同時に、それは今日に至るまで、個々人に与えられ、ある意味で他律的な、それゆえ脆弱な秩序の構造を示しているのだが、その秩序へ依拠することで個人は独力で自己を形成できたのである。それゆえ、教養が誕生する瞬間に、実のところ教養はもはやすでに存在していない。

(GS8, S. 104)

教養概念に内在する二律背反が指摘される。教養は個人が自律するために依拠する「秩序の構造」として機能するものである。しかし、何らかの秩序への依存は、すでに個人の自由を制限しており、他律的行為である。そのため、純粋な教養など存在しえない。そうした事態が考慮されている一方で、直前の箇所で教養の可能性についてもまた言及されていることを見逃してはならない。

しかし、今日教養の領域で生じていることは、依然として変わらずイデオロギー的な、以前の教養の形態に即してしか読み取られえない。〔…〕近年の悪の基準としては、唯一以前のものがあるだけである。それは、断罪されたその瞬間に、近年の惑乱の形式に対して、消え去りゆくものとして宥和の色合いを表す。いかなる過去の礼賛のためでもなく、ただそのためだけに、伝統的な教養へ立ち返るのである。

(GS8, S. 102f.)

アドルノは、過去の礼賛において顕揚される、静的に実体化された教養概念とは峻別しつつ、現状を解読し、批判する基準を確保するために、理念として教養を保持する必要性を主張する。彼によれば、現代において両義的な立場にある教養や文化には、「半教養への批判的自己省察」(GS8, S. 121) を通じてしか生き残る可能性はないのである。

四　ドイツ講演「ハイネという傷」

こうした文化観を抱いていたアドルノにとって、一九五六年にラジオ講演「ハイネという傷」を行った当時のハイネ受容は、まさに「半教養」的であっただろう。一九五〇年代の西ドイツでは、東西冷戦も手伝い、東ドイツで顕揚されたハイネのラディカルで自由主義的な側面は抑圧された。(30) そして、美的観点からハイネは等閑視、あるいは過剰に批判されることになる。(31) 肯定的評価は珍しく、「作品内在解釈」が急速に広がったアカデミズムでも事態は同様であった。一九五六年のハイネ没後一〇〇周年においても、国家やアカデミズムの関与はほとんどなく、当時マンダリンが再び支配的となるなか、ハイネは黙殺されたのである。

フランクフルト社会研究所の再建に伴い、亡命知識人として一躍脚光を浴びたアドルノは、『ミニマ・モラリア』などの出版によりその地位を確かなものにし、(32) テレビやラジオにも数多く登場した。(33) 戦後ドイツで広範な聴衆を想定できる立場にあった彼はまた、なにかを発言する際には受容の側面にも意識的であった。例えば、一九六二年の第一回ヨーロッパ教育者会議における口頭報告がその翌年に出版される際には、「もし彼〔アドルノ〕が、事物に即した記述という義務を果たすために書かねばならないのと同じように話せば、理解されないことでしょう。しかしながら、語られることは何一つ、テクストから要求される水準には達しえないのです」(GS20-1, S. 360) と注意書きが添えられている。注目すべきことに、当時彼は、自らのラジオでの発言がどのように受容されているか知るため、収録後に自らの講演を理解できているか繰り返し担当者に確認してもいた[34]。難解な思想家という一般イメージとは異なり、なにかを語る際、アドルノは聴衆の理解に力点を置いていたのである[35]。先述したように、アドルノはすでに亡命時から現実の具体的状況のなかで行う時勢への抵抗を構想していたが、こうした当時の状況や意識を念頭に置けば、彼がアメリカ講演とは異なる形で、ラジオというメディアを通じ、ハイネをめぐる「半教養」現象に批判を行おうと考えたことは想像に難くない。なによりもそれは、単なる「再評価」ではなく、印象的な「傷[36]」という題からも読み取ることができる。

最初に講演を概観しておくと、まず戦後ドイツとハイネの問題が示唆され、散文作家ハイネが簡単に論じられた後、クラウスのハイネ批判に話が移り、資本主義と抒情詩という構図でハイネの詩の商業性について分析が行われる。ハイネは詩の商品性格を暴露し、自律的芸術の仮象を暴いたが、「まさにその点を後世の人々は恥じる」（GS11, S.97）のである。そして、こうした特性がハイネのユダヤ性と結びつけられる。最後に講演の結びで、『歌の本』のなかの、アメリカ講演とは異なる詩群「帰郷」から引用がなされ、ハイネだけでなく、万人が存在と言語に「傷」を負っているのであり、その傷は宥和した社会でのみ治癒するのだと結ばれる。ハイネにおいて批判者が自律的な芸術の不可能性に直面するという展開は、アメリカ講演の議論が踏襲されているが、戦後ドイツという文脈の意識や、ハイネのユダヤ性の規定はドイツ講演に特有のものである。以下ではこの差異に着目しつつ、講演全体のアドルノの目論見、およびタイトル「傷」の意味を解明していこう。

冒頭では、ハイネに即して戦後ドイツの問題を語る意志が明確に提示される。

ハイネの死後一〇〇年がたった今日、真摯にハイネの追憶に寄与し、単なる祝辞を述べるにとどまろうとしない者は、一つの傷について語らねばなりません。つまり、ハイネと彼のドイツの伝統に対する関係において疼き、とりわけ第二次世界大戦後のドイツにおいて抑圧された事態についてです。（GS11, S.95）

ハイネをめぐり生じたことと、「第二次世界大戦後のドイツにおいて抑圧された事態」という同時代的な問題が一つに結びつけられる。ハイネにおいて顕在化したマンダリン的な復古主義の問題がアドルノの念頭にあると推察できよう。そのことは、講演での言葉遣いからも読み取れる。引用に続く箇所でハイネの否定的評価に話が及ぶ際、ハイネが「一九〇〇年ごろ、精神的に責任のある人々（geistig Verantwortliche［ ］）の間で不評を買いました」（GS11, S.95）と語られているが、「精神的」という語はドイツの歴史文化と関わりが深く[37]、直後にゲオルゲ・クライスやカール・クラウスがその代表例に挙げられていることからもわかるように、文化保守的なニュアンスを含意している。なお、興味深いことに、アメリカ講演とは異なり両者の批判は同列で扱われていない。アドルノはゲオルゲ・クライスの批判をナショナリズムに由来すると述べ、言語批判の観点からハイネの美的側面をより詳細に論じたクラウスに重点を置く。単なるナショナリズムに還元できない、ハイネの詩の芸術性と戦後ドイツの問題との関連、これがドイツ講演の主眼なのである。

アメリカ講演との決定的な差異は、ハイネの詩をユダヤ性の観点から解釈している点である。ホーエンダールは、先述した『啓蒙の弁証法』や一九五九年に発表された「過去の克服とは何を意味するのか」をもとに、アドルノがユダヤ性の本質主義的規定を退けているにもかかわらず、ハイネにはその特性を想定していることを指摘し、その矛盾をアドルノのエッセイ理論から説明している。エッセイという形式は、哲学や科学のような体系性を欠き、純粋な芸術でもないため、絶えず文化産業に転じる危険性と隣り合わせであるが、それと同時に、体系的統一の主張や純粋な芸術の標榜が欺瞞的となった時代において、なお批判性を保持しうるとアドルノは捉えていた(38)。このようにホーエンダールはアドルノのエッセイ理論をまとめ、それがドイツ講演に反映されているとして、次のように主張する。アドルノは、ユダヤ的出自を持つハイネにとって表現媒体であるドイツ語が疎遠であったため、その詩は真正の叙情的言語によるものではなく、商業性を帯びているという解釈を行っている。つまり、アドルノはユダヤ性に着目することで、エッセイ理論と同様に純粋芸術と文化産業の間でハイネを捉えているのである(39)。このホーエンダールの説明は、六〇年代近くに発表された「過去の克服とは何を意味するのか」において、なおユダヤ性が経済・心理的特性である「レッテル思考」から導かれているため、ドイツ講演の矛盾を指摘している点で妥当である。しかしながら、ホーエンダールが未検討のアメリカ講演では、商業と純粋な芸術という軸で議論が展開されていたものの、ユダヤ性の観点からの解釈は退けられていた。それゆえ、エッセイ理論との関連だけでは、ハイネ理解の基本線とユダヤ性についての見解が亡命時から大きく変化していないにもかかわらず、なぜドイツ講演でのみあえてハイネのユダヤ性が焦点化されているのかを説明できない。

アドルノがユダヤ性の問題へと議論をスライドさせるのは、「商品と交換」に刻まれたハイネの詩が「精神の解放は人間の解放ではなく、それゆえに精神の解放もなかったこと」を告げ、自律した芸術の不可能性を批判者に認識させると述べた後である（GS11, S.97）。

しかし、他者が打ち明ける屈辱により、自身の屈辱の秘密に気づく者の怒りは、サディスト的なたしかさで相手の一番の弱みに、つまりユダヤ人解放の挫折に結びつくのです。というのも、コミュニケーション言語から借用された彼の流暢さと自明性は、故郷のように言語に安住する立場とは正反対のものだからです。（GS11, S.97f.）

素直に解釈すれば、「他者」であるハイネの詩に接して芸術の不可能性に気づかされる批判者は、その怒りを「ユダヤ人解放の挫折」に、すなわちハイネが同化に失敗したユダヤ人であるという事態に振り向けるということになる。ハイネの詩が「流暢さと自明性」を持ち、商業的性格を帯びる原因が、「固有の言葉」（ドイツ語）（GS11, S.98）の外に彼が位置しているという事情に帰せられるのだ。しかしここであえて「他者」というマイノリティーを思わせる一般的な言葉が選択されていることは、[40]ハイネにとどまらないより広範な文脈を示唆していよう。そして、カール・クラウスの評価から議論を始め、ハイネの言語表現とユダヤ性の連関に言及する文脈で、「故郷のように言語に安住する立場」という当時の復古主義を代表する哲学者ハイデガーを意識した言い回しが用いられるのは、[41]かなり唐突である。ハイネの一般化とハイデガーの暗示は、冒頭で示されていた「第二次世界大戦後のドイツで抑圧された事態」を語る意志、および戦後のハイネ受容と文化情勢との密接な関連を想起すれば一つの線で結ばれる。アドルノの念頭にあるのは、まさに戦前のマンダリン的潮流が復活した戦後の知的状況なのである。それを踏まえ、上の引用を再検討する必要があるだろう。

ハイネが芸術の自律性の仮象を暴くことで「自身の屈辱の秘密に気づく者」とは、純粋な精神の領域を標榜するマンダリンを示唆しており、欺瞞を突き付ける者を「他者」として排除する理由が「ユダヤ人解放の挫折」に求められてきたと語ることで、精神文化の固持が民族共同体イデオロギーを掲げるナチズムへと結びついていった歴史的趨勢が、ハイネに即して提示される。そして、ユダヤ性について言及したこの段落の末尾にある、「これは今日もなおハイネの名にまつわるトラウマである」(GS11, S.98) という一節からも読み取れるように、戦前の問題が戦後ドイツに引き継がれ、それがハイネをめぐり現前化している事態が指摘されているのである。たしかにアドルノはここで、ハイネの母がドイツ語をうまく使用できなかった事情に触れ、模倣的で商業性を帯びたハイネの「同化的な言語は完全な同一化に失敗した言語なのです」(GS11, S.98) と述べており、「同化ユダヤ人」の性質を素朴に想定しているように思われる。しかしその際、ハイネのユダヤ性が、ハイネの受容と戦前から続く戦後ドイツの問題との関連のなかで言及されていることを考慮すべきである。ユダヤ性の規定は、戦前のマンダリン的文化保守が再び支配的となるなかで、排除されてきたマイノリティー(ユダヤ人・同化ユダヤ人)の側にハイネを位置づけることによって、ドイツで生じた直近の歴史的情勢を聴衆に一層明瞭な形で想起させるためにアドルノが持ち出したものだと考えられる。

アドルノの同時代的状況への視線を踏まえドイツ講演の結びを分析すると、講演全体の主旨と、タイトル「傷」に込められた意味も明らかとなってくる。ユダヤ性に触れた後、アドルノは「あらゆる表現が苦しみの痕跡であるとすれば、彼〔ハイネ〕は固有の言語の喪失という自身の欠落を、亀裂の表現に作り替えることができたのです」（GSII, S. 98）とハイネの試みを評価し、次のように講演を締めくくる。

故郷喪失に向けられたその〔ハイネの〕抒情詩は、疎外そのものを最も身近な経験領域に引き寄せようとする努力なのです。ハイネの感じていた運命が文字通り実現した今日においては、しかしながら、故郷喪失は同時に万人のものとなりました。追放された者がそうであったように、あらゆる人が存在と言語に傷を負っているのです。〔…〕ハイネという傷は、宥和が達成された社会においてはじめてふさがれるでしょう。（GSII, S. 100）

ユダヤ人のステレオタイプである「故郷喪失」という表現でハイネの詩が指示されているが、それは転じて万人にあてはまるものであるとされる。批判者である「精神的に責任のある人々」はハイネの詩の商業性をユダヤ的特質に帰していたが、もはや万人が純粋な文化を体現できない。そしてこの洞察は、当時の文化の復古主義の批判へとつながっていく。タイトルにある「ハイネという傷」は、資本主義で精神文化が被った万人にとっての「傷」であり、精神文化の顕揚がナチズムというカタストロフィーに結びついた過去を持つ戦後ドイツにおいて、その「傷」を正視するよう訴えかけているのである。

ドイツ講演の結論部で、万人がもはや精神文化を体現できないと宣言されるとき、そうした状況を判読するための基準として、文化の概念が完全に捨て去られることはない。まさにこの点は、前節で考察した当時の文化観につながっていく。アドルノはハイネをめぐる「半教養」現象への批判を通じて、旧来の文化概念との連続性をどこかで保とうと試みていたのである。しかし、ドイツ講演におけるアドルノの試行は、文化に関する理論という枠組みを超え出るものである。注目すべきことに、時代状況との連関のなかで、苦しみを表現にもたらしたハイネが評価され、救済されている。[42]「傷」として打ち捨てられ、古典的カノンとしての地位を与えられてこなかったハイネを芸術の可能性という観点から再評価し、聴衆に訴えかけたアドルノは、戦後ドイツにおいて旧来の文化概念を欺瞞的でない形で保持しようとするにとどまらず、それを拡張していくことを志向していたのだ。

五　おわりに

前述したアルブレヒトたちは、手紙やメモ、当時の記録など広範な一次資料をもとに、大学教育やマス・メディアなどにみられる戦後ドイツでのアドルノの活動を再構成し、それを当時の社会状況との関連から分析した。そして、西ドイツの国家アイデンティティである「過去の克服」をめぐる解釈の枠組みの提供という、従来分析の俎上に載せられなかったアドルノの「形成」的な役割を明らかにした。[43]そこでは「批判」という観点が十分に考慮されていなかったが、[44]新たにシュナイダーがアルブレヒトらの議論を引き継ぎつつ、アドルノがナチスに汚染されたドイツ文化を放棄せずにアウシュヴィッツについて批判を行ったため、ナチスに加担した親世代を持つ学生たちの模範になりえたと評し、批判と再建の二面性を指摘している。[45]これらの研究では、アドルノの果たした社会的な機能（soziale

Funktion)、つまり、当時の社会において彼の活動がどのような意味や役割を有していたかが主題となっている(46)。そのため、「形成」という社会的役割に還元できない彼自身の企図に関しては議論がなされていない。しかしながら、個別的文脈に即しつつその点を緻密に分析することで、シュナイダーにおいても依然として二分法的に捉えられている「批判」と「形成」の両要素の新たな関係性が見えてくる。

亡命時と戦後の西ドイツで構想されていた文化観を視野に収め、二つのハイネ講演を比較考察することで、自らの直面している状況を意識し、個別的コンテクストに即して時代情勢への批判を展開しようとするアドルノの姿が浮き彫りになる。そうした傾向はとりわけドイツ講演において顕著であり、復古主義という時代情勢に直面したアドルノは、ラジオを通じたハイネ講演という具体的な活動を通じ、聴衆へと訴えかけていたのである。もっとも、ロッテ・トービッシュやジークフリート・クラカウアーが書簡でアドルノに伝えた感想から察するに、当時ドイツ講演が、カール・クラウスのハイネ批判の延長(47)、あるいは単なるハイネ批判として消極的に受容されていた可能性がある。それは、先述したように、アドルノが叙述と語りの相違を考えていたからこそ、逆説的に生じた乖離なのかもしれない。しかしながら、同時代人による受容のなかで誤って解釈され、それゆえに社会的な機能という観点からは必然的に零れ落ちてしまうとしても、アドルノ自身の本来の企図からも救い出すべきものがあるはずである。

かつての教え子アルブレヒト・ヴェルマーは、「アドルノのおかげでドイツでは、知的に、道徳的に、そして美的に現在的でありながらも、カントやヘーゲル、バッハやベートーベン、ゲーテないしはヘルダーリンを嫌悪せずにすむようになった」と評している。[49] 戦前にも古典から除外されていたハイネに関するラジオ講演は、ヴェルマーが慧眼にも見抜いた伝統文化の「保持」だけでなく、その「拡張」をも同時に含み込むものであった。このように振り返ってみると、「ハイネという傷」を通じてアドルノは、「批判」が同時に前進的な「形成」へと結びつくよう働きかけていたのであり、それはマンダリン的文化保守の復古主義的潮流が支配的となり、文化と適切な関係を取り結ぶことが喫緊の課題であった戦後ドイツにおいて、重要な位置価を有する試みであったといえるだろう。

注

（1）以下を参照――Sammons, Jeffrey L.: *Heinrich Heine. Alternative Perspectives 1985–2005.* Würzburg（Königshausen & Neumann）2006, S. 214; Hermand, Jost: *Heinrich Heine. Kritisch. Solidarisch. Umstritten.* Köln（Böhlau）2007, S. 195; Goltschnigg, Dietmar/ Steinecke, Hartmut: *Heine und die Nachwelt. Geschichte seiner Wirkung in den deutschsprachigen Ländern. Texte und Kontexte, Analysen und Kommentare.* Bd. 2: 1907–1956. Berlin（Erich Schmidt）2008, S. 146f.

（2）以下を参照――Wussow, Philipp von: Adorno über literarische Erkenntnis. In: Berg, Nicolas/ Burdorf, Dieter（Hrsg.）: *Textgelehrte. Literaturwissenschaft und literarisches Wissen im Umkreis der kritischen Theorie.* Göttingen（Vandenhoeck & Ruprecht）2014, S. 159–183, hier S. 170ff.; 細見和之「テクストと社会的記憶――アドルノのハイネ論にそくして」：同著者『アドルノの場所』みすず書房 二〇〇四年、一〇七―一三九頁。

（3）以下を参照――Hohendahl, Peter Uwe: Adorno als Leser Heines. In: Ders.（Hrsg.）: *Heinrich Heine. Europäischer Schriftsteller und Intellektuelle.* Berlin（Eich Schmidt）2008, S. 208–221.

（4）以下を参照――Adorno, Theodor W.: *Briefe an die Eltern 1939–1951.* Hrsg. von Christoph Gödde/ Henri Lonitz. Frankfurt a. M.（Suhrkamp）2003, S. 182f.

（5）以下を参照――Olschner, Leonard: Heine-Lektüre und Lyrik-Verständnis bei Adorno. In: Goltschnigg, Dietmar/ Revers, Peter/ Grollegg-Edler, Charlotte（Hrsg.）: *Harry... Heinrich... Henri... Heine. Deutscher, Jude, Europäer.* Berlin（Erich Schmidt）2008, S. 319–326.

（6）以下を参照――Demirović, Alex: *Der nonkonformistische Intellektuelle.* Frankfurt a. M. 1999.〔デミロヴィッチ、アレックス『非体制順応的知識人――批判理論のフランクフルト学派への発展：全四分冊』（仲正昌樹監訳）御茶の水書房 二〇〇九―二〇一一年〕

（7）学生運動の理論的支柱となるなど、フランクフルト学派が徹底した社会批判を行ったことで、ドイツの伝統が崩壊したという評価は現在でも一部で支持を得ている。例えば、右派からの批判としては、以下を参照――Kosiek, Rolf: *Die Machtübernahme der 68er. Die Frankfurter Schule und ihre zersetzenden Auswirkungen.* 8. Aufl. Tübingen（Hohenrain）2011.

（8）以下を参照――Albrecht, Clemens/ Behrmann, Günter u. a.: *Die intellektuelle Gründung der Bundesrepublik. Eine Wirkungsgeschichte der Frankfurter Schule.* Frankfurt a. M./ New York（Campus）1999.

（9）ジェイ、マーティン『永遠の亡命者たち――知識人の移住と思想の運命』（今村仁司ほか訳）新曜社 一九八九年、二〇九―二三五頁参照。

（10）竹峰義和『アドルノ、複製技術へのまなざし――〈知覚〉のアクチュアリティ』青弓社 二〇〇七年、一五二―二二六頁参照。

（11）同上、二三〇―二三九頁参照：Mariotti, Shannon L.: *Adorno and democracy.* Lexington（University press of Kentucky）2016, S. 123-143.

（12）例えば、ジェイ、マーティン『アドルノ』（木田元／村岡晋一訳）岩波書店 二〇〇七年、一七九―二七四頁参照。

（13）以下を参照――Sammons, S. 224.

（14）以下を参照――Hermand, S. 184f.

（15）以下を参照――Kraus, Karl: Heine und die Folgen. In: Wagenknecht, Christian/ Willms, Eva（Hrsg.）: *Schriften zur Literatur.* Göttingen（Wallstein）2014, S. 77-114, hier S. 103.〔クラウス、カール『黒魔術による世界の没落』（山口裕之／河野英二訳）エートル叢書 二〇〇八年、一一〇―一六一頁〕

（16）以下を参照――Kraus, Karl: Die Feinde Goethe und Heine. In: *Fackel* 17. Band（1915）, S. 52-89, besonders S. 59-61 und 89. また以下も参照：Goltschnigg/ Steinecke, S. 45-48.

（17）以下を参照――Gundolf, Friedlich: Zeitalter und Aufgabe. In: Ders.: *George.* Berlin（Bondi）1920, S. 1-31, besonders S. 10-12; Goltschnigg/ Steinecke, S. 59f.

（18）以下を参照――Gundolf, S. 11.

（19）『啓蒙の弁証法』の反ユダヤ主義の考察で展開される「レッテル思考」については以下――Ziege, Eva-Maria: *Antisemitismus und Gesellschaftstheorie. Die Frankfurter Schule im amerikanischen Exil.* Frankfurt a. M.（Suhrkamp）2009, S. 131-135; 藤野寛「反ユダヤ主義の諸要素――同一化としての反ユダヤ主義、その原史」：上野成利／高幣秀知／細見和之編『『啓蒙の弁証法』を読む』岩波書店二〇二三年、一一八―一五〇頁所収。なお、「レッテル思考（Ticketdenken）」は直訳すれば「チケット思考」だが、本書では文脈と意味を考えたうえで既訳（ホルクハイマー／アドルノ『啓蒙の弁証法――哲学的断章』（徳永恂訳）岩波書店 二〇〇七年）でも用いられている「レッテル思考」を採用し、それをもとに議論を展開している。

（20）ここでアドルノが用いたのは、アメリカで当時流布していたルイ・ウンターマイアーによる英語訳である。ウンタマイアーについては以下――Sammons, S. 223-242.

（21）以下を参照――Olschner, S. 322ff.

（22）Ringer, Fritz K.: *The decline of german mandarins: The german academic community, 1890-1933*. Cambridge（Harvard University Press）1969.〔リンガー、フリッツ『読書人の没落――世紀末から第三帝国までのドイツ知識人』（西村稔訳）名古屋大学出版会 一九九一年〕

（23）以下を参照――Brunkhorst, Hauke: *Der Intellektuelle im Land der Mandarine*. Frankfurt a. M.（Suhrkamp）1987; Krohn, Claus-Dieter: Intellektuelle und Mandarine in Deutschland um 1930 und um 1950. In: Gallus, Alexander/ Schildt, Axel（Hrsg.）: *Rückblickend in die Zukunft. Politische Öffentlichkeit und intellektuelle Positionen um 1950 und um 1930*. Göttingen（Wallstein）2011. S. 51-69.

（24）以下のマンダリンの特徴と発展に関する記述は、先行研究を簡潔にまとめたクローンの記述に主に依拠し、適宜補足を加えた。以下を参照――Krohn.

（25）ゲーテハウスの再建問題に関しては、山口知三『廃墟をさまよう人々――戦後ドイツの知的原風景』人文書院 一九九六年、三五四―三六三頁；三島憲一『戦後ドイツ――その知的歴史』岩波書店 二〇〇七年、三八―四四頁参照。

（26）むろん「国内亡命」の状態にあった者たちすべてがナチスに加担したわけではなく、その内実は多岐にわたる。その機微については、山口（前掲書）の記述が詳しい。

（27）以下を参照――Brunkhorst, S. 97ff.; Rickies, Joachim: Einleitung. In: Ders.（Hrsg.）: *Bewundert viel und viel gescholten. Der Germanist Emil Staiger*. Würzburg（Königshausen & Neumann）2009, S. 13-26; ヘルマント、ヨースト『ドイツ近代文学理論史』（斉藤成夫訳）同学社 二〇〇二年、一一三―一三八頁。

（28）ディアクスは後に、社会研究所の委託を受け、『現代社会学の諸相――社会学理論への補遺』というハンドブックをアドルノと共同で出版する。以下を参照――Muller-Doohm, Stefan: *Adorno. Eine Biographie* Frankfurt a. M.（Suhrkamp）2003. S. 590f.〔ミュラー＝ドーム、シュテファン『アドルノ伝』（徳永恂監訳）作品社 二〇〇七年、四六六頁〕またアドルノは、一九四九年五月二八日付ホルクハイマー宛ての手紙で、フリッシュの『アリバイとしての文化』を「立派な」記事であると評価している。Adorno, Theodor W./

Horkheimer, Max: *Briefwechsel 1927-1969*. Bd. 3: 1945-1949. Hrsg. von Christoph Gödde und Henri Lonitz. Frankfurt a. M.（Suhrkamp）2005, S. 264.

（29）トーマス・マンとの往復書簡から、雑誌での発表に先立ち、一九五〇年にラジオで放送されていたことが明らかになっている。以下を参照――Mann, Thomas/ Adorno, Theodor W.: *Briefwechsel 1943-1955*. Hrsg. von Christoph Gödde und Thomas Sprecher. Frankfurt a. M.（Fischer）2003, S. 62.

（30）以下を参照――Hermand, S. 194.

（31）Ebd., S. 194-199: Goltschnigg/ Steinecke, 135ff. ハイネ受容に関する以下の記述は、主にゴルトシュニックとシュタイネッケの研究をもとにしている。

（32）以下を参照――Demirović, S. 525ff〔デミロヴィッチ、アレックス『非体制順応的知識人――批判理論のフランクフルト学派への発展：第三分冊 批判理論とは何か』（仲正昌樹監訳）御茶の水書房 二〇一〇年、九八―一三一頁〕: Müller-Doohm, S. 518ff.〔邦訳書、四二九―四三五頁〕

（33）以下を参照――Albrecht/ Behrmann u. a., S. 203-246.

（34）Ebd., S. 239.

（35）アルブレヒトらの研究を参照し、「過去の克服」をめぐるアドルノの講演を題材に、一般への理解を求めた彼の姿勢を分析したものとして、以下を参照――Walter-Busch, Emil: *Geschichte der Frankfurter Schule. Kritische Theorie und Politik*. München（Wilhelm Fink）2010, S. 164-175.

（36）ハイネに対して「傷」のメタファーを先駆的に用いたのはヤーコプ・ヴァッサーマンである。以下を参照――Wasserman, Jacob: *Mein Weg als Deutscher und Jude*. Berlin（S. Fischer）1921, hier. S. 56-59. もっともアドルノが言及するのはクラウスであり、管見の限りヴァッサーマンへの参照は見られない。しかし、アドルノは一九〇〇年代初頭以降のハイネ受容を視野に入れているため、クラウスに類似した当時の批判を念頭に「傷」という語を選択したと考えられる。

（37）ドレフュス事件以降フランスで「知識人」という言葉が定着していったのに対して、一九五〇―一九六〇年代に至るまで、例外はあるものの、伝統的にドイツでは知識層の人々が自らのことを「精神的な人間（der geistige Mensch）」あるいは「精神の人（der Geistige）」と形容する慣習があった。以下を参照――Berling, Dietz: *Die Epoche der Intellektuellen 1898-2001. Geburt - Begriff - Grabmal*. 2. Aufl. Berlin（Berlin University Press）2011, S. 220-272.

（38）以下を参照――Hohendahl, S. 219f.

（39）Ebd., S. 220f.

（40）細見は、「他者」という言葉の選択については詳述していないが、この箇所をマイノリティーとマジョリティというより広範な問題圏で解釈している——細見、一二七—一三〇頁。

（41）同上、一二六頁。また以下の邦訳の訳注四も参照、アドルノ、テオドール「ハイネという傷」（三光長治訳）：同著者『文学ノート1』みすず書房 二〇〇九年、一一〇—一一八頁所収、一一八頁。

（42）なお、当時アドルノは芸術や哲学の意義を、しばしば「苦しみの表現」として捉えている。芸術に関しては以下——GS11, S. 422ff.; 哲学については以下——Adorno, Theodor W.: Vorlesung über Negative Dialektik. In: Ders.: *Nachgelassene Schriften*. Bd. 16. Hrsg. von Rolf Tiedemann. Frankfurt a. M.（Suhrkamp）2003, S. 157f.

（43）本章の注八参照。

（44）藤野寛「あとがき：アメリカ合衆国・社会学・啓蒙——戦後のアドルノ／ホルクハイマー」：ホルクハイマー、M／アドルノ、T・W『ゾチオロギカ——フランクフルト学派の社会学論集』（三光長治／市村仁／藤野寛訳）平凡社 二〇一二年、三五八—三七九頁所収、三七〇—三七六頁参照。

（45）Schneider, Christian: Deutschland I. Der exemplarische Intellektuelle der Bundesrepublik. In: Klein, Richard/ Kreuzer, Johann/ Müller-Doohm, Stefan（Hrsg.）: *Adorno-Handbuch. Leben - Werk - Wirkung*. Stuttgart（J.B. Metzler）2011, S. 431-435.

（46）アルブレヒトらの研究に関してヴィンターは、彼らが「観察者」としてフランクフルト学派の社会的な機能（soziale Funktion）を分析しているため、学派の理論それ自体を適切に視野に収めることができていないだけでなく、「参加者」の視点から実際に学派の理論がどのように受容されたのかを十分に考慮できていないと批判している。以下を参照——Winter, Rainer: Kritische Theorie jenseits der Frankfurter Schule? Zur aktuellen Diskussion und Bedeutung einer einflussreichen Denktradition. In: Ders./ Zima, Peter V.（Hrsg.）: *Kritische Theorie heute*. Bielefeld（Transcript）2007, S. 23-46, hier S. 26-30.

（47）以下を参照——Adorno, Theodor W./ Tobisch, Lotte: *Der Private Briefwechsel*. Hrsg. von Bernhard Kraller und Heinz Steinert. Wien（Droschl）2003, S. 32f.

（48）以下を参照——Adorno, Theodor W./ Kracauer, Siegfried: *Briefwechsel. „Der Riß der Welt geht auch durch mich“ 1923-1966*. Hrsg. von Wolfgang Schopf. Frankfurt a. M.（Suhrkamp）2008, S. 497f.

（49）Wellmer, Albrecht: Die Bedeutung der Frankfurter Schule heute. In: Ders./ Honneth, Axel（Hrsg.）: *Die Frankfurter Schule und die Folgen. Referate eines Symposiums der Alexander von Humboldt-Stiftung vom 10.-15. 12. 1984 in Ludwigsburg*. Berlin（De Gruyter）1986, S. 25-34, hier S. 26.

第三章　押しよせる抗議運動の波とアドルノによるメディア実践

——ゲーレンとのテレビ・ラジオ対談

一九六〇年代に入り、ドイツ連邦共和国は大きな変革を迎える。抑圧的なアデナウアー政権が終わり、その反動から民主化を求める声が高まりを見せ、さまざまな抗議運動が開花した。なかでも戦後体制に強い反感を覚えていた学生たちは、当時海賊版として流通していた『啓蒙の弁証法』に代表されるアドルノの「批判理論」や、「過去の克服とは何を意味するのか」などナチズムの過去への省察を求める一連の試みに大きな影響を受けながら、一九六〇年代末に向けて激化する社会情勢のなかで自らの主義主張を強く訴えるようになっていく。そしてアドルノ自身もまた、これまで以上に社会問題について直接的に語る必要性に迫られるなか、最終的には学生運動の掲げる社会のラディカルな変革を拒絶したため、両者の関係には亀裂が走り、フランクフルト社会研究所が占拠されるなど対立は決定的となった。

厳しい批判に晒されながらも、アドルノがより良い社会を求める学生たちの姿勢に理解を示してい

フランクフルト社会研究所のなかで抗議する学生たち。

たことは、比較的早い段階から指摘されてきた(1)。その事実を踏まえつつ、近年の研究では双方の相違点がいくつかの観点からあらためて分析されており、マルクーゼとの比較研究や(2)、現代史的なアプローチが試みられている(3)。その際共通して語られるのは、「実践」の意義を強調しながらも「理論」の優位を説き、既存の民主主義の「改良」を訴えるアドルノが、「実践」に主眼を置きながら体制の全面的変革を志す学生たちの攻撃の的となったということだ(4)。とはいえアドルノは、当時何度も出演していたテレビやラジオを通じて(5)、「過去の克服」をめぐる問題だけでなく、まだ決定的な対立に至る以前から学生運動に対する批判的見解を述べてもいた。先行研究はこの事実をほとんど考慮していないが、こうしたメディア実践においても、両者が決裂するに至った原因が存在するのではないだろうか。

興味深いことに当時アドルノは、旧ナチス党員であり保守思想家という対照的な経歴を持つアーノルト・ゲーレン（一九〇四—七六）を相手に、自らが知識人の要諦と感じていた「討議」を、ラジオ・テレビ対談という形で実演していた。そしてそこでは、当時論壇で活発な議論が交わされていた「公共性（Öffentlichkeit）」や、「制度（Institution）」、「自由（Freiheit）」などの概念をもとに、西ドイツの社会運動が考察されている。だが残念なことに、計四度にわたるゲーレンとの対談は、うち三つが音声記録の形でしか存在していない。そしてそうした事情も手伝ってか、学生運動との関連で主題的に取り上げられることもなかった。(6)

本章では、いまだ文字起こしがなされていないゲーレンとの討論を取り上げながら、「過去への省察」を訴え学生たちに支持されていたアドルノが、旧ナチス党員のゲーレンに対してどのように振舞い、抗議運動への批判を展開していったのかを探ることにしよう。まずは、当時の社会状況と（一節）、アドルノとゲーレンの関係を概説したうえで（二節）、ラジオ対談「公共性——それは本来何を意味するのか」と（三節）、テレビ討論「制度と自由」（四節）を検討していく。

一　一九六〇年代の西ドイツの社会情勢——『シュピーゲル』事件から六八年運動へ

一九六二年の『シュピーゲル』事件は、アデナウアー政権下の保守的で閉鎖的な社会情勢を一変させた。国防に関わるＮＡＴＯの軍事機密を明かした週刊誌『シュピーゲル』が反逆罪と贈賄罪に問われ、当該記事の発行者と編集者が逮捕されたことを受けて、メディアや知識人たちは言論の自由への国家の介入に激しく抗議した。それにより、摘発を指示したシュトラウス国防相は辞任に、アデナウアーは退陣に追い込まれ、より民主主義的な社会を求める声が高まっていく。[7]

その波は大学にも押しよせ、一九六〇年にすでに議会に上申されていた非常事態法や、アメリカの北ベトナム爆撃により残虐さを増したベトナム戦争への国際的な反発と相まって、一連の抗議運動が誕生する。一九六六年、野党で左派の希望でもあった社会民主党（ＳＰＤ）が、与党キリスト教民主同盟（ＣＤＵ）・キリスト教社会同盟（ＣＳＵ）と「大連立」を組んだことで非常事態法の可決が目前に迫るなか、議会外反対派（ＡＰＯ）が形成され、「新左翼」と呼ばれる学生たちが大きな役割を担った。そして「新左翼」は、フランクフルト社会研究所に権威主義やファシズムを克服する理論的支柱を求めつつ、依然としてナチズム的な要素が存在している社会の変革を企てた。[8]

学生運動は、一九六七年六月二日、国内の政治的弾圧が問題視されていたイランのシャーの西ドイツ来訪に際して行われたデモの最中に、学生のベンノ・オーネゾルクが警官（近年シュタージの非公式協力員と判明）に射殺された事件を皮切りに、一気に過激化の道を辿る。オーネゾルクの葬儀の後にハノーファーで開かれた社会主義ドイツ学生同盟（ＳＤＳ）の会議「抵抗の条件と組織」では、急進的な方向性をめぐり学生運動内部の対立も明確になった。そこでベルリンＳＤＳの代表者ルディ・ドゥチュケは、「人に対する暴力」には留保しながらも、「直接的な活動（direkte Aktion）」を通じて運動をさらに前進させる必要性を説き、同年九月のＳＤＳ代表者会議では、アドルノの博士課程の学生であり、フランクフルトＳＤＳの頭脳であったハンス・ユルゲン・クラールとともに「都市ゲリラ（Stadtguerilla）」を提唱し、制度に潜む暴力を挑発しながら権威主義的な体制の変革に向けて現行の民

主主義のルールを打ち破る必要性を説いたのだった。(9)

二　アドルノとゲーレン――批判理論と制度理論の対決

同じく哲学的人間学の立役者であるマックス・シェーラーやヘルムート・プレスナーと比べ、現在ゲーレンに関する研究が積極的に行われているとは言い難く、(10)生前の存在感とは好対照をなしている。一九三三年にナチスが政権を掌握すると、彼は国民社会主義ドイツ労働者党（ＮＳＤＡＰ、通称ナチス党）に入党し、そのイデオロギーに賛意を寄せた。そして、一九三四年に三〇歳の若さでライプツィヒ大学の教授となり、同大学の「ナチス講師団（NS-Dozentenschaft）」の責任者を務めたほか、一九四二年にはドイツ哲学協会の会長に就任するなど、着実に出世の道を歩んでいく。何度も改訂された主著『人間』の初版（一九四〇）には、「人間」は他の生物種と違って外界の刺激に適切に反応する本能を有していない「欠如的存在（Mängelwesen）」であり、行動への指針となる「拘束力を持った世界観」や「最上位の指導体系」を必要とする、と記されている。(11)こう見ると、ナチスとの親近性が強く感じとれるだろう。しかし実際には、すでに一九三五年ごろから第三帝国に対するゲーレンの熱狂は弱まっており、現在では、『人間』の構想はナチズムと方向を異にしており、賞賛に見える表現は戦時下の状況で職業上止むをえない行為であったと解釈されている。(12)秩序や権威の尊重という共通項もあったが、「人種（Rasse）」の概念や社会ダーウィニズム的な発想、反ユダヤ主義的な姿勢はゲーレンにはなく、御用学者エルンスト・クリークたちからも厳しい批判にさらされていたようだ。なによりも、

「人間」の持続的安定を目指すゲーレンの国家観が、総統（Führer）の支配のために教会や家族、司法などの既存の秩序を空洞化させる恣意的な体制とは根本的に相容れなかった。[13] 終戦後には職をとかれたが、一九四七年にシュパイアーの工業大学の正教授として復帰したゲーレンは、「人間」と「指導体系」の結合という単線的な着想への反省から、社会学や民族学に傾注し、双方を現実において媒介する社会的「制度」の役割に主眼を置き、[14] 人間の自由は「制度」を通じてはじめて実現されるとする制度論を提唱した。活躍の場はアカデミズムを超え、『メルクーア』など著名な雑誌への寄稿、およびラジオ・テレビへの出演も行った。著作に関しても――少なくとも一九六〇年ごろまでそれほど部数が伸びなかったアドルノに比して――ベストセラーを記録しており、保守陣営の思想家として戦後ドイツの論壇に不可欠な人物の一人であったのだ。[15]

亡命知識人アドルノと旧ナチス党員ゲーレン。一見両者を結びつけるものはないように思われる。事実、一九五〇年代にはほとんど交流がなく、それどころかアドルノとホルクハイマーの異論により、ゲーレンは――本人には伝わっていないようだが――ハイデルベルク大学の正教授就任を阻まれている。テレビ番組「現代芸術はどのように〈管理〉されているのか」を機に開かれたバーデン・バーデンでの討論会で知り合うと、互いの芸術に対する深い洞察を共有できたことから、一九五九年末ごろに交友関係が始まったようだ。[16]

一九六〇年代には、計四度のラジオ・テレビ対談が行われる。一九六四年三月一八日には「公共性――それは本来何を意味するのか」[17]、一九六五年二月三日には「社会学は人間の学問か――ある論争」[18]（唯一活字化されている）、一九六六年三月二八日には「現代芸術の社会学的経験」[19]が南西放送

(Südwestfunk) で収録され、一九六七年六月三日には「制度と自由[20]」がケルンの西部ドイツ放送 (WDR-Fernsehen) から中継された。アドルノとゲーレンの思想と経歴の違いを踏まえれば、これら一連の討論に大きな社会的関心が寄せられたのは想像に難くない。

アドルノのナチズムに対する姿勢をめぐっては、当時スキャンダラスな事件が起こっていた。一九六二年から六三年にかけての冬学期、学生新聞『ディスクス』が、ナチスの御用雑誌と化していた『ムジーク』の一九三四年六月号に掲載された、国民社会主義を支持するかのようなアドルノの寸評に関して、公開質問状を掲載したのだった。そこでアドルノは、「ナチス学生同盟」の指導者シーラッハの詩集に基づくヘルベルト・ミュンツェルの合唱曲を好意的に評価していた[21]。もっとも当時の時代状況を考えれば、いわゆる越冬作戦として止むに止まれぬ振る舞いであったと言えるが、他ならぬ「過去への省察」を訴えかけていたアドルノであったがゆえに、相当に非難を浴びることになる。また、亡命知識人の一人ギュンター・アンダースなどは、旧ナチス党員のゲーレンとの交友関係について早い段階から批判していた[22]。こうした事情を踏まえると、アドルノがゲーレンとの対談のなかで、ナチズムの過去という問題を取り上げていないということも注目に値する現象であり、彼のメディア実践を読み解くうえで一つの重要な要素となってくる。

アーノルト・ゲーレン。

三　「公共性――それは本来何を意味するのか」と『シュピーゲル』事件

「公共性――それは本来何を意味するのか」が放送された当時、「公共性（Öffentlichkeit）」という概念は注目を集めていた。[23] 前章で触れた「マンダリン」の議論にも通じているが、まだ一九五〇年代には、およそ一八八〇年から一九〇〇年の間に生まれ二つの世界大戦を経験した世代を中心に、「技術（Techinik）」や「近代（Moderne）」に対して教養市民的な嫌悪感が示され、大衆文化に対して「真の」文化を対置するエリート主義的な姿勢が蔓延っていた。しかしながら、一九五〇年代の末から次第に後継世代が影響力を発揮できるようになり、理論的な観点からも実践的な観点からも、「公共性」やマスメディアの意義をめぐって積極的な取り組みが見られるようになった。[24]『シュピーゲル』事件は否応なくその問題について考える契機となったし、奇しくも同年に刊行されたユルゲン・ハーバーマスの教授資格論文『公共圏の構造転換』（一九六二）は、一つの理論的支柱を提供した。次章でも言及するが、アドルノもまた当初からハーバーマスの「公共圏」論を好意的に捉えており、ゲーレンとの対談が行われたのと同年の一九六四年付の小論では、『公共圏の構造転換』に依拠しつつ自らの「公共性」観を展開している。[25] こうした背景を踏まえつつ、以下では、アドルノがゲーレンに対して「公共性」の意義や『シュピーゲル』事件に端を発するような社会運動をどのように主張していたのかを分析していこう。

まずもってアドルノは、「歴史的諸概念において言葉の正確な意味を定義することは不可能である」

というニーチェの言葉を参照しつつ、「公共性」という概念は一義的に定義できず、歴史的でかつ論争を孕んだものであることを指摘する。それは固定化された「事物」などではなく、「関係する人々や集団にとって普遍的な利益や重要性があるものの、以前はそれほど公的でなかったものを、公的にしようとする要請」であり、「事実と生きている人間の間に生み出されうる関係」としての「機能概念(Funktionsbegriff)」なのである(A/G, Ö, 02:04)。それに対しゲーレンは、「公共性について、定義しようという意図を持って語ることはできないかもしれません」と同意を示す一方で、その概念を、直接民主主義や司法ないしは教会のような人間によって生み出された体制や場所と結びつけ、「公共性」とは、「折に触れて共通の事柄に参加し、その際、対面で会うという性質を持つ営み」であると論じる(A/G, Ö, 04:28)。ゲーレンはなにかある具体的な領域を想定していたようだ。アドルノは、少し控えめな口調でこう応答する。

ですが、確認しておかねばならないある相違が存在するように思います。それは、少しの間ヘーゲル的な言葉遣いを許してもらえるなら、即自的な公共性と、即自的かつ対自的な公共性、すなわち、そのようなものとしてそれ自体意識的であり、自己の概念に反省的であるような公共性との間にある相違のことです。そして、むろん後者は、あなたが語っておられる諸契機を自己のうちに含んでいるのですが、やはりなにか近代に特有の現象であるように思われます。言い換えると、この意味で公共性は民主主義に特有の概念である、私はそう考えています。しかも、直接民主主義のようなものが、つまり対面での関係(face to face relation)がもはや存在しなくなるところにその概念が登場するのは、偶然などではありません。最初期の時代、すなわちロックの時期、つまりは名誉革命の時代における公共性の構想が、新聞雑誌の最初の登場と結びついているということも〔…〕偶然ではないのです。

（A/G, Ö, 06:27）

直接民主主義がもはや存在せず、社会における生の営みが新聞雑誌により構成され始めた瞬間に、公共性は自明ではなくなり、批判的考察の対象になった。その概念の登場は、歴史的な必然性を伴っていたのである。そうして議論は、マスメディアの役割と問題点へと移っていく。

アドルノによれば、民主主義において期待されるのは「国民全員が独立した自律的な意識を持って意思形成を行う能力を有している」ことである。そうであれば、万人が当該の事象についての知識に通じていることが前提とされねばならない。しかしながら、マスメディアの介在により、「本来公共性が目標にしている人間に対して、公共性の領域が自立する傾向」が生じてくる（A/G, Ö, 10:20）。「物象化（Verdinglichung）」（A/G, Ö, 12:08）と名指されるこの状況からは、避けがたい困難が帰結する。まず第一に、マスメディアが公的な議論に入り込み、人間関係の構成要素となれば、自由な相互交流は阻害される。そして個々のメディアは、資本主義的な「私的利害（Privatinteresse）」を追求し、ニュースの価値を「交換価値（Tauschenwert）」、すなわち「ニュース・ヴァリュー」で測定する一組織でしかない（A/G, Ö, 13:58）。結局のところ、普遍的な利害が議論される公共性の領域は、「私的利害」により支配されてしまうのである。

少し時系列は前後するが、ゲーレンもまた討論の中盤で、「大幅な無責任さを求める公的機関の性質」という表現で、メディアの問題性について語っている（A/G, Ö, 34:52）。興味深いのは、アドルノが、これを「非常にドイツ特有の現象」だと述べている点だろう。

〔…〕世論（öffentliche Meinung）は、当地でいわば公認されている正式な機関を通じて、ある人物やある機関について、極めて辛辣な批判をわけもなく申し立てることができるのですが、申し立てた機関に深刻な影響を及ぼすことはありません。そして、古くからの民主主義的伝統を持った国々とは対照的に、私たちのもとでは、世論では何も変わらないという事態に再三再四直面するのです。（A/G, Ö, 35:16）

アドルノは、世論の効力のなさを確認する際、「私たちのもとでは」という表現で西ドイツを指し示している。引用箇所の直後には、「ドイツで状況がいくらか変化してきたという非常に喜ばしい兆候」があるという『シュピーゲル』事件を暗示する発言が続いており、この点は放送の最後で再度言及されることになる。ここでは、両者の議論において単なる概念レベルの話だけでなく、西ドイツの現状が絶えず視野に置かれていたという点を確認するにとどめて、「公共性」の意義について語られている場面にも目を向けておこう。

「冷静なリアリスト」の視点から、現実社会においてなにかを実現しようとすれば秘匿行為が不可欠ではないか、と問うゲーレンに対して（A/G, Ö, 26:12）、アドルノは次のように語る。

〔…〕私たちの生きる世界においてすでに——私は抽象的なユートピアにかかずらうつもりはまったくありませんが——個々のグループが非公共性や、秘密や策略、なにかそうした類のものに向かうのを余儀なくされているのであれば、むろんそこにも、必要不可欠な矯正策として公共性が介入してもよい理由が存在します。

(A/G, Ö, 29:37)

公共性は、普遍的利害の実現という基準に即して、「矯正策」としての機能を求められるのだ。この引用箇所の問題は、終盤でも再度取り上げられている。アドルノによれば、公共性という理念は一度として完成形に至ったことはなく、「実現を模索していくべき」ものであり、社会における仮象を暴き現実を変革する能力を秘めているのであって、「つまるところ、公共性は〔…〕たしかにイデオロギーではあるが、同時に、イデオロギー的な存在を打ち破る可能性を自らのうちに有するイデオロギーなの」(A/G, Ö, 50:15)だ。

すぐさまゲーレンは、「虚構が現実の諸関係を打ち破るべき」というのは求めすぎではないかと異議を唱え、現実に即した議論をするよう迫っている。アドルノが公共性の理論を『シュピーゲル』事件に結びつけるのは、まさにこの場面である。

その経過は、『シュピーゲル』の事件を通じて、いわゆる世論を代表する主要機関の多くが自らの直接的な利害関心、すなわち、その威信や行動能力、最終的には経済的な運命もかかっている言論の自由をとにかく主張することで、私たちの国家に存在する特定の諸関係を批判するに至る、というものでした。その批判は、そうした機関が一般的に持つ政治的地位から国家に対して行うことができそうな批判をはるかに超え出たものでした。〔…〕それによって、目覚めかけた民主主義的意識のようなものが照らされたのであり、突如として問題にされたのでした。そうした意識は、私たちの共和国ではこれまで、こうした形では存在しなかったものです。いわんとしているのは、世論が今回の場合のように個別的利害を追求することで、それを通じて、元来公共性の理念に内包されていて、個別的利害を超えた、真に啓蒙的で人類全体を含みこむようなもののいくばくかが解放されたということです。（A/G, Ö, 52:44）

そもそも言論の自由は、万人が自由に発言し知ることができるという「公共性」を包含する一方で、とりわけ経済的な意味でマスメディアの個別利害でもあるため、部分的にはイデオロギー的な要素を孕んでいる。しかしながら、まさしく『シュピーゲル』事件においては、言論の自由という基本的権利が非常に強い権力を持つ国家の抑圧に対して集合的に主張されることで、「私的利害」の追求を超えた「普遍的利害」の実現に繋がり、民主主義的で啓蒙的意識が実際に生まれたと、アドルノは評しているのである。

もっともこの発言には、『シュピーゲル』事件に関する経験的な調査をせずに判断を下すことはできないというゲーレンの留保がつけられる（A/G, Ö, 55:03）。復古主義的で抑圧的な一九五〇年代の時代情勢を踏まえれば、一つの事件で状況が劇的に変化するというのはあまりに楽観主義的な結論であると思われたからだろう[26]。しかしながら、最後までアドルノは肯定的な見解を変更せず、明示されていないがおそらくフランクフルト社会研究所の調査結果をもとに、[27]「この事件への国民全体の関心は驚くほど高く、手元にあるデータもそれを示していた」と語り、そこでラジオ放送は終了を迎える。

以上の分析からわかるように、マスメディアにより形成された公共圏やコミュニケーション理論的な観点に対して懐疑的であったというアドルノ像は実情を捉えていない。[28]彼は「公共性」を――ハーバーマス的な「圏域（Sphäre）」とも異なる形で――批判的契機を有する「機能概念」として捉え、「秘匿行為」や「言論の自由」の妨害など現状に対する批判や抗議を通じて、「普遍的利害」が実現されていく方途を探っていた。そもそも「公共性」は理念であり、本質的にイデオロギーとは切り離せないため、その担い手であるマスメディアを全面的に変革したところで問題の核は解消されない。肝要なのはむしろ、既存のマスメディアを媒体に、個別具体的な事例においてその都度「公共性」を志向することである。アドルノは『シュピーゲル』事件に端を発する一連の社会運動の意義を、その点に見出していたのだ。

抗議運動は、一九六四年のこの放送以後、「六八年」に向けて次第に過激化していく。次節では、こうした時代情勢の変化に対するアドルノの視線を究明していこう。

四　「制度と自由」――批判と制度の理想的な関係をめぐって

一九六七年三月二三日のゲーレン宛の書簡のなかで、アドルノは「知識人の問題」に関するラジオ討論を提案している。それは「実際のところ、ある種の論争になるでしょう」。とはいえ、「私たちはこの間、精神的に、そうした対話の有するヒューマニティーに大変な確信を抱いておりますので、互いに安んじて危険を犯すことができるでしょう」(29)。一方のゲーレンは、こうした主題は激しい対立関係を生じさせずにはおかないため、しかるべき時期を待ちたいという返事を認め、断りを入れている(30)。これまでの対談や交流の経緯を踏まえれば、ゲーレンの拒絶の理由を、単なる社会情勢に対する認識の不一致や思想上の相違に帰すことはできないだろう。そうであるならばアドルノの提案したテーマは、二人を分かつより根本的な軋轢、つまり亡命者とナチス加担者という問題圏に通じるものであったと考えられる。残念ながら以降の書簡に――現存する限りではあるが――アドルノのさらなる要請は見受けられず、「過去の克服」をめぐる議論の機会は消失してしまった。

かわりに計画されたのがテレビ番組「制度と自由」であり、これは一九六七年六月三日に実況放送された。放送の前日六月二日にはあのオーネゾルクの射殺事件が起きているが、この事件に関しては当初錯綜した情報が飛び交い、その実態は翌日にかけて次第に明らかになっていった(31)。アドルノとゲーレンの討論にオーネゾルクに関する話題が登場しないのは、放送の準備段階で十分な情報が手元になかったからだろう。なお、同年六月六日の美学講義ではアドルノはオーネゾルクに追悼を捧げている(32)。

とはいえ、抗議運動自体はこの時点ですでに大きな社会現象となっていた。一九六四年には、ドゥチュケも所属していた行動主義的な学生集団「転覆活動（Subversive Aktion）」が、アドルノの社会批判を引用したビラをばら撒いていた(33)。一九六七年になると、その流れを汲んだ急進的左派集団「コムーネ・アインス（Kommune I）」が結成される。また、その前年に当たる一九六六年の一〇月三〇日には、ＳＤＳ主導のもと、非常事態法への抗議として、「民主主義の非常事態」と銘打たれた会議が開催されている[34]。

当時はまだ新興メディアであったテレビは、オーネゾルクの射殺事件を一つのきっかけとして抗議運動を大きく取り上げるようになり、その影響力の全国的な広がりに寄与した[35]。まさしくアドルノとゲーレンの対談もまた、かような文脈に位置づけることができるものだろう。司会の挨拶があり、プロヴォ運動のアナーキズムに関する映像が流されて、番組は開始する。「プロヴォ運動は自ら解体していった。実践された無政府状態は、秩序として存続せず、自分自身の首をしめたのだった」（A/G, F, 01:05）。このナレーションにより、社会制度や秩序の打破を試みる抗議運動が、自ら制度を拒むがゆえに、必然的に自壊せざるをえないというジレンマが指摘され、「制度と自由」の問題についての討論が開始される。放送は計三〇分しかなく、アドルノもゲーレンも意図的に原稿を持たずに議論しているため[36]、一貫性のない部分も散見するが、全体としては「制度と自由」の関係について語られた後、「批判と制度」というテーマに移行していく。

最初にゲーレンが、「大学や工場、会社」などを例に、「人間が相互に生活し、相互に働き合う機関」として「制度」を定義する（A/G, F, 02:39）。そうした制度は時に人間に疎遠となり、存在に疑義が呈されるのではないか、という司会者の質問に対して、彼は自らの人間学や制度理論に深く関係のある「負担の免除（Entlastung）」という概念を用いながら応答している。戦後に何度も改訂され重版された主著『人間』によれば、人間は「衝動過剰（Antriebsüberschuss）」という性質を持ち、動物と違い「本能（Instinkt）」から切り離されているため、環境の刺激に対する反応の仕方が不安定であり、絶えず新たに行動規則を定めなければならない。[37] 人間の持つ高次機能は全て、「保障され、安定した基礎的慣習の形成により、元来そこで用いられていた動機・試み・管理のエネルギーが解放され、上方に放出されることで発展してきた」のである。[38] こうした解釈を出発点に据えるゲーレンからすれば、「数百年来、大学が学者や学生にもたらしている」ような「負担の免除」が存在せず（A/G, F, 07:18）、「生活に必須の基礎の基礎を絶えず自力で考え始めねばならないとすれば〔…〕、私達の生にそれほど自由は存在しない」（A/G, F, 07:35）のだ。

アドルノもまた制度の重要性を認めてはいるが、一方で同じく大学を例にとりながら、自由を束縛する傾向に注意を促している。大学においては、「事柄に対する生き生きとした関係に対して、厳格な科学性の理想が自立すること」により、自由が制限されてしまっている（A/G, F, 08:21）。対するゲーレンは、「制度は複数形で存在しており、それぞれが人間の別の側面を〔…〕要求する」と主張するが、アドルノは——「公共性」の対談とは反対に——「リアリスト」の立場から、「さまざまな制度の重みは、論理的に同一地平にあっても、現実には全く異なっています〔…〕。というのも、そうした複数主義は、管理と従属の照射に対して、一つの理想ですから」と譲らない（A/G, F, 11:10）。そしてこの前提のもと、「教育（Erziehung）」との関連で制度に対する自由の意義が語られる。

広く、強調した意味での教育の課題は、人間を自律させ、まさしく諸制度をカントが付与した役割に、すなわち、いかなる人間の自由も他人の自由を制限しないよう、もっぱら注意を払うという役割に還元する点にこそ存在するのです。（A/G, F, 13:52）

「教育」という言葉は、人間の発展や進歩といった広範な意味で理解されている。たしかに制度は、ゲーレン的な意味で自由の土台ではあるものの、それを制限する可能性を秘めている。アドルノの発言が的を射たものであるならば、自由を極力限定しないという制約のなかで、再度制度の意義を問い直さねばならない。この結論は十分に説得的であるとは言い難いが、討論は次の話題へと進んでいく。

後半部の問題圏は、「批判と制度」である。ゲーレンは多様な批判の存在を確認しながら、「正確な知識があれば、それぞれの制度に対して、事柄に忠実な批判を展開できます」と述べている（A/G, F, 16:51）。その一方で、「破壊の意志を持った、より一層苛烈な批判」が槍玉にあげられる（A/G, F, 20:08）。抗議が起こるのは、「制度が人々の必要に対応していない」からではないか、という質問に、ゲーレンはこう返答する。

> 私は、一体どのようにすれば、自分自身の精神的気質の直接的な介入から身を引き離すことができるのでしょうか。居心地がよくないという理由で、感情的に制度を批判してまわる人々は、こうした問いを立てたことがないのです。
> （A/G, F, 26:14）

上述したように、ゲーレンは、絶えず新たに衝動を抑制しなければならない不安定な存在として人間を理解している。人間は、制度の支えによりはじめて永続的な自己統制から解放され、安定した状態で行動できるのである。

アドルノはこのテーゼに批判的に対峙し、著作『権威主義的パーソナリティ』（一九五〇）[39]を引き合いに出しつつ、前半部とは異なる理由から制度の意義を確認していく。制度への欲求が、「権威に結びついた性格の構造」にあるのは疑いえない（A/G, F, 18:06）。この主張の根拠は、順応の強制という発想、すなわち権威主義の特性に求められる。[40]ゲーレンが肯定的に評価している制度への生来の欲求に、アドルノは否定的な光を当てるのである。やはり問題となるのは有効な批判の形態であり、制度が機能しているかどうかではなく、「それが、自らの理念や概念に沿う機能を満たしているかどうか」に着目すべきである（A/G, F, 17:20）。アドルノが言うには、

> いずれにせよ制度は、どの程度理性的か〔…〕、どの程度――もっと上手く言うなら――本来存在している目的を果たしているのかを問われなければならない、という意味で、批判に相対しているのです。そして、そのような制度批判は、人間自身のために避けられません。つまるところ制度は、人間関係の対象化にほかならず、それ自体のために存在するのではないのですから〔…〕。（A/G, F, 21:38）

社会でなにかを実現しようとすれば制度が必要になるものの、それは「人間関係」をある固定した規則に繋ぎ止めてしまう。アドルノに従えば、そうした形で制度が自由を抑圧し、元来の目的から疎遠になるところで、批判が要請されるのである。これは「批判と制度」の関係の明確な定義ではあるだろう。とはいえ、残念なことに、どういった目的であれば制度を保持すべきかという根底的な問題については言及されないままに終わってしまう。

かわりにアドルノは、討論の最後で西ドイツの現状に視線を向けている。

まさしくドイツの制度においては、制度への批判という問いは、非常に両義的な側面を持っています。つまり、ある意味私たちのもとでは、制度的な契機を擁護すると同時に批判することが問題となっているように思われます。例えば、憲法です。ドイツでは〔…〕、制度は自ら自由の保護に勤しむ場合に、至る所で評判を落とす、といった具合です。それどころか私たちのもとでは、まさしく実際に人間の自由を守ろうとしているところで、制度をむしり取ろうとする傾向が支配的なのです。（A/G, F, 27:28）

ここでアドルノは、「基本権」や「基本法」、並びに「制度的に個々人の権利を他に先行させるけれど、私たちのもとでは、そうした恩恵を減じる危険に瀕しているあらゆるもの」を念頭に置いている（A/G, F, 28:38）。当時の西ドイツの政治情勢を踏まえれば、ここに二重の社会批判を読み取ることができる。一つ目は、一九六六年の大連立により可決目前に迫った「基本法」の改正、すなわち、「基本権」の制限を伴う「非常事態法」への批判である。二つ目は、過激化の道を辿り、既存の憲法制度をアナーキズム的に軽視する抗議運動への批判である。アドルノは、国家の側からの制度の濫用と市民の側からの制度の全面的変革の双方を牽制しているのである。

自由は制度を前提とするが、後者は原理的に前者を抑圧する傾向を有する。それゆえ、既存の制度の転覆を図ったとしても、根源的な問題は解消されない。アドルノはこうした見地から、個別的な状況に即して、現行制度の制約的な側面を批判する方向性を模索していたのだった。この議論の流れは、既存のマスメディアという「制度」を軸に「公共性」の実現を企図した、先のラジオ対談から一貫している。ただし、一九六四年の段階では当時の社会運動が評価されていた一方で、このテレビ討論では、抗議運動は批判の対象にされている。アドルノは、「公共性」という概念について積極的に議論が交わされ、その理念が社会で実現の兆しを見せていた時、『シュピーゲル』事件に端を発する一連の運動を促進すべく働きかけ、急進化する社会情勢を前にした時は、制度の変革に潜む構造的な問題を聴衆に提示していたのだった。

五　おわりに

一九五〇年代から、アドルノはアデナウアー政権下の復古主義的風潮を批判し、「過去の省察」を訴え続けた。一九六〇年代に行われたゲーレンとの一連の対談においても、その姿勢は継続されている。ただしそれはこれまでとは異なる様相を呈しており、旧ナチス党員と亡命者の垣根を超えた「討議」による、より直接的な社会批判という形を取っていた。

ゲーレンの立ち位置もまた、アドルノにとって非常に重要なものであったにちがいない。彼は、単に過去や伝統にだけ焦点を当てるような保守思想家ではなく、アメリカのプラグマティズムをいち早く導入し、ラディカルな民主主義論者のミードを積極的に受容したほか、亡命知識人ハンナ・アーレントの政治理論にも強い関心を示しており、なによりもナチズムへの反省として、戦後は制度理論に

アドルノ（左）、クラール（左から二番目）、ハーバーマス（右）。一九六八年フランクフルト書籍市の討論会にて。

取り組んでいたのである。[41] 公的には自身の過去について言明していないものの、その反省も踏まえて戦後に活動を続けていたゲーレンであるからこそ、「討議」の可能性が残されていたのだ。

哲学研究者のティースは、両者の間に「過去の克服」に関する議論が欠如している点について、「初期のドイツ連邦共和国におけるコミュニケーション的沈黙の一例」と捉えている。[42] この指摘に対しては、アドルノが往復書簡のなかで「過去の克服」に密接に関連するテーマを提案したが、ゲーレンがそれを拒否した、という事実をいま一度強調しておこう。アドルノの立場からすれば、たとえ主題として直接問題にできなくとも、ゲーレンの意見を汲まなければ共同の討論そのものが実現せず、「過去の克服」を現実に始動させることはできなかったのである。

ただし、抗議する学生たちはアドルノを、ナチズムの過去と対峙するうえでの理論的支柱と捉えており、その関連で、一九六三年には彼の第三帝国時代の音楽評について糾弾してもいた。その事実を考慮に入れると、ゲーレンとの対談からも、一九六〇年代末に向けてアドルノと学生運動の溝が深まっていく一つの要素を抽出できる。先に見たように、「公共性――それは本来何を意味するのか」と「制度と自由」では、「マスメディア」や「制度」についての基本的見解は一貫していた。しかし、前者では社会運動が評価されていたのに対し、後者では、学生運動が批判の対象に据えられている。激化する社会情勢のなか、学生たちの目には、ゲーレンを相手に「過去の克服」を取り上げず、既存のマスメディアから抗議運動を批判するアドルノが、現行体制の支持者として映ったに違いない。「理論と実践」や既存体制をめぐる評価の食い違いだけでなく、メディアでの振る舞いもまた、両者に亀裂を走らせる必然性を内包していたのである。

実際にこれ以降――正確に言えば、ベンノ・オーネゾルク射殺事件を引き金に抗議運動が過激化していく過程で――アドルノと学生たちとの距離は次第に広がっていく。その際、本章の冒頭で触れたように、「理論と実践」をめぐる見解の相違や西ドイツの民主主義制度の是非が大きな争点となった。理論の優位を説き、既存体制の漸進的「改良」を訴えたアドルノは、実践的帰結を重視し社会の全面的変革を求めた学生たちから痛烈な批判を浴びたのである。しかし同時に、アドルノは彼らとも対面で意見を交わす場を設けていた。その一つが、ゲーレンとの対談からおよそ半年後の一九六七年一二月五日に、美学講義の一部を割いて行われた対話である。これは、新聞『フランクフルター・アルゲマイネ』による「我々の大学はどこに向かうのか?」と題された大学教員向けのアンケートを起因として、学生側が回答者の一人であるアドルノに意見表明を求め、それに応じる形で開かれたもので、大学運営における学生たちの参与、すなわち「共同決定」をどの程度認めるかが主たる議題となった。議論が白熱するなか、SDSの頭脳であったクラールは、メディアでSDSの活動が単純化されて語られていることに不平をこぼす。そして、国会で審議中の非常事態法に関する議論を行うべく企画された、大連立の大臣の一人である政治学者カルロ・シュミットの講義への「突入（Go-in）」が、フランクフルト大学の学長によって「ファシスト的なテロ手段の行使」として非難されたことなどを引き合いに出し、大きく二つの問題点を指摘したのだった。[43] 一つは、「既存の大学や大学の基本構造が内的な改良を不可能にしている」という点である。もう一つは、民主主義的で「リベラルな理性原理」と称されているものが、行政当局により「単なる技術的規則」として恣意的に用いられているという点である。クラールに言わせれば、「リベラルな理性原理」を盾に、「暴力を伴わないデモ活動」までもがテロ行為に読み替えられ、管理技術的な方法で片づけられてしまっている現状に対しては、全面的な変革が必要なのだ。[44] これに対してアドルノは、リベラルな理性原理が自由の実現に向かうのではなく、管理社会的な「形式化のプロセス」に屈しているという指摘に関してクラールの正当性を認めつつ、次のような懸念を吐露している。

ですが他方で、私には思うところがあります。ここで、自分の年齢と経験に立ち返るのをお許しください――はっきりと明確な認識があるわけではなく、単にある事態を経験したから、ということなのですが。つまり私が思うに、朝の六時に戸口のベルが鳴り、それがゲシュタポなのか、パン屋か何かなのか、はっきりとわからないといったことが何を意味するのか、かつて経験した

人は……、そんな経験をかつてした人は、形式化された法体制にも肯定的な契機を感じ取るものなのです。(45)

このように、アドルノはナチスの実体験を出発点に据えたうえで、単なる形式的手続きに堕する危険性を常に抱え込んでいるものの、どうにか戦後西ドイツで定着しつつあったリベラルな民主主義体制がいかに重要な前進であるかを説く。もっとも、引用に続く箇所では「身体的なテロ行為という手段」に訴えることなく、専制ではなく「民主化という目標」に向かおうとする学生運動とナチスとの間に一線を引き、「私の方では、デモをする学生たちをファシズムという非難から擁護したいと思います」と明確に宣言していることも見逃すべきではない。(46)アドルノは、抗議運動に対して確かな歩み寄りを見せながら、決して譲れない一点として、ナチスという全体主義の経験を持ち出しているのだ。現状の西ドイツの体制はまぎれもなく不完全であり、アドルノ自身がその苛烈な批判者であったように、「過去の克服」に対する取り組みは決して十分ではなく、ナチスの残滓は至る所に引き続き存在していた。しかしだからといって、曲がりなりにも軌道に乗り始めた戦後の民主主義を全体として否定してはならない。むしろ、潔癖症的にすべてを一括りに拒絶するのではなく、過去を繰り返してはならないという命法の下、個別の状況に向かうなかで不完全な全体がわずかでも改善に向かう道を忍耐強く探らねばならない。それこそが、歴史的経験を経てアドルノが示そうとした洞察だったのだ。その意味で、ゲーレンとの「討議」もまた、彼にとって非常に重要な政治的実践の一つであったはずである。

一九六八年四月、極右の青年によるドゥチュケ暗殺未遂という衝撃的な事件が勃発する。以前から学生たちは、大衆紙『ビルト』を筆頭に、保守系のシュプリンガー社傘下のメディアが社会の不安定化の原因を学生たちに帰す扇動的な報道を行っているとして、反シュプリンガーキャンペーンを展開していたが、この出来事はそれをさらに燃え上がらせる主因となった（「シュプリンガーを解体せよ！」）。社会的衝突は激しさを増し、デモに伴う「暴力」が――ドゥチュケやクラールの当初の意図から異なる形で――段々とエスカレートしていった。(47) やがて、過激派の学生たちによって社会研究所の占拠が試みられ、アドルノやハーバーマスが警察の動員を余儀なくされるなど、両者の対立もまた修復不可能なものとなっていく。一九六九年の夏学期には――よく知られているように――アドルノが上半身裸の女学生たちによる挑発を受け、講義の中断を余儀なくされるといったセンセーショナルな事件が勃発する。そして不幸にもこれが、教壇に立つ最後の姿となってしまった。間もなくして、彼は休暇先のスイスで持病の発作による死を迎えることになる。(48)

一九六八年末の非常事態法の可決を一つの終着点として、統一的目標を失った「新左翼」はさまざまなグループへと分裂していった。以降――全体の一部ではあったものの――反権威主義という当初の旗印とは裏腹に、内部での権力闘争は熾烈になり、共産主義を名乗る諸団体Kグループ（K-Gruppe）が戦闘的な地下運動を展開したほか、ドイツ赤軍派（ＲＡＦ）が形成され、一九七〇年代に生じる一連のテロ事件「ドイツの秋」へと通じていく。(49)

分断が先鋭化し、極端に傾く潮流が社会問題と化していった歴史を踏まえれば、左・右ないしは亡命知識人・旧ナチス党員という対立的立場を超えたアドルノのメディアにおける「討議」は、たとえ上述のような種々の問題を抱えていたとしても、「過去の省察」を実践的活動に移しかえ、既存の社会を改善する着実な一歩として、いまいちど顧みられるべきであろう。

注

（1）以下を参照——Wiggershaus, Rolf: *Die Frankfurter Schule. Geschichte. Theoretische Entwicklung. Politische Bedeutung.* München (dtv) 1988, S. 676-705. 当時のアドルノの学生の証言として、以下も参照——Claussen, Detlev: Konflikt mit Teddie. In: Tiedemann, Rolf (Hrsg.): *Frankfurter Adorno Blätter* VI. München (edition text + kritik) 2000, S. 139-141; Lippe, Rudolf zur: Die Frankfurter Studentenbewegung und das Ende Adornos. Ein Zeitzeugnis. In: Kraushaar, Wolfgang (Hrsg.): *Frankfurter Schule und Studentenbewegung. Von der Flaschenpost zum Molotowcocktail 1946 bis 1995. Bd. 3. Aufsätze und Kommentare, Register.* Hamburg. (Rogner & Bernhard) 1998, S. 112-125.

（2）Voigts, Hannig: *Entkorkte Flaschenpost. Herbert Marcuse, Theodor W. Adorno und der Streit um die Neue Linken.* Münster (Lit) 2010.

（3）Gilcher-Holtey, Ingrid: Primat der Theorie oder Primat der Praxis? Kritische Theorie und Neue Linke. In: Dies. (Hrsg.): *Eingreifendes Denken. Die Wirkungsgeschichte von Intellektuellen.* Weilerswist (Velbrück Wissenschaft) 2007, S. 163-183; Benicke, Jens: *Von Adorno zu Mao. Über die schlechte Aufhebung der antiautoritären Bewegung.* 2. Aufl. Freiburg (ça ira) 2013, S. 37-42; Kailitz, Susanne: *Von den Worten zu den Waffen? Frankfurter Schule, Studentenbewegung, RAF und die Gewaltfrage.* Wiesbaden (VS Verlag für Sozialwissenschaften) 2007, S. 76-90; Demirović, Alex: *Der nonkonformistische Intellektuelle.* Frankfurt a. M. (Suhrkamp) 1999, S. 856-951.〔デミロヴィッチ、アレックス『非体制順応的知識人——批判理論のフランクフルト学派への発展：第二分冊　戦後ドイツの学生運動とフランクフルト学派』（仲正昌樹監訳）御茶の水書房　二〇〇九年、八八—一九九頁〕

（4）しばしば言及されるのは、以下の論考である——Adorno, Theodor W.: Marginalien zu Theorie und Praxis. In: GS10-2, S. 759-782.

（5）Albrecht, Clemens: Die Massenmedien und die Frankfurter Schule. In: *Die intellektuelle Gründung der Bundesrepublik.* In: Albrecht, Clemens/ Behrmann, Günter u. a.: *Die intellektuelle Gründung der Bundesrepublik. Eine Wirkungsgeschichte der Frankfurter Schule.* Frankfurt a. M./ New York (Campus) 1999, S. 203-246.

（6）とりわけ最近の研究では、アドルノとゲーレンの関係が徐々に取り上げられ始めている。その交流関係を簡単に紹介したものとしては、以下——Wiggershaus, *Die Frankfurter Schule,* S. 647-656; Jäger, Lorenz: *Adorno. Eine politische Biographie.* München (Deutsche

Verlags-Anstalt）2003, S. 244ff.〔イェーガー、ローレンツ『アドルノ――政治的伝記』（三島憲一／大貫敦子訳）岩波書店 二〇〇七年、二八三―二八四頁〕両者の理論を体系的に比較考察したものとして、Thies, Christian: *Die Krise des Individuums. Zur Kritik der Moderne bei Adorno und Gehlen.* Hamburg（Rowolt）1997; Seubold, Günter: *Das Ende der Kunst und der Paradigmenwechsel in der Ästhetik. Philosophische Untersuchungen zu Adorno, Heidegger und Gehlen in systematischer Absicht.* Bonn（DenkMal）3. Auf. 2005. くわえて、両者の討論は、当時の知識人とメディアの関係性を理解するうえで、一つの参焦点にされている。以下を参照――Käuser, Andreas: Adorno – Gehlen – Plessner. Medien-Anthropologie als Leitdiskurs der 1950er Jahre. In: Koch, Lars（Hrsg.）: *Modernisierung als Amerikanisierung? Entwicklungslinien der westdeutschen Kultur 1945-1960.* Bielefeld（Transcript）2007, S. 129-153; Boll, Monika: *Nachtprogramm. Intellektuelle Gründungsdebatten in der frühen Bundesrepublik.* Münster（Lit）2004.

（7）例えば、四七年グループの作家の多くが、『シュピーゲル』事件を機に、政治的討論に積極的に介入するようになった。以下を参照――Rüther, Günther: *Die Unmächtigen. Schriftsteller und Intellektuelle seit 1945.* Göttingen（Wallstein）2016, S. 129-132; Böttiger, Helmut: *Die Gruppe 47. Als die deutsche Literatur Geschichte schrieb.* 3. Aufl. München（Deutsche Verlags-Anstalt）2013, S. 309-322. この点については、本書第六、七、八章も参照。

（8）六八年運動に関する一連の記述は以下を参考にしている――Gilcher-Holtey, Ingrid: *Die 68er Bewegung. Deutschland. Westeuropa. USA.* 5. Aufl. München（C. H. Beck）2017.

（9）ドゥチュケとクラールの共同報告は以下に収録されている――Kraushaar, Wolfgang（Hrsg.）: *Frankfurter Schule und Studentenbewegung. Von der Flaschenpost zum Molotowcocktail. 1946 bis 1995. Band 2. Dokumente.* Hamburg（Rogner & Bernhard）1998, S. 287-290.

（10）濱田洋輔「アーノルト・ゲーレンの倫理学――その問題と意義」:『倫理学年報』第六七集（二〇一八）、二三三―二四六頁所収、二三三頁。哲学的人間学の分野でゲーレンを軽視する傾向については、以下のものが挙げられる。Krüger, Hans Peter: *Homo Absconditus. Helmuth Plessners Philosophische Anthropologie im Vergleich.* Berlin/ Boston（De Gruyter）2019; Schürmann, Volker: *Souveränität als Lebensform Plessners urbane Philosophie der Moderne.* München（Wilhelm Fink）2014; Schloßberger, Matthias: Von der grundlegenden Bedeutung des Ausdrucks für die Philosophische Anthropologie. In: Ders./ Accarino, Bruno（Hrsg.）: *Expressität und Stil. Helmuth Plessners Sinnes- und Ausdrucksphilosophie.* Berlin（Akademie Verlag）2008, S. 209-217.

（11）『人間』の初版の記述は以下に収録――Gehlen, Arnold: *Der Mensch. Seine Natur und seine Stellung in der Welt. Textkritische Edition unter Einbeziehung des gesamten Textes der 1. Aufl. von 1940.* In: Ders.: *Gesamtausgabe.* Bd. 3-2. Hrsg. von Karl-Siegbert Rehberg. Frankfurt a. M.（Vittorio Klostermann）1993, S. 709-743.

（12）以下を参照――Thies, Christian: *Arnold Gehlen. Zur Einführung.* Hamburg (Junius) 2000, S. 11-19; Rehberg, Karl-Siegbert: Nachwort des Herausgebers. In: *Gesamtausgabe.* Bd. 3-2, S. 751-785.

（13）以下を参照――Thies, *Arnold Gehlen. Zur Einführung,* S. 15-19.

（14）以下を参照――Ebd., S. 116ff.

（15）ゲーレンのベストセラー『技術時代の精神』（一九五七）は一九六〇年時点で四万部を突破したが、アドルノの著作は一九六〇年代に入るまであまり販売実績が伸びなかった。たとえば代表作の一つ『プリズメン』（一九五五）が二万五〇〇〇部という大量発行の形で販売されたのは、ようやく一九六三年の終わり頃であった。以下を参照――Wiggershaus, *Die Frankfurter Schule,* S. 647f.

（16）以下を参照――Thies, *Die Krise des Individuums,* S. 45-53.

（17）Adorno, Theodor W./ Gehlen, Arnold: Öffentlichkeit – Was ist das eigentlich? In: Adorno, Theodor W./ Horkheimer, Max/ Marcuse, Herbert: *Die Frankfurter Schule. Vorträge und Gespräche in Originaltonaufnahmen.*（Auf Tonträger）München（Quintino）2008, CD4. [= A/ G, Ö]

（18）Adorno, Theodor W./ Gehlen, Arnold: Ist die Soziologie eine Wissenschaft vom Menschen? Ein Streitgespräch. In: Friedemann Grenz（Hrsg.）: *Adornos Philosophie in Grundbegriffen.* Frankfurt a. M.（Suhrkamp）1974, S. 223-251.

（19）Adorno, Theodor W./ Gehlen, Arnold: *Soziologische Erfahrungen an der modernen Kunst.* In: *Die Frankfurter Schule. Vorträge und Gespräche in Originaltonaufnahmen.*

（20）Adorno, Theodor W./ Gehlen, Arnold: Institution und Freiheit [= A/ G, F]. 以下のサイトで閲覧可能、http://onikfpok.blogspot.com/2010/09/institution-und-freiheit-t-w-adorno-und.html（最終閲覧日：二〇一四年一二月二日）出典に関しては、以下――Klein, Richard/ Kreuzer, Johann/ Müller-Doohm, Stefan（Hrsg.）: *Adorno-Handbuch. Leben – Werk – Wirkung.* Stuttgart（J. B. Metzler）2011, S. XIV.

（21）以下を参照――Müller-Doohm, Stefan: *Adorno. Eine Biographie.* Frankfurt a. M.（Suhrkamp）2003, S. 281〔ミュラー＝ドーム、シュテファン『アドルノ伝』（徳永恂監訳）作品社　二〇〇七年、二二四―二二五頁〕; 細見和之『アドルノ――非同一性の哲学』講談社　一九九六年、一〇六―一一一頁。

（22）以下を参照――Müller-Doohm, S. 513ff.〔邦訳書、四二六―四二七頁〕

（23）本章で取り上げる二つの対談に関しては、まず著者の友人であるアイリーン・ザリンガー氏（当時ミュンヘン大学大学院日本学専攻修士課程所属）の助力のもと、文字起こしを行い、「公共性――それは本来何を意味するのか」については、京都大学外国人講師のディーター・トラウデン氏に、「制度と自由」については、京都大学文学部講師のビヨン＝オーレ・カム氏に、それぞれ校正をお願いした。

(24) 「公共性」という概念の変遷、並びに、メディアなど当時の実際の「公共性」の領域を分析したものとして、Hodenberg, Christina von: *Konsens und Krise. Eine Geschichte der westdeutschen Medienöffentlichkeit 1945-1973*. Göttingen（Wallstein）2006.

(25) この点に関しては、次章も参照。「世論調査と公共性」は比較的短い論考で、『シュピーゲル』事件への言及もないが、アドルノは脚注でハーバーマスの『公共圏の構造転換』を指示しつつ、自らの「公共性」観を展開している。なおこの小論は、一九六四年という成立年が記載されているので、ゲーレンとの対談の前後に記されたものだと考えられる。以下に収録――Adorno, Theodor W.: Meinungsforschung und Öffentlichkeit. In: GS8, S. 532-537.

(26) 一九五〇年代には、『シュピーゲル』の編集部にも旧ナチス党員の人々が従事していたうえに、反ユダヤ主義的な意味合いを持つテクストも数多く存在した。以下を参照――Frei, Norbert: Der Spiegel, die Freiheit der Presse und die Obrigkeit in der jungen Bundesrepublik. In: Doerry, Martin/ Janssen, Hauke（Hrsg.）: *Die SPIEGEL-Affäre. Ein Skandal und seine Folgen*. München（Deutsche Verlags-Anstalt）2013, S. 50-66.

(27) フランクフルト社会研究所は、実際に『シュピーゲル』事件に関する意識調査を行っていたようである。以下を参照――Müller-Doohm, S. 680.〔邦訳書、五七一頁〕

(28) 例えば、Wiggershaus, Rolf: *Theodor W. Adorno*. München（C. H. BECK）1987, S. 60-100.〔ヴィガースハウス、ロルフ『アドルノ入門』（原千史／鹿島徹訳）平凡社 一九九八年、一二一―一九五頁〕アドルノとゲーレンを比較考察したコイザーもまた、アドルノの文化産業論に焦点を絞っているせいか、同種の結論に達している――Käuser.

(29) 以下を参照――Adorno an Gehlen, 23.3.1967, Theodor W. Adorno Archiv [=TWAA], Br 0453. 現在、アドルノアーカイヴの資料は、ベルリンの芸術アカデミー（Akademie der Künste）で複製を閲覧可能。

(30) ゲーレンの返答の直接引用は、著作権の都合上叶わなかった。以下を参照――Gehlen an Adorno, 10.4.1967, TWAA, Br 0453.

(31) 以下を参照――Kraushaar, Wolfgang: *Die blinden Flecken der 68er Bewegungen*. Stuttgart（Klett-Cotta）2018, S. 72ff.

(32) 以下を参照――Müller-Doohm, *Adorno. Eine Biographie*, S. 685f.〔邦訳書、五七四―五七五頁〕

(33) 以下を参照――Jäger, S. 272ff.〔邦訳書、三一七―三一八頁〕

(34) 以下を参照――Demirović, *Der nonkonformistische Intellektuelle*, S. 898ff.〔邦訳書、一二九―一三〇頁〕

(35) 以下を参照――Vogel, Meike: Der 2. Juni 1967 als Kommunikationsereignis. Fernsehen zwischen Medienritualen und Zeitkritik. In: Bösch, Frank/Frei, Norbert（Hrsg.）: *Medialisierung und Demokratie im 20. Jahrhundert*. Göttingen（Wallstein）2006, S. 207-241.

(36) 以下を参照――Gehlen an Adorno, 10.4.1967, TWAA, Br 0453.

(37) Gehlen, Arnold: *Der Mensch. Seine Natur und seine Stellung in der Welt*. In: *Gesamtausgabe*. Bd. 3, S. 59ff.

（38）Ebd., S. 70f. ゲーレンは、例えばベストセラーとなった『技術時代の精神』（一九五六）のなかでも、「負担の免除（Entlastung）」という概念に言及している。以下を参照――Gehlen, Arnold: *Die Seele im technischen Zeitalter. Sozialpsychologische Probleme in der industriellen Gesellschaft.* In: *Gesamtausgabe.* Bd. 6, S. 17-20. ゲーレンの理論については、本論第五章で詳述する。

（39）Adorno, T. W. u. a.: *The Authoritarian Personality.* New York（Harper & Row Publishers）1950.

（40）マックス・ホルクハイマーによる序言にはこうある。「彼〔権威主義的タイプの人物〕は、啓蒙されていると同時に迷信的であり、個人主義者を自認すると同時に他人と違えば常に怯え、自身の独立性に細心の注意を払うと同時に権力と権威にやみくもに屈服するのである。」引用は以下――ebd., S. ix.

（41）本書第五章参照。

（42）以下を参照――Thies, *Die Krise des Individuums*, S. 51.

（43）Adorno, Theodor W., Krahl, Hans-Jürgen u. a.: Über Mitbestimmung, Regelverstöße und Verwandtes. Diskussion im Rahmen der Vorlesung am 5. 12. 1967. In: *Frankfurter Adorno Blätter* VI, S. 155-168, hier S. 160-161.

（44）Ebd.

（45）Ebd., S. 161-162.

（46）Ebd., S. 162-163.

（47）以下を参照――Frei, Norbert: *1968. Jugendrevolte und globaler Protest.* Neuausgabe. 2. Aufl. München（dtv）2018, S. 115ff. und S. 129f.〔フライ、ノルベルト『１９６８年――反乱のグローバリズム』旧版（下村由一訳）みすず書房 二〇一二年、一二八―一二九頁〕

（48）このあたりの詳細は、例えば以下の伝記を参照――Müller-Doohm, S. 697-729.〔邦訳書、五八五―六一一頁〕

（49）以下を参照――Gilcher-Holtey, S. 105-111; Benicke, bes. S. 119-185; 井関正久「西ドイツにおける抗議運動と暴力――「68年運動」と左翼テロリズムとの関係を中心に」：『日本比較政治学会年報』日本比較政治学会 二〇〇七年、一七七―一九七頁所収。

第四章

ハーバーマスとアドルノの結節点

――「自己省察」的な社会批判の射程

アドルノに並び、一九六〇年代の西ドイツ社会で「知識人」として主導的な役割を担った人物の一人に、ユルゲン・ハーバーマスを挙げることができるだろう。彼はまだ学生であった一九五二年ごろから、『フランクフルター・アルゲマイネ』やデュッセルドルフで刊行されている『経済新聞』などに、哲学や文学、映画や演劇の批評や時事問題に関する所見を寄稿していた。なかでも特筆すべきは、マルティン・ハイデガーによる戦時期の講演『形而上学入門』が、「この運動の内的真理と偉大さ」などナチス称賛ととれる問題部分をそのまま残して注釈や弁明なく一九五三年に再版された際に、『フランクフルター・アルゲマイネ』土曜版に掲載された書評「ハイデガーとともにハイデガーに抗して考える」である。これはハイデガーの無反省ぶりに対する強い憤りを表明したもので、ハーバーマスの名は世に広く知れ渡ることになった――もっとも、あくまでハイデガーの理論的成果の最良の部分は評価しようと努めていたのだが[1]。一九五六年になると、『啓蒙の弁証法』に感銘を受けていたハーバ

ハーバーマス（左）とアドルノ（右）。一九六四年四月ハイデルベルクでの社会学大会にて。

ーマスは、アドルノの助手として、研究の場をフランクフルト社会研究所に移す。しかし、社会研究所のプロジェクトが『学生と政治』というタイトルで刊行された際に付された序文「政治参加の概念について」や、雑誌『フィロゾーフィッシェ・ルントシャウ』を主宰していたハンス・ゲオルク・ガダマーの依頼を受けて執筆された「マルクスとマルクス主義に関する文献報告」が、ホルクハイマーの逆鱗に触れる。(2) ホルクハイマーの目には、ハーバーマスが、あらゆる市民に政治参加の物質的前提を保証する社会国家型民主主義の実現を目指しており、革命の理論に傾倒しているように映ったのだった。(3) ハーバーマスは、フランクフルト大学に「公共圏（Öffentlichkeit）」に関する教授資格論文を提出するのを諦め、一九五九年に研究所を去ると、マールブルク大学のヴォルフガング・アーベントロートのもとへ赴き、一九六二年に『公共圏の構造転換』を出版することになる。興味深いことに、冷戦の最中、西ドイツ国家からの援助を受けていた社会研究所の政治的な立ち位置を懸念していたホルクハイマーに対して、もとより「合理化の弁証法――生産と消費における社会的貧困について」（一九五四）などハーバーマスの一連の論考を評価していたアドルノは、『公共圏の構造転換』の草稿にも目を通しており、彼に教授資格を授与したいと考えていた。(4) そして、一九六四年に所長ホルクハイマーが退任すると、ハーバーマスは後任として同研究所に帰還を果たし、その後はアドルノとともに一九六〇年代末に向けて次第に激化する時代情勢に向き合い、適切な抗議運動のあり方や大学改革の問題をめぐって学生たちと激しい論争を交わすことになる。

ハーバーマスの知識人像に関しては、まず、「ハイネとドイツにおける知識人の役割」（一九八六）や「知識人の役割とヨーロッパ――重要性を感じ取るアヴァンギャルド的感覚」（二〇〇六）など、彼自身が展開した知識人理論を軸に総括的、概略的に説明した研究が存在するものの、[5]一九六〇年代に言及されることがほとんどない。政治学者ビーブリッヒャーの見解は、その原因を考えるうえで大きな示唆を与えてくれる。彼によると、ハーバーマスは一九八〇年代あたりから討議に基づく自らの社会理論を基に知識人論を構想し始め、独自の意味連関を持つ種々の専門領域を政治的公共圏において媒介するという点で、「専門家」とは異なる役割を「副業（Nebenberuf）」としての知識人に付与した。一方で、こうした視点は一九六〇年代にはまだ形成されておらず、ハーバーマスにおいて「哲学者」ないしは社会理論の「専門家」と「知識人」は渾然一体となっていて、明確な境界線が存在しなかったために、理論的な取り組みが行われなかったとされる。[6]たしかに、頻繁に言及される上記二つの論考はどちらも一九八〇年代以降のものであるし、知識人という点を考慮しつつ初期ハーバーマスを精緻に分析したモーゼスの研究も、「ナチズムの過去」に主眼が置かれており、それとハーバーマスの（社会）理論形成との関係を解明するにとどまっている。[7]また、アドルノとの関係についても、先に言及した「無人地帯からの批判者」と「公共圏の参加者」という形で対比させるミュラー＝ドームにくわえ、社会学者ランゲノールが、一九六〇年代以降のハーバーマスの知識人観がホルクハイマーやアドルノに批判的に向き合うことで形成されてきたものであると主張している。[8]

とはいえ、当時のハーバーマスが他ならぬ「知識人」として、それもアドルノとともに時代情勢に対峙していたことを踏まえるなら、たとえ知識人論という形で明示的に提示されていないとしても、アドルノとの連続性のなかで、彼の社会における知識人としての自己理解を解き明かすことができるはずである。

まず、前章でのアドルノの見解と関連させながら、社会の民主化の進展に際して一つの指針となっていた概念を主題化した『公共圏の構造転換』と、その刊行と同年に起きた『シュピーゲル』事件を取り上げよう（一節）。続いて、学生運動との論争において重大な争点となった「理論と実践」の問題に焦点を当てつつ、アドルノとハーバーマスの見解を比較考察する（二節）。以上により、当時ハーバーマスが、「自己省察」を通じて「個人の抵抗」を「公共圏」における社会的な力に変容させるという知識人観を有していたことが明らかになるだろう。

一　「公共圏」と西ドイツの民主化——『公共圏の構造転換』と『シュピーゲル』事件

一九五〇年代の西ドイツでは、「公共性／公共圏」という概念は産業的なマスメディアと結びつけて捉えられており、否定的な意味合いを帯びていた。しかしながら、若い世代の台頭とともにこうした潮流は変化を迎える。なかでもハーバーマスは、教授資格論文である『公共圏の構造転換』（一九六二）のなかで、近代の規範的なカテゴリーとしてその概念を位置付け、アデナウアーの宰相民主主義と機能不全に陥っていたマスメディアとの関係性に批判的視座を提供した[9]。とりわけ興味深いのは、この著作の公刊と同年に、まさに「公共性／公共圏」[10]が争点となった『シュピーゲル』事件が生じているという事実だろう。

すでに前章で見たように、アドルノはハーバーマスの「公共性／公共圏」観に依拠しながら、それを「機能概念」として捉え、イデオロギー的ではあるものの、個々の自立した主体から構成される民

『シュピーゲル』事件に対する抗議。掲げられている雑誌は『シュピーゲル』、プラカードには「言論の自由（Pressefreiheit）」の文字。

主主義を実現するために不可欠な批判的契機と見なしていた。そして、「個別的利害」が「普遍的利害」へと結びつく啓蒙的運動として、『シュピーゲル』事件に端を発する一連の社会運動を評価していた。では、アドルノに問題の着手点を提供したハーバーマスにおいて、「公共性／公共圏」の概念や『シュピーゲル』事件への視線はどのようなものだったのだろうか。

『公共圏の構造転換』の軸に据えられているのは、一七世紀ごろにヨーロッパで開花したとされる「市民的公共圏（bürgerliche Öffentlichkeit）」である。それは、政治権力に対して、議論を通じて自らの基本的な権利を主張するための場であった。しかしながら、後期資本主義における大衆社会の到来により、公共圏の構造は「文化を論ずる公衆から文化を消費する公衆へと」（SÖ, S. 248）変容してしまった[11]。ハーバーマスによれば、現代における希望は、既存の公的な制度や組織の透明性を高める「公開性」の原理にかかっているという。

ここではまず、「市民的公共圏」という構想について確認しておこう。「まずもって市民的公共圏とは、公衆として集う私人たち（Privatleute）の圏域として捉えられる。私人たちは、当局によって規制される公共性を、ただちに公権力そのものに対抗して要求する」（SÖ, S. 86）。初期資本主義社会では、自らの財産の私法的自由処理権を有した「私人たち」が、公権力に対して自らの権利を主張する領域を形成していった。鍵となるのは「私人」である。そして、ハーバーマスは続く箇所で、「とりわけ、公共的論議の自己理解を導くのは、公衆と関連を持った、小家族的な親密圏の主観性に由来する私的経験である」と主張する（SÖ, S. 87）。公共の討論に参加する私人は、自立した「財産主（Eigentümer）」であるとともに、「家父長（Familienvater）」として愛・教養・自由の理念の下地となる市民的家族に属している「人間（Menschen）」でもあるというわけだ。近代の初頭、「家父長」たちは教養をもとに自由に文芸を議論するために、読書クラブやサロン、カフェに集った。ハーバーマスは、この空間こそ市民的な政治的公共圏の前段階であったと主張し、二つの領域の結びつきを次のように表現している。

> 私人たちが人間として自らの主観性について相互に理解しあうだけでなく、財産主として公権力を共同の利益のために制御しようとするやいなや、文芸的公共圏のヒューマニティーは政治的公共圏に効力をもたせる媒介となる。（SÖ, S. 121）

「政治的公共圏」の出発点にあるのは、ほかでもなく、他の主体と意見を交わすために「文芸的公共圏」に登場するような、私的経験を有する主体である。ただしこうして築き上げられた市民的公共圏の理念は、歴史的に完全な形で実現したもの、というよりもむしろイデオロギー的な要素があったとハーバーマスは語る。

公共性が圏域として実在し原理として機能していた間、公衆が自分の存在と行為として信じていたのは、イデオロギーであるとともに、単なるイデオロギー以上のものであった。ある一つの階級が他の階級を支配する状況が土台にはあった。しかし、それにもかかわらずこの支配は、客観的に意味を持つものとして、自らを止揚するという理念を真摯に取り入れるような政治的制度を展開したのである。（SÖ, S. 159）

結局のところ、市民的公共圏は一つの階級による他の階級の支配――ブルジョア階級による労働者階級の支配――のもとに成立したものであり、歴史を通じて理念として十全に実現したことはなかった。後年の批判に先立って、ハーバーマスはこの点をきちんと洞察していた[12]。彼にとって重要だったのはむしろ、「人間」として互いの主観性について理解を求めようとする私人たちが集い、公権力に対して相互に共通する利害を訴えることで、支配そのものから独立しようとする普遍的な要求を現実に成立させようとした、という歴史的推移であった。

このように見たとき、ハーバーマスが『シュピーゲル』事件に端を発する社会運動を高く評価したことに不思議はないだろう。実際に彼は、ハイデルベルク大学の有志が主導した抗議文に署名しているだけでなく、大学の民主化に関する一九六七年の講演では、マスメディアの「個別的利害」が「普遍的利害」へと結びついた模範例として『シュピーゲル』事件を挙げている(13)。ハーバーマスにとってその出来事は、失われゆく政治的公共圏の再興の兆しであったのだ。

ハーバーマスは、抑圧的な一九五〇年代を終えて社会が次第に民主化の方向を辿り、様々な抗議運動が芽生え始めた一九六〇年台前半において、個々の自律した主体を基盤にした「公共性／公共圏」という構想をアドルノと共有しており、それを軸に、現実の諸問題に対する批判的な視座を確保しようと試みていたのである。

二　激化する抗議運動、あるいは理論と実践——アドルノからハーバーマスへ

一九六七年六月二日のオーネゾルク射殺事件により、議会外反対派（ＡＰＯ）の抗議運動は急激に先鋭化していく。こうした状況を背景に、抗議する学生たちは、フランクフルト社会研究所のメンバー、とりわけアドルノやハーバーマスへの態度を急変させることになる。両者が学生運動を一面では評価しつつも、理論を欠いた「行動主義」として断じたからである。最終的に、学生たちは講義の妨害や社会研究所の占拠を試み、両陣営の対立は決定的になった。では、『シュピーゲル』事件の時点では社会運動を肯定的に捉えていたアドルノとハーバーマスは、一九六〇年代末に向けて激化する時代の情勢をまえに、知識人として一体どのような指針を掲げていたのだろうか。本節では、学生運動との

論争の際に中心的な問題となった「理論と実践」という観点から、その問いに答えていきたい。

二―一　アドルノ「理論と実践についての傍注」

学生運動の側から「非実践的」な思想家と断罪され、アドルノは晩年、「理論と実践」の適切な関係性について構想を練り上げた。その試みは、小論「理論と実践についての傍注」（一九六九）に結晶しており、「思考は行為であり、理論は実践の一形態である」というのが彼の一貫した主張である（GS10-2, S. 761）[14]。この一文の意図を読み解いてみよう。

まずアドルノは、「自律的な理性の解放とともに、批判的な権利とともに、刻々と押し寄せてきた」カント倫理学への言及から議論を始める（GS10-2, S. 762）。経験的・実質的内容を捨象し、普遍的な道徳法則を追求する実践理性の形式的な性格は、具体的な活動を前にしたある種の断念を意味する一方で、「やみくもに外へと向かう行動の中断」をも意味していて、それゆえに「実践」という問題含みの概念を超え出る「自己反省（Selbstbesinnung）」に通じている、とアドルノは言う（GS10-2, S. 762）。

知識人の「自己省察」[15]という契機は『ミニマ・モラリア』でも展開されており、本書全体の出発点となっていた。知識人自身が自らの存在を社会に負うていて、超越的な視点に立ちえない以上、その社会批判には常にイデオロギー的な要素がついてまわる。デミロヴィッチが的確に指摘しているように、「省察によって、知識人は実践に対して有する疑わしさをも考慮しなければならない」のだ[16]。

しかしながら、こうした解釈だけでは、なぜ「自己反省」、つまりは「自己省察」が「理論は実践の一形式である」という一文に結び付いていくのかを十分に説明することができない。アドルノは続く

オーネゾルク射殺事件への抗議。マイクを握っているのはドゥチュケ（右）。プラカードには「今日のオーネゾルクは明日の私たちだ（HEUTE OHNESORG MORGEN WIR）」の文字。

箇所でこう主張している。

> 正しく理解するなら、主体が媒介されたものである限り、実践は客体の望むものである。実践は客体の要求に従う。しかし、多様な客観性を単に固定する主体が順応することによってではない。客体の要求は社会システムに媒介されている。それゆえ、ただ理論を通じてのみ、批判的に規定可能なのだ。〔…〕誤った実践は実践ではない。出口が塞がれていることがわかってやみくもに身投げをする絶望は、もっとも純粋な意思が存在するところでも、災いへと結びつくのである。
>
> (GS10-2, S. 766)

主体は、社会と切り離された形で独立して存在するわけではなく、社会＝客体と相互に絡み合っている。そうであれば、社会の解放に向けてまずもって必要となるのは、主体による恣意的な変革の試みではなく、複雑に媒介された社会、つまり「客体の要求」を正確に解釈することだろう。もっとも、主体が「順応」的に事実規定を行うだけでは、社会＝客体の連関を批判的に規定できない。このように、対象の批判的把握のために必要な「理論」を捨象する実践は、たとえそれが「純粋な意思」に起因するものであろうと、「出口」がわからないままむやみに行動するだけのものに成り下がり、「災い」、つまりは既存の悪しき状態を再生産〔助長〕してしまう恐れがある。これが、アドルノが「誤った実践」と呼ぶものである。対する「真の実践」とは、単なる循環を超え出るものでなければならない。まさしくこの点において、「自己省察」は「実践」としての「理論」へとつながっていくことになる。

つまり、理論は社会＝客体の解釈に向かう必要があるが、その際当該の社会＝客体を抑圧している傾向と同じ思考形態に陥っていないかどうか「自己省察」を行うことによって、はじめて対象の論理に巻き込まれることなく問題の所在を認識できるようになり、そうして現状の再生産からの脱出が可能となるのだ。

くわえてアドルノは、「考える者は抵抗している。その人は、一緒に泳いでいける流れに乗った方が、逆らうよりも快適だと自分に言い聞かせてもいたことだろう」と記している（GS10-2, S. 764）。すでにこれまでにも、アドルノの理論と実践観から解放に向けた個々人の「抵抗」の必要性を読み解く試みがなされてきたが[(17)]、思考すること、すなわち理論それ自体もまた、そうした「抵抗」を表現する媒体となりうるのである。

また、「討議（Diskussion）」の重要性についても言及されている。アドルノは、実践の優位が喧しい情勢のなかに、増大する「策略（Taktik）」への傾向を読み取っていた。

至るところで討議が、まずまちがいなく反権威主義的な衝動から要求されている。しかし、策略は討議を、公共性のようなまったく市民的なカテゴリーを完全になきものにした。討議から帰結しうるもの、すなわち、企図や論拠が互いに関連して浸透し合うがゆえにより高度な客観性をもった決定は、まったく不完全な状況下でも機械的に議論を望むような人々の関心を引かない。〔…〕あらゆる論拠は目論見にかなうように裁断される。（GS10-2, S. 770）

学生運動が掲げたもっとも重要なスローガンの一つに、「反権威主義」がある。[18] この引用を理解するには、一九六〇年代後半に学生たちとの討論の場を再三設けたにもかかわらず、「非実践的な大学教授」として痛烈な非難を浴びせられたアドルノ自身の経験を考慮にいれねばならない。アドルノにいわせれば、反権威主義に端を発するはずの学生運動が、自分たちの行動を正当化するために討論を利用するという状況は、大衆産業や政治体制が人々を従わせるために「策略」をもちいる事態と同根のものであり、「公共性」は消失の脅威に晒されている。このように、戦後ドイツへの帰国直前から念頭に置かれていた「討議」の理念は、ハーバーマスを経由しながらゲーレンとの討論で実践され、最晩年の学生運動批判にまで流れ込んでいるのだ。

最後にアドルノは、そうした認識を自らの著作活動に結びつけて、こう語っている。

> ここ数十年で、『権威と家族に関する研究』、『権威主義的パーソナリティ』、そして多くの点で異端的な『啓蒙の弁証法』の支配に関する理論が実践的な意図なく書かれたが、それらは、たしかに何らかの実践的影響を与えたのであった。〔…〕事実、あのイデオロギーが誤った意識であるならば、思考の媒介において広く伝わったその解消は、自律への確かな動きを開始したのだ。その動きはもちろん実践的である。[19]
>
> （GS10-2, S. 781.）

自らの思考を媒介とした批判的意識の伝達に焦点が当てられている。知識人の提示する理論は、既存の社会にとって直接的には有用でないという意味で、実践的帰結を持たないかもしれない。しかしまた、それは自己省察的な思考が読み手に媒介され、現状の再生産を超え出ていくよう意識が次第に社会に広まっていくことで、真に実践的なものとなる。公的な受容による理論の実践領域への影響を、アドルノは念頭に置いているのである。

個々の「抵抗」を社会的な力に変えるには、「自己省察的な理論」を媒体としながら、その認識が「公共性」の名の下討議によって少しずつ社会に浸透していかねばならない。それが、アドルノにとっての知識人の使命であった。

二―二　ハーバーマス『認識と関心』

デミロヴィッチは、ハーバーマスの「理論と実践」観はコミュニケーション論的な視点から語られており、アドルノとはパラダイムが異なるため、区別されるべきだとしている。[20] ここでは、一九六四年のフランクフルト大学での就任講演を出発点に、一九六八年に刊行されたハーバーマスの『認識と関心』を紐解き、その理解を再検討していこう。

ハーバーマスは、あらゆる認識は純粋でありえず、理性に内在する関心に常に影響を受けているというテーゼのもと、「自己省察（Selbstreflexion）」を一つの鍵として、認識理論を社会批判の構想に接続している。認識が方向付けられる関心は三つのカテゴリーに分けられ、一つ目は、経験的で分析的な科学にみられる「技術的な認識関心」、二つ目は歴史的で解釈学的な学問に特徴的な「実践的な認識関心」、三つ目が、フロイト的な精神分析においてあらわになっている「解放的な認識関心」となっている。[21]「自己省察」という契機が取り上げられるのは、この三つ目の認識関心の分析においてである。

まずもって精神分析の対象となる症候とは、「当該の主体が直面する、ある特別な自己疎外の徴」であり、そこでは、「発話し、行為する主体の自分自身とのコミュニケーションが遮断されている」（EI, S. 278）。[22] ハーバーマスによれば、患者が精神分析家の助けをかりて、自らの抑圧された無意識を「公的なコミュニケーションの持つ表現形態」で意識化することができるようになる過程は、認識の「自己省察」として捉えることが可能である（EI, S. 280）。

まず第一に、苦悩と困窮の経験があり、この負荷のかかった状態を止揚したいと思う関心がある。患者は症状に苦しみ、そこから回復したいと思うからこそ医師を訪れる。〔…〕しかし通常の医学的な処置とは異なり、その苦悩の圧力と回復への関心は、治療を開始するきっかけであるだけでなく、治療の成功それ自体の前提である。

（EI, S. 286f.）

自らの症状から解放されたいという関心が、「自己省察」を通じて抑圧を明らかにしていく認識を支えている。そして、抑圧の内実と原因を認識することは、そこからの解放の始まりでもある。とはいえ、ここで分析家と患者の関係にも注意を払っておく必要があるだろう。経験科学とは異なり、精神分析的手法は、「分析を受ける人自身によって認識として受け入れられてようやく、分析者にとって妥当性を持ちうる」（EI, S. 318）。「自己省察」と同様に、分析家と患者の間の歪みのないコミュニケーションもまた肝要なのだ。

著作の最後で、ハーバーマスはこうした精神分析的手法と社会批判を結び付けて論じている。フロイトは、個人における病理という問題を追及するなかで、そもそも個人の属する社会が病的ではないか、という課題に直面し、「支配の諸制度と文化的伝承を、過剰な潜在的衝動と集団的自己保存の諸条件との間にある根本的な葛藤の一時的解決として」捉えるようになった（EI, S. 349）。（政治的）支配や文化に関わる社会的制度も、個人的な衝動の抑圧の上に成立しているということである。とはいえ、抑圧を抑圧として知覚すること自体、そこからの解放にむけた関心を表しているとハーバーマスはフロイトを解釈する。

> 社会的な諸制度の病理も、個人的意識の病理と同じように、言語やコミュニケーション的行為という媒体に根を下ろしており、コミュニケーションの構造的損傷という形式をとるので、あの苦悩の圧力とともに定められる関心は、社会体制においてもただちに啓蒙への関心である。そして省察は、この関心が遂行される唯一可能な運動なのだ。（EI, S. 349f.）

ある社会体制の内部で感じる圧力を除去しようとする思いは、解放、すなわち「啓蒙」への関心であり、個人の症例と同様に、「自己省察」によって自らのどの部分に「苦悩の圧力」があるかを認識するための運動へとつながっていく。

ハーバーマスの入門書を執筆したコイラルツは、ハーバーマスが精神分析における権力の濫用を防ぐために、専門家同士による精神分析的理論の検証と患者自身の「自己省察」という二つの方法を挙げていると述べつつも、それが社会批判の領域に移された時の危険性を指摘している。そしてその危険性は、社会批判者と抑圧された集団との関係性が問題になるときに、はっきりと表れてくるという。コイラルツが提起する主な問いは、いったいどのようにして、自らの「主観性」を動員せざるをえない社会批判者が、公的に認可された制度的枠組みを欠く状態で抑圧された集団と向き合い、その苦しみを適切に理解し軽減できるのか、というものだ(23)。この指摘に対しては、英米圏にハーバーマスをいち早く紹介したトマス・マッカーシーの先駆的研究を、いま一度呼び起しておく必要があるだろう。『認識と関心』の当該部分の読解に際してマッカーシーは、「批判理論の主体は、人類の発展の歴史的プロセスを超えた、観想的ないしは科学的立場を取るのではない」と語り、批判者は、「自らがこの発展に巻き込まれていることを知っているがゆえに、イデオロギー批判を自分自身へと向けねばならないのだ」と解釈している(24)。実際にテクストを注意深く読むと、社会のレベルに議論を移し替える際、そもそもハーバーマスは、個人の症候の場合に精神分析家にあたる立場を一義的に規定していない。

自己保存への関心は、不意に類(Gattung)の生の再生産へと向けられるわけではない。というのも、この類は文化の存在条件のもとではじめて、生として妥当するものを自ら解釈せねばならないからである。そして、その解釈はというと、善き生の理念に沿っている。その際、「善」というのは、慣習でもなければ実体でもない。それは想像されるものだが、根底にある関心を捉え表現するという形で、正確に想像されねばならない。まさしくその関心とは、歴史的、すなわち所与であると同時に操作可能な諸条件のもとで、客観的に可能な度合いの解放への関心なのである。

（EI, S. 350; 強調は原文ママ）

社会状況の解釈の主体として挙げられているのは、「類」としての人間一般である。その理由として考えられるのは、やはり社会批判者もまた社会の構成員である、という事実だろう。批判は、特権的な位置から社会に向けられるのではなく、自分自身を含み込む。だからこそ、「自己省察」が鍵となってくるのである。そしてまた、解釈の方向性を定める「善き生の理念」は決して固定的なものではなく、「歴史的、すなわち所与であると同時に操作可能な諸条件」のもとで生じてくる「解放への関心」を表現するものでなければならない。この所与の歴史的諸条件は、引用の直後の箇所で、既存の「歪められたコミュニケーション」と言い換えられている（EI, S. 350）。つまり、「自己省察」的な社会批判の目指す「解放」とは、社会における「歪められたコミュニケーション」の是正を意味するのであり、そうであれば、独善的な解釈は問題とならず、公共圏における討論が必要となる。コイラルツは、社会批判者の権威性を回避すべく、ハーバーマスが展開している「自己省察」と「コミュニケーション」という契機を十分に視野に収めることができていない。

「理論と実践」という観点から言えば、社会批判者は、自らを含む「個々の成員」が感じる「抑圧」を出発点に、その原因を「自己省察」により理論的に解明していくとき、「公共圏」という理念を実現する一歩として、実践的に社会の解放に寄与することができるのである。

三　おわりに

一九六〇年代末、アドルノとハーバーマスの眼前に広がっていたのは、『シュピーゲル』事件の時代とは異なる社会情勢であった。両者は、激化する抗議運動が社会に問題提起を行った点は評価していたが[25]、その一方で、敵方の論理に巻き込まれることなく抵抗を社会的な力へと変容させるのに必要な理論が欠如していると感じていた。一九六六年に保守のＣＤＵ／ＣＳＵに左派のＳＰＤが加わり成立した大連立、一九六八年に可決されることになる非常事態法に顕著な一連の強硬な政策と並行して、学生運動もまた自らの理念と裏腹に、『シュピーゲル』事件でようやく始動したかに見えた自律的な主体が議論する契機／場としての「公共性／公共圏」の形成をないがしろにする恐れがあった。こうみてみると、社会の動向を見据えながら、まさに理論に携わる知識人として「個人」と「社会」を「自己省察」によって媒介し、「公共性／公共圏」のような理念に迫ろうとしたアドルノとハーバーマスの行為は――当時左からも右からも厳しい視線を向けられていたものの――実は社会の民主化を推し進めるにあたって、極めて「実践的」な志向を有していたのである。

次章では、こうした理念を持ったハーバーマスが、実際に学生運動に対してどのように振る舞ったかを見てみよう。その際、鍵を握るのは、アドルノ同様やはりアーノルト・ゲーレンである。

注

（1）このあたり、初期のハーバーマスによるハイデガー受容に関しては以下を参照——Yos, Roman: *Der junge Habermas. Eine ideengeschichtliche Untersuchung seines frühen Denkens 1952-1962.* Berlin（Suhrkamp）2019, S. 102-112; Müller-Doohm, Stefan: *Jürgen Habermas. Eine Biographie.* Berlin（Suhrkamp）2014, S. 87-96; 中岡成文『ハーバーマス——コミュニケーション行為』講談社 二〇〇三年、三五—四一頁。また、一九五〇年代のハーバーマスの諸論考を考察したものとして以下——泉啓「五〇年代ハーバーマスにおける時代批判と秩序の思想——時事論、小論に基づく考察」：『社会学研究』第九一号 東北社会学研究会 二〇一二年、一五三—一七三頁所収。

（2）ハーバーマスとホルクハイマーの関係については以下を参照——Wiggershaus, Rolf: *Max Horkheimer. Unternehmer in Sachen »Kritische Theorie«.* Hamburg（Fischer）2013, S. 206ff.; Müller-Doohm, Stefan, S. 113-124.

（3）以下を参照——Ebd., S. 122.

（4）ホルクハイマーが一九五八年九月二七日付のアドルノ宛の書簡でハーバーマスの「マルクスとマルクス主義に関する文献報告」を痛烈に批判した一方で、アドルノはホルクハイマーの判断に疑問を持ち、「性急すぎる」というメモ書きを残している。以下を参照——Adorno, Theodor W./ Horkheimer, Max: *Briefwechsel 1927-1969.* Band IV: *1950-1969.* Hrsg. von Christoph Gödde und Henri Lonitz. Frankfurt a. M.（Suhrkamp）2006, S. 508-524, hier S. 516. ハーバーマスに対するアドルノの評価については、以下を参照——Wiggershaus, Rolf: *Die Frankfurter Schule. Geschichte - Theoretische Entwicklung - Politische Bedeutung.* München（dtv）1988, S. 597ff.; Müller-Doohm, S. 124.

（5）Gabriëls, René: Intellektuelle. In: Brunkhorst, Hauke/ Kreide, Regina/ Lafont, Cristina（Hrsg.）: *Habermas Handbuch. Sonderausgabe.* Stuttgart（J. B. Metzler）2015, S. 324-328; Hübinger, Gangolf: Jürgen Habermas, der „allgemeine Intellektuelle". In: Gilcher-Holtey, Ingrid/ Oberloskamp, Eva（Hrsg.）: *Warten auf Godot? Intellektuelle seit den 1960er Jahren.* Oldenburg（De Gruyter）2020, S. 21-32.

（6）Bieblicher, Thomas: Intellektueller als Nebenberuf: Jürgen Habermas. In: Kroll, Thomas/Reitz, Tilman（Hrsg.）: *Intellektuelle in der Bundesrepublik Deutschland. Verschiebungen im politischen Feld der 1960er und 1970er Jahre.* Göttingen（Vandenhoeck & Ruprecht）2013, S. 219-231.

（7）Moses, A. Dirk: *German Intellectuals and the Nazi Past.* Paperback Edition. New York（Cambridge University Press）2009, S. 105-130.

（8）Langenohl, Andreas: Jürgen Habermas, Alexander Kluge und die Entwicklung einer Linksintellektuellen. Kritiktradition in der Bundesrepublik Deutschland（1960er bis 1980er Jahre）. In: *Warten auf Godot? Intellektuelle seit den 1960er Jahren,* S. 33-47.

（9）当時の各世代間における「公共性／公共圏」という概念の解釈の相違と、ハーバーマスの議論の位置価値については、以下を参照——Hodenberg, Christina von: *Konsens und Krise. Eine Geschichte der westdeutschen Medienöffentlichkeit 1945-1973*. Göttingen（Wallstein）2006, S. 31-86.

（10）前章で確認したように、„Öffentlichkeit“という概念を、基本的にアドルノは「機能概念」として、あるいは実現すべき性質として、ハーバーマスは「圏域（Sphäre）」として捉えているため、「公共性」「公共圏」という訳語をそれぞれ当てている。

（11）Habermas, Jürgen: *Strukturwandel der Öffentlichkeit. Untersuchungen zu einer Kategorie der bürgerlichen Gesellschaft; mit einem Vorwort zur Neuauflage* [=SÖ]. Frankfurt a. M.（Suhrkamp）1990.

（12）『公共圏の構造転換』に対する先駆的な批判として、以下——Calhoun, Craig u. a.: *Habermas and the Public Sphere*. Massachusetts（The MIT Press）1992.〔キャルホーン、クレイグ編『ハーバーマスと公共圏』（山本啓／新田滋訳）未来社 一九九九年〕この著作の受容史については、以下も参照——Fraser, Nancy（übers. Gramm, Nikolaus）: Theorie der Öffentlichkeit. *Strukturwandel der Öffentlichkeit*（1961）. In: *Habermas Handbuch*, S. 148-155.

（13）Habermas, Jürgen: Universität in der Demokratie - Demokratisierung der Universität. In: Ders.: *Kleine Politische Schriften* I-IV [=KS]. Frankfurt a. M.（Suhrkamp）1981, S. 134-156, bes. S. 153.

（14）Adorno, Theodor W.: Marginalien zu Theorie und Praxis. In: GS10-2, S. 759-782.

（15）「理論と実践」をめぐるホルクハイマーとの対談のなかで、アドルノは「理論は自らを省察する（reflektieren）ときにのみ〔…〕、実践の単なる道具以上のものとなる」と述べている。それゆえ、「自己反省（Selbstbesinnung）」と「自己省察（Selbstreflexion）」は同義と見なしうるため、後者に統一して議論を進めていく。Horkheimer, Max: Diskussion über Theorie und Praxis. In: Ders.: *Gesammelte Schriften*. Bd. 19. Hrsg. von Gunzelin Schmid-Noerr. Frankfurt a. M.（Suhrkamp）1996, S. 32-72, S. 66.

（16）Demirović, Alex: *Der nonkonformistische Intellektuelle*, S. 66.〔デミロヴィッチ、アレックス『非体制順応的知識人——批判理論のフランクフルト学派への発展：第三分冊　批判理論とは何か』（仲正昌樹監訳）御茶の水書房 二〇一〇年、二八頁〕

（17）以下を参照——Görg, Christoph: Praxis - der blinde Fleck kritischer Theorie. In: *Zeitschrift für kritische Theorie*. Heft 20-21/2015, S. 112-126, S. 119.

（18）以下を参照——Gilcher-Holtey, Ingrid: *Die 68er Bewegung. Deutschland. Westeuropa. USA*. 5. Aufl. München（C. H. Beck）2017.

（19）「あのイデオロギー」という言葉で指示されているのは、ハイデガーの哲学とドイツにおける青年音楽運動（Jugendmusikbewegung）である。後者は、一九世紀末のドイツにおいて、過剰な産業化に苦しむ青年たちが始めたワンダーフォーゲル運動に端を発する青年運動に由来するものであり、第一次大戦後にフリッツ・イェーデらを中心として発展したものである。小山英恵『フリッツ・イェーデの

音楽教育　「生」と音楽の結びつくところ』京都大学学術出版会　二〇一四年、二―一〇頁参照。

(20) 以下を参照――Demirović, S. 908ff.〔デミロヴィッチ、アレックス『非体制順応的知識人――批判理論のフランクフルト学派への発展：第二分冊　戦後ドイツの学生運動とフランクフルト学派』(仲正昌樹監訳) 御茶の水書房　二〇〇九年、一三八―一四〇頁〕

(21) この辺りの基本的な理解に関しては、以下も参照――Rehg, William (übers. Nikolaus Gramm): Erkenntniskritik als Gesellschaftstheorie-*Erkenntnis und Interesse* (1968). In: *Habermas Handbuch*, S. 165-176; 成田大起『「批判」の政治理論――ハーバーマスとホネットにおける批判の方法論』勁草書房　二〇二三年、三一―三九頁；大河内泰樹「啓蒙への関心とその限界――初期ハーバーマスの認識論とドイツ観念論」：『一橋社会科学』(4) 二〇〇八年、二一七―二四一頁所収。

(22) Habermas, Jürgen: *Erkenntnis und Interesse. Mit einem neuen Nachwort* [=EI]. 17. Aufl. Frankfurt a. M. (Suhrkamp) 2019.

(23) 以下を参照――Keulartz, Jozef: *Die verkehrte Welt des Jürgen Habermas*. Hamburg (Junius) 1995, S. 240ff.

(24) McCarthy, Thomas: *The Critical Theory of Jürgen Habermas*. Cambridge u. a. (The MIT Press) 1978, S. 88. なお成田は、批判者の提示する病理に関する因果仮説は、実践の参加者たちにより受け入れられ、彼らが病理を克服した時にはじめてその妥当性を証明できる、という形で『認識と関心』のこの箇所を解釈している。これもまた、コイラルツの疑問への一つの応答となり得るだろう。以下を参照――成田、前掲書、三七頁。

(25) 以下を参照――Adorno, Theodor W.: Keine Angst vor dem Elfenbeinturm. In: GS20-1, S. 402-409, S. 405f.; Habermas, Jürgen: Kongreß ›Hochschule und Demokratie‹. In: KS, S. 205-216, S. 207f.

第五章　国家と抗議、ハーバーマスから見た六八年

——ゲーレンによる制度論との対峙

　第二次世界大戦後、西欧の民主主義体制のもと新たに誕生したドイツ連邦共和国は、ナチズムの過去や東西冷戦による統一国家の分裂を前に、国家としての自明性を持ちえず、暫定的な性格を抱え、建国後絶えず正当化の必要性に迫られた。(1) そしてそれは、民主主義の発展をめぐる議論と軌を一にするものであった。とりわけ一九五〇年代後半から一九七〇年代初頭、つまり戦後復興の象徴たる「経済の奇跡」からオイルショックに至るまでの「長い六〇年代」には様々な政治的事件が勃発する。(2) 言論の自由の侵害が問題となった『シュピーゲル』事件を皮切りに、議会制民主主義の機能不全を顕在化させたキリスト教民主同盟（CDU）／キリスト教社会同盟（CSU）とドイツ社会民主党（SPD）による大連立、非常事態法の制定など、民主主義を揺るがす一連の出来事が生じると、現状打破に向けて作家や学者たちが声を上げるだけでなく、社会の全面的変革を志向する学生たちもまた抗議運動を展開したのだった。

非常事態法への抗議。

とはいえ、既存の国家のあり方をめぐっては反体制派のなかにもさまざまな立場があった。例えば、四七年グループの発起人ハンス・ヴェルナー・リヒターは政党政治的な国家の改良を目指した(3)。『シュピーゲル』事件での政権の介入は戦後民主主義の脆弱さを浮き彫りにし、「国家への懐疑(Staatsskepsis)」は頂点に達したが、これ以降民主主義を求める動きが高まってくると、リヒターはSPDへの協力の道を選択する。そして、同じく四七年グループのギュンター・グラスらと行った選挙協力が実を結び、社会における抗議の波が頂点に達した一九六九年には、SPDは自由民主党(FDP)との連立で、戦後初となる政権交代を実現した。現代史家ゲッペルトによれば、戦後の西ドイツの政治的状況こそが、リヒターのような姿勢を可能にしたとされる。ドイツ最初の民主主義国家ワイマール共和国では、不安定な帝国議会のもと、一四年間のうちに一三人もの首相が誕生し、国家としての基盤は醸成しえなかった。一方、西ドイツではアデナウアー政権が安定的に持続したがゆえに、民主主義国家という体制そのものは揺らがず、左派の知識人たちがその内部で改良を目指す土壌が整っていたのだ。(4)

政党政治からは距離を置いたものの、国家内部からの改良という点で忘れてはならないのが、ユルゲン・ハーバーマスである。彼は当初、社会主義ドイツ学生同盟（ＳＤＳ）による「脱政治化された公共圏」の活性化の試みを基本的には評価していた。しかし、一九六〇年代後半からの情勢の激化とともに、次第に双方の見解の相違が明確になる。それが顕在化したのは、オーネゾルクの葬儀の後、ハノーファーで一九六七年六月九日に開かれたＳＤＳの会議「抵抗の条件と組織」におけるハーバーマスの一連の言明であった。そこで彼は、現行の民主主義の機能不全を打破すべく、制度に潜む暴力を挑発しながら権威主義的な体制の変革を試みようとする、学生運動の主導者ハンス・ユルゲン・クラールやルディ・ドゥチュケらの過度な「行動主義」に対し、「左翼ファシズム」という衝撃的な言葉遣いで応答した。(5)協調関係に大きな亀裂が走った。抗議する学生たちには、ハーバーマスが既存の体制に与しているかに見えたのだった。

これまでの研究では、六八年のラディカリズムに対するハーバーマスの姿勢は、民主主義的な「行動規則（Spielregel）」の保持、あるいは「暴力」が先鋭化する「直接的な活動（direkte Aktion）」への拒絶という観点から、「改良主義（Reformismus）」として捉えられてきた。(6)つまり、先行研究の争点は、民主主義という「形式」をめぐる「左派」内部の立場の相違にあった。しかし、それでは事の全貌を捉えたことにはならない。ハーバーマスが民主主義を保障する西ドイツ国家という「歴史的空間」をどう評価していたのか、という問題が未着手に終わっているからだ。想起すべきは、彼が当時、いわゆる「右派」の言説にも取り組んでいたという事実である。なかでも、哲学的人間学で知られ戦後ドイツの論壇で発言力のあった保守思想家アーノルト・ゲーレンの存在は、重要な手がかりを与えてくれる。すでに見たように、当時彼はアドルノ以上の発行部数を記録しており、左右の対立を超えてアドルノと計四度のラジオ・テレビ対談を行っていた。[7] 近年ようやく、ハーバーマスにおけるゲーレン受容が主題的に扱われ始めたが、[8] 理論的示唆だけでなく、ハーバーマスにとってゲーレンは、同時代の保守知識人としても向き合うべき存在であったのだ。

本章の目標は、ゲーレンという参照軸からハーバーマスの六八年批判を読み解き、その根底にある西ドイツの国家像を描き出すことにある。そのために、まずは、ゲーレンの戦後の主著『人間の原型と後期文化』と『モラルとハイパーモラル』を概観しよう（一節）。次に、その二作に対するハーバーマスの書評において、「普遍的な規範」と「個人性」の調停という側面から、「制度」の持つ社会性や歴史性が焦点化されていることを確認する（二節）。最後に、ハーバーマスの代表的な学生運動批判「見せかけの革命とその子どもたち」のなかで、西ドイツという国家制度に仮託されている役割を導出したうえで（三節）、彼が当時の社会状況下で知識人に見出していた可能性を考察したい。

一　制度としての国家——戦後のゲーレンの思想を振り返る

第三章で確認したように、戦後のゲーレンは戦前への思想の反省から、民族学や社会学をもとに社会的「制度」の経験的で実証的な理論を打ち立てようとした。その成果が、一九五六年公刊の『人間の原型と後期文化』である。本作は主著『人間』で得られた知見をもとに考察が始められ、まずもって人間は「欠如的存在」として捉えられている。動物たちの場合は、「現れてくる自然のデータが、型にはまった知覚・運動の準備体制へ」もたらされると、行動が成立する（US, S.9）[9]。しかし、「人間のあらゆる種類の欲求や衝動と、その充足状況との間には、一種の知的で実践的な振る舞いが、つまり行為が登場する」（US, S.9f.）。外界に対してさまざまな「行為」の選択肢を持つ人間は、「世界開放性（Weltoffenheit）」を有し、「際限なく刺激を受け入れることができる」という「衝動過剰（Antriebsüberschuss）」にさらされ、不安定な現実を生きねばならない（US, S.21f.）。だからこそ、「習慣の形成」としての「制度」が必要なのである（US, S.21f.）。そして「制度」を通じて、そのつどの欲求充足という「負担の免除（Entlastung）」（US, S.30）がもたらされ、充足状況が維持される「背景充足（Hintergrundserfüllung）」（US, S.14）に移行すると、別の動機をもつ高次の活動の可能性が開かれていく。その際重要なのは、何かある「目的」が「背景充足」として退き、次なる動機が後から付け加わっていくという事態が繰り返し生じた結果、現在の「制度」が存在しているという視点である。制度は、長期にわたる様々な「目的」を複合的に包含しているため、特定の「目的」との整合性という観点からその意義を測定することは困難であるとされる。ゲーレンによれば、例えば「国家の目的ないしは〈本質〉をめぐる問いには、ただイデオロギーによってのみ答えることができる」のだ（US. S. 40）。

さらに、そうした「制度」の基礎には、社会関係における「相互性（Gegenseitigkeit）」がある。ゲーレンは、レヴィ＝ストロースらの人類学の知見をもとに原始社会の「互恵主義」が持つ意義を説明したのち、言語を「他者の役割を引き受けること」と表現したG・H・ミードを絶賛しつつ、「他者」と「言語」の問題をも論じている。意思疎通のためには「他者」の「言語」を用いて発言せねばならず、絶えず「他者の反応」に身を置く必要がある。自我はそうした過程を通じて形成されるのであり、「相互性」から生まれる社会構造こそが、人間にとって「根源的な充足の場」となるのだ（US. S. 56ff.）。

このような基本考察を経て、古代文化における非近代的な「制度」の成立過程が改めて分析される。本能が退行した人間にも周囲環境に触発される「本能残基（Instinktresiduen）」（US. S. 147ff.）がある。そうして外界への反応を余儀なくされ、「模倣」という行為が生み出されると、模倣対象たる外界の他者から逆照射して自我を捉えなおすことが可能になる（US. S. 166ff.）。それは次第に集団的な儀礼の形を取り始め、「トーテミズム」においては、集団の各成員が当該のトーテム動物に共通の結束点を見出し、その殺害・捕食の禁止を義務として認識すると同時に、各成員はトーテムと同一化しているがゆえに、集団内の殺害もまた防止される（US. S. 231ff.）。こうして集団の統一が、観念としてではなく、「まったく身体的な意味で」実現された（US. S. 238.）。ゲーレンによれば、現実の外界における支点を有することは、現代的な合理的組織と異なる古代制度の特徴である。しかし、すでに「一神教」において、信仰における超越的な神と個人の内面の関係が問題となり、「主観性（Subjektivität）」が前景に押し出された。現代では、産業の進展により人間は常に過剰な刺激にさらされているものの、搾取の対象たる外界に支点を求めることはできず、主体は虚しく空転するよりほかない。タイトル『人間の原型と後期文化』にある「後期文化」とは、古代制度が崩壊する「主観主義」の時代のことなのだ。[10]

一九六〇年代末に反体制派の運動が盛り上がると、ゲーレンは一九六九年に『モラルとハイパーモラル』[11]を世に問い、制度論を軸とした倫理学を展開し、それを社会批判と結びつけた。ただし、理論的主張もそこそこに独断的な時代批判が乱発されており、教え子であり友人でもあったヘルムート・シェルスキーでさえ、「極めて遺憾なことにゲーレンは〔…〕現実主義的な政治的保守主義の信用を失墜させた[12]」と手厳しく非難している。

内容を見ておくと、ゲーレンは倫理の源泉の「複数主義（Pluralismus）」というテーゼを掲げている。[13]倫理の基礎は、（1）「相互性」（2）幸福や快楽の追求といった、行動生理学的な本能による調節（3）人道主義に通じる「家族倫理（Familienethos）」（4）「国家」を含む「制度の倫理」、以上四つに分類され、これらは調和関係にあるべきだとされる。しかし、啓蒙主義の時代にコスモポリタニズム的な博愛主義が説かれ、本来「近くにある目標（Nahziele）」を対象とした「家族倫理」が必要以上に拡張された。そこに産業社会が到来し、物質的な豊かさをみたすべく快楽を追求する本能が加速度的に混交すると、私的な性格を持つ二つの倫理の源泉が「肥大化」した。結果として、公共性に関わる「相互性」と「制度」は掘り崩され、社会は不安定化する。それが、ゲーレンの基本的な主張である。ここでは、「国家」を含む「制度の倫理」の考察を確認しておこう。

『人間の原型と後期文化』においてすでに「相互性」の根源性が主張されていたように、これら四つの倫理に際しても――「複数主義」というテーゼにもかかわらず――「相互性」が最重要の要素とされており、[14] 先と同様の主張がなされている。そしてまた、「世界開放性」を有する人間は制度による「負担の免除」を通じて生産的となる（MH. S. 92f.）、という洞察も引き継がれている。そうした基本線を抑えつつ、ゲーレンはまずもって「規範（Norm）」や「義務（Sollen）」を、「二人以上の主体がなにかある共通のテーマについて持続可能な形で下した結論のインデックス」であることを確認したうえで、「他者」という観点から制度の客観性の証明を試みる（MH. S. 94）。「他者の反応」から「自我」を捉えなおすという「言語」の役割が示すように、「人間は自分が何者かを知らず、直接には自己実現を達成できないので、制度を通じて自我と自我を媒介させねばならない」（MH. S. 96）。しかし続く箇所には、制度の誕生時の動機が明瞭であり続ける必要はなく、「人間にふさわしい文化」の継承は、次世代が「長きにわたる成果ゆえに正当化されている理性的環境のなかで」成長を遂げる点にあるとされる（MH. S. 97）。一見、制度の客観性の基準が、出発点としての主体間の相互行為から、結果としての「成果」に移っているように思われる。これは、先に見た「背景充足」のカテゴリーを踏まえると、整合的に理解可能である。当初の動機は常に充足された状況で背景に退くからこそ、安定した状態で次なる目的の達成が可能になる。現存制度は、根拠なく存在するわけでも、初期の動機を体現しているわけでもなく、そうした過程が歴史的に繰り返された結果なのである。

現実世界では制度もまた崩壊の危険にさらされているわけだが、ゲーレンは他のあらゆる制度の偶然性をも保護する制度として、「国家」に特別な価値を付与する。[15] まずもって「国家」は、「歴史的になんらかの形で実現した住民と領土の関係性を、理性的に組織された形で自己保存するもの」として規定されうる（MH, S. 99）。安定を実現するために、「政治的な徳」をもって「事柄による強制という冷酷な言葉（kalte Sprache des Sachzwangs）」に従う必要が生じてくるため、「国家」という制度倫理は、家族的な人道主義や幸福主義とは相容れない性質を帯びるのである（MH, S. 100）。

以上のような理論を展開する過程で、ゲーレンは時代情勢にも言及し、第三帝国や西ドイツ国家の問題点を挙げているのだが、それは不平不満のような形で雑感のように挿入されており、問題含みの箇所が散見する。例えば前者については、「一九三三年以降、〈ドイツ帝国〉という制度的統合は損傷しただけではない。帝国自体が〔…〕国民社会主義者たちとその敵たちによって破壊された」（MH, S. 95）と語られるほか、ヒトラーに関して、「不均衡で、対立さえ存在しない権力」を独善的に掲げた点が批判されている（MH, S. 116）。しかしながら、そう語る一方でゲーレンは、一九六八年八月にチェコスロヴァキアへ進軍したソヴィエト連邦に言及する際には、むしろその国家としての強大さを示唆しており（MH, S. 155）、「相互性」の排除につながる全体主義の危険性そのものは素通りしてしまう。ナチズムの経験は、もっぱら終戦後に「国家の権威」の失墜が生じた原因としてしか顧みられないのである。

次に西ドイツ国家への批判である。二〇世紀中頃から、「生産の向上と高まり続ける生活水準への慣れ」とともに、「国家」は「純粋に社会的な要求の執行機関」となり、経済的側面を考慮し始め、個々人の利害が全体に影響を与えるようになる。戦後の福祉国家においては、本来的に政治的な目標設定が不可能になり、「リヴァイアサン」は「乳牛」と化した（MH, S. 106f.）。そうして個人主義が横行する状況に追い討ちをかけるのが、知識人や抗議運動の学生たちである。もとよりゲーレンは、自らのテクノクラシーテーゼと結びつける形で以前から知識人批判を展開していた。資本主義や技術の高度な進展により「世界工業文化」が遍く張り巡らされると、認識は直接的な経験から切り離され、「絶え間なく続く意識の過度な世界交流」がもたらされる。そのような状況下で必要とされるのは、第一線で事象に直接取り組む専門家や政治家であるはずだが、知識人たちは言論の自由を振りかざし、抽象的な博愛主義的コスモポリタニズムを無責任に流布し、社会を不安定化させている。(16)『モラルとハイパーモラル』にもこの種の批判は姿を見せており、知識人たちは自身の正しさを証明すべく国家への批判を展開し、マスメディアを支配することで、「自らの特権化された言論の自由を万人の自由と同一視し、挙句、それを承認してもらおうとするほど」優位な立場から語るのだ、とされる（MH, S. 153）。ただしここでは、立場の相違とは無関係に反体制派という属性が一様に捉えられており、もっぱらその負の側面のみが強調され、戦後の民主主義進展への知識人の寄与などは視野の外に置かれている。

付言しておくと、ゲーレンはこうした主張でもって、過去の理想化へ直進しているわけではない。(17)「進歩」はたしかに存在していて、技術や科学の発展により、「以前の困窮は和らげられ、社会の礼儀は、とにもかくにも、各人が尊厳を持って自らの役割を果たすことができる水準で貫徹されている」（MH, S. 178）。ゲーレンの主眼は、「主観主義」の進展を伴うものの、歴史的な必然性を持つ現在と向き合い、「国家」を起点とする諸制度に残された倫理観を保持することにあったのだろう。しかし「国家の権威」の危機を強調するあまり、批判にも開かれ、社会における「相互性」を促進する働きを持つはずの民主主義的制度、すなわち、ナチズムを経て成立した西ドイツの基本法やその下にある社会的諸制度の役割が等関視されているのは、やはり大きな問題であると言わざるを得ない。

二　ハーバーマスにとってのゲーレン――制度の意義をめぐって

ハーバーマスは既に学生時代からゲーレンの主著である『人間』に取り組み、哲学的人類学への関心を示していたが、実際にはじめて出会ったのは、一九五五年一〇月にヴッパータールで開かれた「文化の消費と消費文化」という学会である。一九五〇年代の西ドイツでは消費社会が全盛を極め、思想家たちの間では文化ペシミズムが蔓延していた。学会にはこうした知的風景を反映するかのように、政治的立場の対立を超え、ハンス・フライヤーやシェルスキー、ゲーレンやギュンター・アンダースらが参加している。(18) そしてこれを機に、ハーバーマスによる本格的なゲーレンとの対峙が始まる。代表的な成果は、前章で確認したゲーレンの二つの著作に対する書評だろう。ハーバーマスにとってゲーレンは、例えばアドルノとホルクハイマーの『啓蒙の弁証法』における徹底的な理性批判に対して、規範の伴った批判理論を再構築するという点で自らの思想形成に欠かせない存在であり、その影響は『公共圏の構造転換』や『コミュニケーション的行為の理論』にまで通じている。(19) そして同時に、ゲーレンは同時代人として政治的にも重要な知識人であった。『シュピーゲル』の編集長アウクシュタインは自らの記事のなかで、『モラルとハイパーモラル』に対するハーバーマスの書評を、「生物学の右派」と「マルクス主義の左派」の対立として取り上げているが、(20) それは当時の論壇における両者の立ち位置を象徴的に示している。

『人間の原型と後期文化』に対するハーバーマスの書評「諸制度の崩壊」は、一九五六年四月七日付の新聞『フランクフルター・アルゲマイネ』に掲載された比較的短い論評である。冒頭は、ゲーレンの「人間学的な諸カテゴリー」に対する留保から始まる。ゲーレンは、「人間」の持つ「衝動過剰」や「世界開放性」という生物学的特質から「制度」の必要性を解き明かし、現代的視点からは合理的に理解することのできない古代的制度の発生や役割を経験的に導出した。ハーバーマスによると、その試みは、「〈本性〉からして弱い、あるいはまったく生存力のない存在にとって、〔制度が〕生き延びるために不可欠であることを証明する」ものである（PP. S. 102）[21]。してみれば、「人間学的な諸カテゴリー」として定義されているもの自体、「自然の諸カテゴリー」というより、「人間自身が作り出したもの」となる（PP. S. 102）。それらは単なる生物学的な事実ではなく、歴史的要素を含むのだ。とはいえ、ゲーレンの知見の有効性も見逃されてはいない。

> 第一に、合目的的に設えられた道具が自己目的的な自己法則性へと移り、自立するところでは、習慣化された振る舞いが本来の目的から解放され、人間は「制度を起点に（von der Institution her）」行動することを学ぶ。衝動の契機は、対象へと延長され、規範的な内容で（mit normativen Gehalten）制度を覆うようになる。（PP. S. 103）

ハーバーマスはこう語り、「相互性」や「背景充足」といったカテゴリーに着目しながら、制度の形成過程の妥当性を確認している。興味深いのは、ハーバーマスにとって当時極めて重要な意義をもっていた「規範的」という言葉が、制度論との兼ね合いで持ち出されている点だろう。ヨスの優れた研究に従えば、ゲーレンが古来の制度の安定性や拘束力を人類学的に自然なものとして捉えた一方で、当時のハーバーマスは、歴史的カテゴリーを人間の性質として一般化するゲーレンの「不変性の教え（Invariantenlehre）」に疑念を抱いており、批判の立脚点になりうる「規範的な理論」の構築をすでに試みていたという。(22) そうした背景を考慮に入れるならば、引用部分は、ゲーレンが提唱する「制度」概念のなかに「規範性」を見出そうとする、非常に興味深い姿勢を示していることになる。

つづいてハーバーマスは、「人間の原型と後期文化」という二分法に注意を向け、経験的で中立的な分析を行うというゲーレンの意図もまた、無意識に現状の変革へと向けられていると看破したうえで、制度と個人をめぐる現在の状況に関して自らの見解を提示している。与えることで支配するという特徴を持った今日の大衆消費社会の下、諸個人は「制度的な指示の転送点」に成り下がり、無力化されている（PP, S.104）。問題は、制度的拘束性の欠如からくる「主観性」の暴走ではなく、個人に対する過剰な制度的検閲なのである。たしかに、消費文化を支配する諸制度に対抗するにあたって、「恣意的な主観性なるもの」は疑いなく空転している（PP, S.106）。

しかし、すでにこうした状況が批判に値するのであれば、それは制度と個人の調和のとれた媒介を視野に収めた場合であり、〔…〕個人の退行を通じて制度的なものを復興する方向性においてではない。個人性が〔…〕「諸身分なき身分」として社会的に実現されるなら、人間が「各々の純粋な人間性において」〔…〕出会うことができるならば、それは実際にそれほど悪いことなのだろうか。
(PP, S. 106)

ハーバーマスは、コスモポリタニズム的な意味で「個人性」の意義を強調する。ただし、前段には「制度と個人の調和のとれた媒介」とあり、制度の必要性についても言及されている。自由な「個人性」は「制度」との関連で、「社会的に実現される」のである。ハーバーマスが最後にゲーレンの一面性を指摘するのも、この文脈においてである。

もし〈矮小化された尺度の人間〉を、〈ルイ・フィリップ式の、なかば貪欲でかつ柔和な人間〉を、〈昨今の平均的な被造物〉を軽蔑するなら、それは良い成果をもたらすし、優れた知覚の証明でもある。なんといっても、〈現代人は〉〈なかば貪欲で柔和〉である。一方ニーチェは、未来の人間を、寛大でかつ残忍なものとして呼び起こしていた。それは、私たちがこの間に——誰がなお〈矮小化された尺度〉と言おうとするだろう——受け取った未来だったのだ。
(PP, S. 106)

ゲーレンによる「〈矮小化された尺度〉」および「〈なかば貪欲でかつ柔和〉」という診断を、ハーバーマスも部分的に肯定する。「良い成果」であるのは、そうした現状への距離が、社会批判のために必要であるからだろう。その反面で、ハーバーマスはゲーレンの現代人への諦観に抗すべく、「〈なかば貪欲でかつ柔和な人間〉」と対極にあるニーチェの未来の人間像を仮説として持ち出す。つまり、ゲーレンの現代への嘆きが正しいのであれば、ニーチェ的な人間を生み出すべく努めるべきなのか、という問題提起である。それを受けて、「この間に〔…〕受け取った未来」という表現により、ナチスを経て戦後に至る時代を指し示しながら、ハーバーマスは、「誰がなお〈矮小化された尺度〉と言おうとするだろう」と応答する。この反語は、まさしく戦後ドイツという現代が、ニーチェ的な人間像の悪用により野蛮を極めたナチスを克服してきた歴史の上に成立しているという事実を想起させるものであり、一面的な現状懐疑に対する批判となっている。ハーバーマスはゲーレンの読解を通じて、個人性と制度的な規範との関係を、社会的で歴史的な視線の下に捉えようとしていたのである。もっとも、それはまだ曖昧な形でしか表現されていない。では、一九七〇年に発表されたもう一つの書評「偽装された実体性」ではどうだろうか。

ハーバーマスは、一九六〇年代末の騒乱を前に、制度論的観点から繰り広げられる倫理学の社会的影響力を懸念していたために、『モラルとハイパーモラル』で「サチュロス劇」を目にするとは思いもよらなかったと語る。「サチュロス劇」とは古代ギリシャで悲劇の後に続く茶番狂言を指し、「自己石化の身振り」によって、理論的主張からのいくたびもの脱線と、時代批判を繰り返すゲーレンの記述をあてこすった表現である（PP, S. 107）[23]。ハーバーマスによれば、「尊重すべき生活の知恵と理論的に興味深い想定とが、歩調の乱れた右翼知識人の政治談義と混じっている」（PP, S. 108）。とはいえ、なお見出すべき知見があることは否定されておらず、以降はその点が吟味される。

まず、ゲーレンの提示する四つの倫理の基礎の整合性が取り上げられ、なかでも「家族倫理」と「国家・制度倫理」の関係に焦点が当てられる。ゲーレンによれば、親密な隣人間に生まれる「私的な徳」としての「家族倫理」が本来の領域を超えて拡大することで、左派知識人たちの「人道主義」や

「普遍主義」が生まれており、「公的な徳」を体現する「国家・制度倫理」と相克するに至った。しかし、そうした線引きは疑わしく、共通項として「どちらも内に向かっては平和的な徳を、外に向かっては好戦的な徳を要求する」(PP. S. 112)。ハーバーマスの見立てによると、ゲーレンは、「近くにある目標」を対象にするという生物学的な先入見を「家族倫理」に織り込み、そこから「普遍主義」を理解しているせいで、「国家倫理」との連続性を見落としている。両者の対立は、文化の発展に伴い、親族などの「小集団道徳」が、「政治的に組織された大集団」によって相対化され、道徳体系が次第に「抽象化」する「歴史的葛藤」として捉えるべきなのだ(PP. S. 112)。そして、「普遍主義」とは、国家という枠に収まった倫理を突破すべく、近代の啓蒙主義の時代に登場したものなのである(PP. S. 114)。

その代表例として、カントが引き合いに出される。「実践理性」は「規範の妥当性の普遍的形式」を要求するものの、こうした形式性は、行為する主体のうちに基礎付けられるにすぎないため、万人を包摂する「普遍的な拘束力」を有しえない(PP. S. 114f.)。ここに、「普遍」と「個別」の対立が生じる。ハーバーマスは、解決の糸口として、後年の大著『コミュニケーション的行為の理論』へとつながっていく次の一節を記している。

> 普遍主義的道徳において調和させられねばならない二つの契機、各人の個人性と規範の普遍的妥当性は、対話による媒介を必要とする。つまり、拘束されないコミュニケーションと支配なく獲得されるコンセンサスの原理に結び付く、意思形成の公共的過程である。(PP. S. 115f.)

この書評に先駆けハーバーマスは対話的コミュニケーションの構想をすでに発表しているが[24]、この箇所を、単にゲーレンの保守的な理論に対する自説の対置と捉えることはできない[25]。「尊重すべき生活の知恵と理論的に興味深い想定」という前置きをしたうえで、引用箇所へと議論が展開されている点はさることながら、なによりも「個人性」と「規範」を社会的・歴史的過程で捉えるという点は、ハーバーマスが『人間の原型と後期文化』の読解においてすでに注視していたものだからだ。むしろ、ゲーレンの理論への評価を参照することで、「コミュニケーション」概念の構想がより良く理解できるはずである。まずもってハーバーマスは、ゲーレンが制度論においても倫理学においても根幹の一つに据えている「相互性」こそ、「理想的な対話状況の対称性のうちに組み込まれており〔…〕道徳一般の基礎」であることを確認する（PP, S. 117）。そして、こう続けている。

> 類的生活（Gattungsleben）は、いわば生産の物質的条件とともに、社会組織の倫理的条件にも依存する。社会化（Vergesellschaftung）は、日常語のコミュニケーションを媒介に遂行されるので、個人のアイデンティティは、有機体システムの外で〔…〕つまり、コミュニケーション的共同体のなかで、確定されねばならない。（PP, S. 117f.）

「類的生活」の支えが、物質的諸条件だけでなく、「社会組織の倫理的諸条件」にも求められ、「コミュニケーション」による「社会化」を通じて、「個人のアイデンティティ」も確立されていく。ゲーレンの理論の影響史を研究したヴェールルレによると、「コミュニケーション的合理性」における社会文化的な伝承という側面は、ハーバーマスが、ゲーレンにより制度的枠組みに付与された独自性を受容した成果の一つである。そしてまたゲーレンとは異なり、そこに「妥当性」という観点が持ち込まれ、日常コミュニケーションの営まれる「生活世界」が、そのつどの「背景充足」を経て、合意の基準となる「妥当性」を担保する場所として把握されるに至ったとされる。[26] こうした指摘は、本章の分析にとっても大変示唆的である。ある「規範」を備えた社会的・文化的制度は「個人性」にとって、二つの意味で必要不可欠である。第一に、「対話」を通じて、「個人性」を実現する枠組みとして。第二に、そのように獲得された双方の調和関係を保証し、新たな「規範」を定着させる仕組みとして。これらの段階は繰り返され、更新された規範はそのつど「背景充足」として後景に退くことで、各個人にはさらなる自己実現の可能性が開かれる。むろん、ハーバーマスは「制度」が持つ抑圧的な側面をも見逃してはいない。

> 抑圧的な社会は、自由なコミュニケーションを比較的強く阻む性質を持った、アプリオリに保証される支配の正当化を必要とする〔…〕。体制により歪められたコミュニケーションからくる抑圧が減少すればするほど、普遍主義的道徳はますます広がり、それにともない、個別化の前進の機会もまた一層広がっていく。（PP, S. 118f.）

制度は、常に個人を抑圧する危険性を孕んでいる。ハーバーマスによれば、それは、制度から課されるコミュニケーションの阻害の度合いに即して測ることができる。まずもって、「アプリオリに保証される支配の正当化」ではなく、自由な「コミュニケーション」が保証されていなければならない。その前提が満たされるならば、「制度」は、「普遍主義的道徳」と「個人性」という一見相反する二つの契機を促進する、先の二つの段階が機能するような社会的で歴史的な過程を生み出すことができるのである。

こうした洞察をもとに、ハーバーマスは改めて時代情勢に言及する。福祉国家が社会的要求に配慮する後期資本主義では、貧困と政治的抑圧との間に相関関係は存在せず、「搾取（Ausbeutung）は是正されうるにもかかわらず、不自由は保存されかねない」（PP, S. 122）。本来的に政治的カテゴリーではない経済的困窮の打破を盾に、政治的抑圧は覆い隠される。この辺りの福祉国家批判は、ハーバーマスもゲーレンも類似した見解を抱いている。ただし、「普遍主義的道徳の無効化と脱政治化」に福祉国家の問題を見たハーバーマスは、「主観主義」に全ての原因を求めるゲーレンを批判している（PP, S. 123）。さらにこの直後の箇所では、文化無政府主義、すなわち学生運動という現象を、自らの「主観主義」テーゼに即して綿密に分析していないゲーレンの問題点が指摘されている。先に見たように、ゲーレンは学生運動や知識人たちを〈国家〉制度を不安定化する存在として一括りに批判していたわけだが、ハーバーマスからすれば、まさしく「制度」という概念をめぐり、学生運動と自らの立場の間にもまた決定的な相違が存在するのである。つまるところ、文化無政府主義の代表者たちは、解放された社会に向けて「自発性や直接的な相互行為を過度に推し進める」（PP, S. 123）。そして、理性的対話の軽視に至るこうした現象は、「自然の理想化において〔…〕頂点に達する」（PP, S. 124）。

しかし、この新しい生活形態が道徳意識の発展そのものの背後に逆戻りするなら、日常語によるコミュニケーションに残るのは、対話の道徳的な社会基盤を奪われ、もはや単に私的な言語表現に役立ちうるに過ぎない外皮だけとなる。（PP, S. 124）

「社会基盤」、すなわち社会における制度とは、「対話」を可能にし、「個人性」を実現すべく「規範」を更新していく枠組みであり、その時点での「道徳意識の発展」の歴史的結晶である。ゆえに、こうした契機を無視し、もっぱら自発性に依拠する姿勢は、「単なる私的な言語表現」に堕してしまう。「公共的コミュニケーション」から脱落してしまえば、現行の規範の無効化を宣言したとしても、「その成果は非政治的であり、新しい流行という形態でのみ普遍化できるに過ぎない」（PP, S. 125）。すると対抗文化は、自らの意図に反し、「主観主義的な余暇文化」（PP, S. 125）として、福祉国家体制の管理対象となってしまうのである。

最後にハーバーマスは、こうした状況のもと、ナチスが体現した「偽造された根源性の政治」、すなわち、「権力を持った諸制度の実態を人工的に更新した政治」の復活を危惧し、「右翼知識人」としてのゲーレンの主張を退ける形で議論を終える（PP, S. 125f.）。先に見たように、ゲーレン自身は決して過去を単純に理想化しているわけではなかっただけに一層、学生運動の反動から生じる、硬直した保守性の顕揚による歴史の巻き戻しをハーバーマスが強く懸念していたことが窺えるだろう。

三　ハーバーマスと学生運動――批判、民主主義、国家

ハーバーマスは、左からのラディカリズムをはっきりと牽制した。いかに過激化していたにせよ、これまで共に社会批判や抗議の可能性を探ってきた学生たちと一線を画すべく「左翼ファシズム」という言葉を用い、熟考の末その発言を即座には撤回しなかったのである[27]。先に見た右からの反動への不安が、そうしたある種挑発的な物言いの背景をなしていた。一つの極からもう一つの極への揺れ戻しを回避するために必然的に慎重にならざるをえない当時の状況を踏まえれば、ゲーレンへの書評から浮かび上がる制度の有効性をめぐる洞察は、ハーバーマスによる学生運動批判を考えるうえで一つの有力な補助線となるはずである。

一九六八年六月、オーネゾルクの死からおよそ一年がたった頃、非常事態法が国会の第三読会にかけられ成立を間近に控えるなか、ハーバーマスはフランクフルト大学の食堂で開かれたSDSの会議で、学生たちへの総括的な批判「見せかけの革命とその子どもたち」を行った。ハーバーマスは、「学生たちによる抗議運動が〔…〕根深い社会構造の変革に向けた、新しく真剣なパースペクティヴを開いた」という基本的な評価を押さえたうえで、「誤った解釈がすでに端緒から信用を落とし、ただでさえ見込みのない成功の可能性を一層減少させるような行動につながってきた」と問題点を挙げ、講演の幕を切って落とす（KS, S. 249f.）[28]。すでに数多くの概説が存在するため[29]、全体の外観は行わず、ここでは本章の議論と関連する「誤った解釈」に目を向けていこう。

SDS を批判するハーバーマス。一九六八年六月一日フランクフルト大学の食堂にて。

学生たちの状況診断の誤りは、福祉国家における「国家に管理された資本主義」を「資本の価値増殖（Kapitalverwertung）」として理解し、「依然として存在する社会・経済的な階級間の対立が、今日においてもなお政治的闘争へと燃え広がりうる」と想定している点にある（KS. S. 254f.）。すでに見たように、ハーバーマスは、後期資本主義における経済的搾取と政治的抑圧との相関関係を否定していた。福祉国家という支配体制は、「一方では経済的安定性を、他方では政治的な大衆の忠誠の確保という二つの目標を同時に目指す」のである（KS. S. 255）。してみれば、従来のような階級闘争は起こりえない。また、「資本主義の先進国の経済的安定性」と「第三世界の諸国の壊滅的な経済状況」との間に因果関係を想定することにも疑問が呈される（KS. S. 255）。現在の第三世界の憤慨は、「搾取」ではなく「言語道断な権利の剥奪」という政治的・道徳的カテゴリーに属している（KS, S. 255）。ハーバーマスによると、これらは、重大な二つの誤解を生み出している。

一つ目は、「私たちの行動空間（Aktionsspielraum）が〔…〕革命に転じる可能性のある状況によって規定されている」という誤解である（KS, S. 256）。後期資本主義が経済的要求に配慮し「大衆の忠誠の確保」に勤しむのであれば、学生たちの憤激は大衆の反乱と同一視されえない。ハーバーマスによれば、「こうした状況のもと、策略として革命的転覆を目論み先導する者は、単に幻想に囚われているに過ぎない」（KS, S. 256）。事実、労働者たちは当時、学生たちの社会変革の動きに必ずしも協力的ではなかった。(30) 二つ目は、「私たちの活動領域が反資本主義的抗議という国際的な団結によって規定されている」という誤解である（KS, S. 256）。たしかにベトナム戦争に直面して、「アメリカが自由の名の下に犯している蛮行への憤激」は「私たちの直接的な課題」ではあるが、取り巻かれている状況はまったく異なっており、「感情的なレベルで生み出される同一化は〔…〕政治的な位置価値を持たない」（KS, S. 256）。そうして、こう語られている。

〔見せかけの革命の策略が持つ〕この近視眼的な物の見方は、同盟の政治（Bündnispolitik）を、将来の危機に対する予防的な回避を、いまなお自由と権利を保障する憲法に基づく諸制度（Verfassungs-institutionen）への敬意を排除する。その見方は、学生と労働者の統一を幻想的に呼び起こすことにつながる。（KS, S. 258）

一九五〇年代から続くゲーレンとの論争を考慮に入れるなら、抗議運動に対するハーバーマスの批判に、「制度」という観点も含み入れる必要がある。規範を更新する枠組みとしての社会的制度を軽視する抗議運動は、自発性を過信するあまり「単なる私的な言語表現」と化してしまい、非政治的な成果しかもたらし得ない。そうした洞察を踏まえれば、西ドイツという国家制度に支えられた種々の社会制度への尊重を意味する、「いまなお自由と権利を保障する憲法に基づく諸制度への敬意」という表現が用いられたこの一節を適切に解釈することができるだろう[31]。

では、学生たちの「近視眼的な物の見方」により排除されているとされる、残りの「同盟の政治」と「将来の危機に対する予防的な回避」とはなんだろうか。引用に続く箇所でハーバーマスは、学生たちがファシズム的暴力として誤認しているものは、「いまなお諸規範によって、抗議活動への関与を義務付けられている国家の防衛反応」であるため、政治的弾圧ではなく、正当性を有していると述べている（KS. S. 259）。公的に形成されてきた「規範」が私的な幻想により掘り崩されてしまえば、国家をつなぎ止めるものはなくなり、かえって不当な権力の濫用を招いてしまうと同時に、そもそも「個人」の要求が社会的効力をもつにあたって必要な空間を侵害してしまう。これこそ、回避すべき「将来の危機」である。こうした懸念は、もう一つの「同盟の政治」をめぐる問題にもあてはまる。引用中の「学生と労働者の統一」を指し示すと思われるこの現象について、後段でハーバーマスは「労働組合機構の助力がなければ、非常事態にあたって憲法が唯一保障している政治的ストライキという手段を行使し得ない」と端的に指摘している（KS. S. 260）。学生たちは、労働者たちの意思の代理を僭称するがゆえに、制度を通じて規範に働きかけることで政治的成果を社会に根付かせる可能性を逸しているのだ。あるいは、別の角度から、「同盟の政治」の失敗として、先に批判されていた第三世界との連帯に伴う困難を想定することもできるだろう。もっとも、先に見た書評「諸制度の崩壊」のなかでハーバーマスは、ゲーレンの普遍主義的道徳への無理解を論難する際、それが「国家」の枠を突破すべく啓蒙主義の時代に登場したという特徴に触れたうえで、「普遍」と「個人性」の問題を論じていた。つまり、ハーバーマスの懸案は、国家という枠組みを超えていくこと自体にあるのではない。置かれている状況を共有できる場がなければ、相互にコミュニケーションを築くことはできない。ハーバーマスの目には、学生たちの信じ込む連帯が、自らの主義主張を押し通すための手段でしかなく、政治的効果を発揮できる制度的な空間を度外視しているように映ったのである。だからこそ、まずもって西ドイツ国家という制度の内部で、規範を体現する個々の具体的な社会制度の更新に取り組むことが先決の課題であったのだ。なによりも学生たちは、次の点で現実的にならねばならなかった。

ここ二〇年間の大変復古主義的な展開の最中にも可能であった個々の進歩という点で。それぞれの改善は、稜堡《りょうほ》として用いることができるのであって、大雑把な判断や十把一絡げの拒絶に委ねないほうがよい。（KS, S. 260）

アデナウアーが初代連邦首相の座につき、物質的・経済的復興を最優先する方針が取られると、戦後の非ナチ化政策は終わりを迎え、「過去の克服」は等閑視された。当時の社会を包んでいたのは、強権的な政府のもと、戦前との連続性を有した、復古主義的で閉鎖的な雰囲気だった。[32]変革の兆しが見え、より多くの民主主義を求める声が社会的に力を持ちはじめたのは、一九六二年の『シュピーゲル』事件以降である。とはいえ、ハーバーマスは、そうした復古主義的な時代の西ドイツにも、「個々の進歩」が存在したと主張する。事実、建国直後アデナウアーが再軍備の可能性を示唆して以後、「私はごめんだ（Ohne mich）」という市民による再軍備反対表明に端を発した異議申し立てが——たとえ政府の方針の変更を迫るほど強力でなかったにせよ——さまざまな形で試みられていた。なかでも、政権が核軍備の必要性を説くなか、核兵器の放棄を求め、ノーベル賞受賞者三人を含む一八名の専門家たちが一九五七年にゲッティンゲンで発表した「ゲッティンゲン宣言」は、その後に展開される抗議運動の萌芽となった(33)。ハーバーマスもまた、一九五八年に核拡散に反対して西ドイツの大学で実施された学生デモの組織化に社会研究所の一員として携わったほか(34)、『シュピーゲル』事件についても、ハイデルベルク大学の有志による抗議声明への署名に参加している(35)。学生たちによる改革の意志や抗議もまた、突如発生したわけではなく、民主主義を実現すべく踏み出されてきた一連の地道な歩みのなかに位置付けられるべきである。

国家を含む現存制度を打倒する試みは、成し遂げられたもの、すなわち歴史的過程の軽視をもたらす。ハーバーマスにとって西ドイツという国家制度は、いかに抑圧的な要素を孕んでいたとしても、憲法による民主主義的理念の保障のもと、個々の社会制度を支え、「普遍的な規範」と「個人」の関係を絶えず更新していくために不可欠な歴史的空間として存在していたのだ。

四　おわりに

学生運動の重要人物の一人であり、当時ハーバーマスの助手であったオスカー・ネークトは、「左翼ファシズム」という批判にすぐさま異議を唱えた。それは、「ドイツにおける民主主義的な諸制度や規則の著しい脆弱さに狼狽する、ブルジョア的でリベラルな意識の崩壊具合を表現したもの」であり、現在の「正当化の基盤（Legitimationsgrundlage）」を「自然化する（naturalisieren）」(36)。彼からすれば、ハーバーマスは歴史的に成立したに過ぎないものを絶対視する罠に陥っている。

たしかに後世的な視点から見ても、一九七〇年代末にテロ事件が多発した「ドイツの秋」につながる過激派の存在は全体のごく一部であったし、ラディカルな変革の姿勢があったからこそ既存の制度は大きな見直しを迫られた。それがギムナジウムや大学、教会の制度改革、女性ないしは性的マイノリティーの権利を求める活動や環境保護運動へと結びついていき、いわゆる「知覚の革命(37)」をもたらしたことは疑い得ないだろう。ハーバーマス自身も、学生たちを中心とした変革の意志そのものを否定していたわけではなく――ネークトも認めているように(38)――抗議運動が一過性に終わり、政治的効力を獲得し得ない可能性を危惧していたのである。西ドイツという国家制度、およびその下にある個々の社会制度は歴史的に成立したものであるがゆえに、常に更新の必要性にさらされており、絶対的なものではなく、現状への抗議が不可欠であることは言うまでもない。しかしながら、いかに脆弱であれ、それが西ドイツ建国以来の民主主義発展のプロセスのなかで妥当性を獲得し、個人の自由の実現に政治的帰結をもたらす基盤として存在してきたことも忘れるべきではない。
ハーバーマスは、個々人が一人の歴史的主体として負う責任を示し、自らの立ち位置への「自己省察」なくして「討議」を通じた民主主義の実現も起こり得ないということを、保守派の議論を真摯に受け止めながら学生運動との論争のなかで身をもって訴えていたのである。

注

（1）Hacke, Jens: *Die Bundesrepublik als Idee. Zur Legitimationsbedürftigkeit politischer Ordnung.* Hamburg（Hamburger Edition）2009; Geppert, Dominik und Hacke, Jens: Einleitung. In: Dies.（Hrsg.）: *Streit um den Staat. Intellektuelle Debatten in der Bundesrepublik 1960–1980. Göttingen*（Vandenhoeck & Ruprecht）2008, S. 9–22.

（2）「長い六〇年代」の議論を簡潔にまとめたものとして、以下を参照――Siegfried, Detlef: *1968. Protest, Revolte, Gegenkultur.* Ditzingen（Reclam）2018, S. 13–26.

（3）以下を参照――Geppert, Dominik: Von der Staatsskepsis zum parteipolitischen Engagement. Hans Werner Richter, die Gruppe 47 und die deutsche Politik. In: Ders./ Hacke, Jens（Hrsg.）: *Streit um den Staat. Intellektuelle Debatten in der Bundesrepublik 1960–1980.* S. 46–68. リヒターの記述は、この論考に依拠している。

（4）以下を参照――Ebd., S. 60ff.; Schildt, Axel: Auf neuem und doch scheinbar vertrautem Feld. Intellektuelle Positionen am Ende der Weimarer und am Anfang der Bonner Republik. In: Ders./ Gallus, Alexander（Hrsg.）: *Rückblickend in die Zukunft. Politische Öffentlichkeit und intellektuelle Positionen in Deutschland um 1950 und um 1930.* Göttingen（Wallstein）2011, S. 13–32, hier S. 30.

（5）Habermas, Jürgen: Kongreß „Hochschule und Demokratie". In: Ders.: *Kleine politische Schriften* I-IV [=KS]. Frankfurt a. M.（Suhrkamp）1981, S. 205–216, hier S. 214. この会議におけるハーバーマス、ドゥチュケ、クラールらの発言に関しては、以下にまとまった形で収録されている――Kraushaar, Wolfgang（Hrsg.）: *Frankfurter Schule und Studentenbewegung. Von der Flaschenpost zum Molotowcocktail. 1946 bis 1995. Band 2. Dokumente.* Hamburg（Rogner & Bernhard）1998, S. 246–255.

（6）以下を参照――Gilcher-Holthey, Ingrid: Krise und Kritik: Pierre Bourdieu und Jürgen Habermas 1968. In: Dies.（Hrsg.）: *Eingreifendes Denken. Die Wirkungsgeschichte von Intellektuellen.* Weilerswist（Velbrück Wissenschaft）2007, S. 222–242; Müller-Doohm, Stefan: *Jürgen Habermas. Eine Biographie.* Berlin（Suhrkamp）2014, S. 187ff.; Wiggershaus, Rolf: *Die Frankfurter Schule. Geschichte.*

Theoretische Entwicklung. Politische Bedeutung. München（dtv）1988, S. 676ff.「暴力（Gewalt）」の問題を主題的に取り扱ったものとして以下を参照――Kailitz, Susanne: *Von den Worten zu den Waffen. Frankfurter Schule, Studentenbewegung, RAF und die Gewaltfrage.* Wiesbaden（VS Verlag für sozialwissenschaften）2007, S. 102-109. とりわけ『公共圏の構造転換』や『コミュニケーション的行為の理論』へと通ずる民主主義理論の観点から分析したものとして以下を参照――飯島祐介「ハーバーマスの「左翼ファシズム」発言とデモクラシー論」『東海大学紀要文化社会学部』（10）二〇二三年九月、一―一六頁所収。当時のテクノクラシー論との関係で、学生運動とハーバーマスの関係性に言及したものとしては以下――大竹弘二「ハーバーマスと政治的なもの」：田村哲樹／加藤哲理編『ハーバーマスを読む』ナカニシヤ出版 二〇二〇年、二四七―二六八頁所収、二五一―二五三頁。

（7）アドルノとゲーレンの関係については、本書第三章を参照。

（8）本章第二節参照。なお、以下の研究はハーバーマスを理解する参照軸としてゲーレンを扱っており、後者の理論や伝記的背景についても簡潔にまとめた貴重なものだが、「書評」などハーバーマスによる具体的な考察・批判には踏み込んでおらず、むしろヘルムート・シェルスキーとの関係性に紙幅が割かれている――城達也『自由と意味――戦後ドイツにおける社会秩序観の変容』世界思想社 二〇〇一年、九七―一二二頁および一九〇―一九七頁。

（9）Gehlen, Arnold: *Urmensch und Spätkultur. Philosophische Ergebnisse und Aussagen* [=US]. 7. Aufl. Frankfurt a. M.（Vittorio Klostermann）2016.

（10）以下の概説も参照――Rehberg, Karl-Siegbert: Vorwort zur 6. Aufl. In: US, S. IX-XXI.

（11）Gehlen, Arnold: *Moral und Hypermoral. Eine pluralistische Ethik* [=MH]. 7. Aufl. Frankfurt a. M.（Vittorio Klostermann）2016.

（12）以下より引用。Delitz, Heike: *Arnold Gehlen.* Konstanz（UVK）2011, S. 109.

（13）以下の概説も参照――Delitz, S. 109-122; Rehberg, Karl-Siegbert: Vorwort zur 6. Aufl. In: MH, S. VII-XVII.

（14）以下を参照――Ebd., S. IX-X.

（15）Höntsch, Andreas: Der Staat zwischen Gleichheitsanspruch und Wohlstandsversprechen. Arnold Gehlens Blick auf die Bundesrepublik. In: Magerski, Christine（Hrsg.）: *Die Macht der Institution. Zum Staatsverständnis Arnold Gehlens.* Baden-Baden（Nomos）2020, S. 217-243, hier S. 230ff.

（16）例えば以下――Gehlen, Arnold: Das Engagement der Intellektuellen gegenüber dem Staat. In: *Gesamtausgabe.* Bd. 7. Hrsg. von Karl-Siegbert Rehberg. Frankfurt a. M.（Vittorio Klostermann）1978, S. 253-266. なお『モラルとハイパーモラル』に見られるゲーレンの知識人批判に言及したものとして以下も参照――城、一一四―一一六頁。

（17）以下を参照――Rehberg, Karl-Siegbert: Von den großen Herrschaftsordnungen zum Verteilungssystem. Arnold Gehlens melancholisches

Staatsverständnis. In: *Die Macht der Institution*, S. 17-44, hier S. 37ff.

（18）この辺りの詳細は以下——Yos, Roman: *Der junge Habermas. Eine ideengeschichtliche Untersuchung seines frühen Denkens 1952-1962*. Berlin（Suhrkamp）2019, S. 242-262; Müller-Doohm, Stefan, S. 80.

（19）『公共圏の構造転換』に至る思想形成過程のなかでゲーレンを扱ったものとして、以下を参照——Yos.『コミュニケーション的行為の理論』へのゲーレンの影響を探ったものとしては以下——Wöhrle, Patrik: *Metamorphosen des Mängelwesens. Zu Werk und Wirkung Arnold Gehlens*. Frankfurt a. M.（Campus）2010, S. 248-284; Müller-Doohm, Stefan, S. 218ff.

（20）以下を参照——Wöhrle, S. 9f.

（21）Habermas, Jürgen: Der Zerfall der Institutionen. In: Ders.: *Philosophisch-politische Profile* [=PP]. Frankfurt a. M.（Suhrkamp）1987, S. 101-106.

（22）以下を参照——Yos, S. 314-346.

（23）Habermas, Jürgen: Nachgeahmte Substanzialität. In: PP, S. 107-126.

（24）「生活世界」や「コミュニケーション」、「間主観性」のアイデアは、すでに以下の論集で取り上げられている。Habermas, Jürgen: *Technik und Wissenschaft als Ideologie*. Frankfurt a. M.（Suhrkamp）1968.

（25）もっとも、両者の違いに焦点を当てることもできるだろう。それに関しては、以下を参照——泉啓「初期ハーバーマスのゲーレン批判——『近代の二元的把握』をめぐって」:『社会学研究』東北大学社会学研究会（84）二〇〇八年、二二三—二四六頁所収。

（26）以下を参照——Wöhrle, S. 267ff.

（27）Demirović, Alex: *Der nonkonformistische Intellektuelle*. Frankfurt a. M.（Suhrkamp）1999, S. 920.〔デミロヴィッチ、アレックス『非体制順応的知識人——批判理論のフランクフルト学派への発展：第二分冊　戦後ドイツの学生運動とフランクフルト学派』（仲正昌樹監訳）御茶の水書房、二〇〇九年、一五一頁〕

（28）Habermas, Jürgen: Die Scheinrevolution und ihre Kinder. In: KS, S. 249-260.

（29）本章の注6参照。

（30）Gilcher-Holtey, Ingrid: *Die 68er Bewegung. Deutschland. Westeuropa. USA*. 5. Aufl. München（C. H. Beck）2017, S. 90ff.

（31）なお例えばマトゥシュティクは、革命的な学生運動に対するハーバーマスの距離を、マルクス解釈の差異に加え、彼自身の世代経験から説明している。その解釈によれば、社会的・政治的混乱によるワイマール共和国の崩壊の後、ナチズムによる支配を経験したハーバーマスは、戦後になお残存するファシズム的要素を断ち切るべく尽力しつつも、社会的無秩序には非常に警戒心を抱いており、その姿勢は、一九四五年を起点とする憲法に基づく制度化と民主主義化への希求と一九六八年の革命的な抗議運動との間、つまり、「一九五八年という中間世代的な空間の中」に位置づけられる。以下を参照――Matuštik, Martin Beck: *Jürgen Habermas. A Philosophical-Political Profile*. London u. a.（Rowman & Littlefield Publishers）2001, S. 89-123, hier S. 93.

（32）当時の「復古主義（Restauration）」がハーバーマスにもたらした影響については、以下を参照――Yos, S. 51-64; 三島憲一「精神と政治の道具的ならざる関係をめぐって――ハーバーマスと戦後ドイツ社会」『現代思想』〈特集：現代ドイツの思想〉一九八六年、五〇―六八頁所収。

（33）初期西ドイツの抗議運動に関しては、以下を参照――井関正久『戦後ドイツの抗議運動――「成熟した市民社会」への模索』岩波書店 二〇一六年、七―二〇頁。

（34）以下を参照――Demirović, S. 870.〔邦訳書、一〇二頁〕

（35）以下を参照――Müller-Doohm, S. 158f.

（36）Negt, Oskar: Studentischer Protest - Liberalismus - »Linksfaschismus«. In: *Kursbuch* 13. Frankfurt a. M.（Suhrkamp）1968, S. 179-189, hier S. 187.

（37）Gilcher-Holtey, Ingrid: *1968. Eine Zeitreise*. Frankfurt a. M.（Suhrkamp）2008, bes. S. 201-207.

（38）Negt, Oskar: Einleitung. In: Ders.（Hrsg.）: *Die Linke antwortet Jürgen Habermas*. Frankfurt a. M.（Europäische Verlagsanstalt）1969, S. 17-32, hier S. 30.

第六章

詩と社会をめぐるエンツェンスベルガーの問題圏

——アドルノへの批判的応答、『点字』から『時刻表』へ

前章まで考察してきたアドルノとハーバーマスは、いわば大学に属する学者として公的な社会問題への介入を実践した知識人であった。他方——序章ですでに記したように——戦後ドイツの公共圏を語るうえでは、作家や詩人が果たした役割を無視することはできない。そこで、本章からは、アドルノとの批判的対峙から独自の知識人観を形成すると同時に、それを作家・詩人として実践したハンス・マグヌス・エンツェンスベルガーにスポットライトを当てていきたい。

まずもって、一九六二年の『シュピーゲル』事件により、当時公共圏で大きな注目を集めていた文学集団四七年グループはある困難に直面する。もともとこのグループは、ハンス・ヴェルナー・リヒターとアルフレート・アンダーシュの発案により不定期に開催された「朗読会」に参加する、作家・詩人たちの私的な集まりであった（四七年というのは、第一回の会合が開かれた年である）。そしてその際、政治的領域、とりわけ「時事的な問題（Tagespolitik）」から距離を取り、文学についての自由な論評・

アドルノによる導入の後「フランクフルト詩学講義」に臨むエンツェンスベルガー。

批判を通じて民主主義の原理である議論が活性化する場を生み出し、新たな政治的文化を創出することが企図されていた。(1) しかしながら、『シュピーゲル』事件で早い段階から『シュピーゲル』の側に立って積極的に抗議声明を発することで、四七年グループは政治との距離を喪失し、「時事的な問題」に関する論争へと巻き込まれ、文学的な自律性を失うことになった。(2) こうして、文学と政治の関係は新たな局面に突入していく。もとより、アンガージュマン文学を提唱したフランスの文筆家ジャン゠ポール・サルトルはドイツでも積極的に受容され、ゴットフリート・ベンなど自律的芸術を主張する陣営との間には絶えず争いがあった。(3) しかしこの事件を経て顕在化したのは、表現形態の差異を超えて、そもそも作家や詩人はいかに政治に関与すべきか、という根本的な問いだったのだ。

四七年グループのなかでもこの課題を身に引き受け、とりわけ重要な役割を担ったのがハンス・マグヌス・エンツェンスベルガーである。抑圧的な一九五〇年代の西ドイツ社会を批判する詩集『狼たちの弁護』（一九五七）で華々しいデビューを遂げた彼を、アンダーシュは当時のイギリスの一大潮流に倣って「怒れる若者（ein zorniger junger Mann）」と呼び、高く評価した。(4) 続く第二詩集『国の言葉』（一九六〇）も好評を博し、このフレーズはエンツェンスベルガーのイメージとして広く浸透していく。ところが、第三詩集『点字』（一九六四）は色合いが異なっていた。エンツェンスベルガー自身が一九六一年以降ドイツを離れ、自然に満ちたノルウェーの島ショーメで創作活動を行っていたこともあり、直接的な社会批判は影を潜め、即物的な描写による自然詩が数多く収録されていたのである。この傾向は、当時知識人による政治参与が活発になっていた時代情勢を背景に、多くの読者から政治に対する諦観的な姿勢として受け取られた。(5) ただし、さらに驚くべき展開が待ち受けていた。詩集『点字』以降、エンツェンスベルガーは以前にも増して政治色を強めたのだった。一九六五年に彼はドイツへと帰国し、以降はズーアカンプ社のもとで雑誌『時刻表』の編集に力を注ぎ、次第に激化し始めていた学生運動に活動家として大きな影響を与えるなど、政治活動に身を置くようになった。そして、一九七一年まで——いくつかの詩は書き残しているものの——詩集の出版を取りやめている。

こう見ると、詩集『点字』がいかに特異な位置を占めているかがよくわかる。これまで先行研究では、詩集『点字』が単に牧歌的な自然を謳うのではなく、そうした自然に仮託された詩的世界と政治的世界の分裂を描き、前者の自律性の喪失を表現していると解釈されてきた[6]。そして、エンツェンスベルガーは詩人としての決算を済ませ、『時刻表』の編集とともに政治的実践に足を踏み出した、とされる[7]。つまり、詩集『点字』はそれまで希望を抱いていた詩の限界を正視する契機であり、直接的な政治活動に活路を見出す転換点であった、という解釈である。一方文学研究者グラーフは、詩集『点字』に登場する詩「ラケシス・ラッポニカ」を分析し、その政治性について言及している。その解釈に従えば、いかなる政治的な方針も打ち出さず、どんな立場にも「制約されない者（der Ungebundene）」として読者に問題を提起する姿勢が、この詩から読み取れるという。とはいえグラーフの主眼は、この詩集に対し当時から下されてきた、「即物的で」「簡素」な表現という評価からエンツェンスベルガーの詩的技法を擁護することにあり、音節や形式面の分析が中心となっている。『点字』の政治性を看取したのは慧眼であるが、当時の社会状況やそれに連関したエンツェンスベルガーの詩学、および『時刻表』との関わりについてほとんど言及がない[8]。それゆえ、こうしたテクスト外の要素を考慮に入れ、詩集『点字』における詩と政治の問題をより詳細に規定する余地はまだ十分に残されている。それにより、従来詩から政治という方向性で、断絶として捉えられてきた詩集『点字』と『時刻表』との関係にも、新たな光を当てることができるにちがいない。

本章ではこうした視座のもと、まずはエンツェンスベルガーにおけるアドルノ受容を軸に、彼の当時の問題意識を浮き彫りにしたい（一節）。続いて、詩集『点字』に収録されている「懐疑（zweifel）」と表題作「点字（blindenschrift）」を解釈し、詩の可能性がどのように追及されているのかを確認する（二節）[9]。最後に、『時刻表』創刊時の彼の文学観が分析対象となる（三節）。これらの考察を通じて、

『点字』と『時刻表』の間にあるのが断絶ではなく、政治的実践における詩や文学の可能性をめぐる連続した思考であることが明らかになるだろう。

一　エンツェンスベルガーとアドルノ――「難しい仕事」の解釈をめぐって

亡命知識人として戦後ドイツへと帰国したアドルノは、「アウシュヴィッツの後に詩を書くことは野蛮である」[10]という一節で戦後ドイツの論壇を揺るがした。エンツェンスベルガーは、早い段階からこの命題への応答を模索した詩人であると同時に、文化産業論などアドルノの理論に自らの思想の多くを負っていた。詩集『点字』に、アドルノをモティーフにした「難しい仕事」という詩が収録されていることからも、こうした影響関係が窺える。しかし、社会情勢が急進化するなか、一九六五年以降エンツェンスベルガーはアドルノの非実践性を批判するようになる。そのため、これまで詩集『点字』から『時刻表』への移行と、両者の関係は並行して論じられてきた。つまり、「難しい仕事」はアドルノとの対話の頂点であり、最終地点であるとされてきたのだ[11]。本節では、エンツェンスベルガーの詩と政治をめぐる構想の根底にあったアドルノとの関係を再構成したうえで、それが「難しい仕事」のなかでどう表出されているかに着目し、次節での考察の足がかりとしたい。

往復書簡を紐解けば、二人の関係が比較的早い段階から始まっていることがわかる。一九五六年八月二四日付の手紙でエンツェンスベルガーは、『啓蒙の弁証法』（一九四七）から受けた感銘を記した後で、こう告げている。

あなたの著作を読む者は多くの箇所で、苦心のすえ一冊の本となった絶望に、あらゆる啓蒙の終わりに、身をゆだねようとします。哀れみから譲歩するのではなく、まだ私たちに存在する可能性を示して頂くよう、読者の名においてお願いいたします。[12]

ここでエンツェンスベルガーは単なる賞賛だけでなく、批判的な見解をよせている。『啓蒙の弁証法』自体は、「なぜ人類は、真に人間的な状態へと踏み出すのではなく、一種の新しい野蛮へと沈み込んでいくのだろうか」[13]という問いを出発点に、西洋の進歩の原理である啓蒙がナチスのようなカタストロフィーへと必然的に結びつき、野蛮が全体化することを告発した書物であった。彼はそこにさらなる啓蒙の不可能性を感じて、不満を抱えていたのだ。両者の往復書簡は未公刊でこれまでほとんど言及されてこなかったが、交流の初期からエンツェンスベルガーがアドルノに対して実践的な指針を求めていた証左である。

エンツェンスベルガーは、こうした要求に対して自答するように、「自由の石」(一九五九)と題されたネリー・ザックス論のなかで、明確なアンチテーゼを打ち出している。

私たちが生き続けようとするなら、この命題〔「アウシュヴィッツの後に詩を書くことは野蛮である」〕は反駁されねばならない。それができる者は少ない。ネリー・ザックスはその一人である。彼女の言葉には、なにか救済的なものが備わっている。彼女は語ることで、私たちが失わんとしているものを、私たち自身に一句また一句と与え返してくれているのだ。そう、言葉を。[14] (E, S. 249)

いわゆるアウシュヴィッツ命題は、「文化批判と社会」（一九四九）という論考の末尾に登場する。それは『啓蒙の弁証法』の洞察と地続きであり、社会が全体化するなかで精神の領域が物象化に巻き込まれ、高度に文化的な行為の象徴としての詩が不可能になった時代状況を暴露したものだった。アウシュヴィッツ命題に続く文章では、絶対的な物象化に対して「自己満足的に瞑想し、自己の元にとどまり続けるならば、批判的な精神は太刀打ちできない」[15]とあり、自己観想に止まらない「批判的な精神」の可能性が暗示されているのだが、エンツェンスベルガーはある種素朴にアドルノの命題を受け取っている。そして、ナチス時代にスウェーデンへと亡命したユダヤ系詩人ネリー・ザックスがその反証として提示される。エンツェンスベルガーからすれば、アウシュヴィッツを経た野蛮の極致ともいえる地点でこそ、「言葉」を媒介とした、精神の物象化に抵抗する詩が希求されるのである。[16]しかしながら、彼はアドルノに抗して現代における閉塞状況の乗り越えを詩に求める一方で、社会における詩人の役割に関する議論をさらに深めていくにあたって、ほかでもなくアドルノに依拠していく。

「抒情詩と社会」（一九五八）でのアドルノの議論に従えば、抒情詩に対して純潔な言葉が要求されるのは、「あらゆる個人が自分にとって敵対的で、疎遠で、冷酷で、圧迫だと感じている社会状況に対する抗議」が含まれているからである。そうすることで、「詩は現実とは異なる世界の夢を見る」[17]。つまり、既存の社会から切り離された言語を求める姿勢には現状を批判する契機が含まれているのであり、それこそが詩の社会性なのである。こうした認識は、すでに指摘されているように、エンツェンスベルガーに踏襲されている。[18]彼は「詩と政治」（一九六二）のなかで、詩と政治は「歴史的な過程」であって、「一方は言葉、他方は力を媒体としている」と捉え、歴史のなかで生み出された詩の政治的効果は「まさにそれが〔詩が〕政治的行動の規範にならないところにおいてこそ、もっとも危険なものとなる」と主張している。それに続く、「詩の革命の過程は、騒々しい詩人たちがウサギ飼いの言葉で世界革命を告げる会議よりも、無名の静かな住居の中で展開されるように思われる」(E. S. 352) という記述は、彼が当時ノルウェーの島ショーメで創作活動をおこなっていたことを踏まえるなら、非常に示唆的である。この論の分析は、彼自身の詩的実践と結びついているのだ。論の最後に提示される三つのテーゼも、そうした方向で捉えるべきだろう。そこでは詩の課題は、一つ目に「あらゆる政治的任務を拒否すると同時に万人のために語ること」、二つ目に霊感ではなく「批判」を原理とすること、三つ目に「未来が可能であるかのように、不自由な者たちの間でも自由に語れるかのように、疎外や失語がないかのように」語ることだとされる (E. S. 353)。

エッセイ「意識産業」(一九六二) は、そうした役割を担う詩人が現代社会で直面している問題を分析している。ここでも議論の軸は、アドルノとマックス・ホルクハイマーの共著『啓蒙の弁証法』における「文化産業」論である。両者は、「今日では文化が類似性によりすべてを打ち払う。映画やラジオ、雑誌は一つのシステムを構成する」[19] という時代診断のもと、本質的に差異のない、産業と化した「文化」への批判を展開した。貫徹するのは資本の万能性であり、主体は資本主義における一部の権力者に搾取され続け、骨抜きにされる。エンツェンスベルガーもまたこの基本線を共有し、産業的な規模に拡大してはじめて「意識の社会的誘導や媒介が問題となる」と語る。そして「文化産業という名称は、問題の全体をカバーできていない」として、よりラディカルな分析へと進んでいく (E. S. 8)。彼によれば、文化産業の批判者たちは、「社会によって文化生活というものに組み込まれ」、「その役割が社会の一部になってしまうことに対し、しばしば満ち足りた気持ちで誇らしげに思っている」(E, S.8)。その結果、批判は前もって割り当てられた「文化」という部門の枠を出ず、社会全体の体制から見れば無力なものにしかなりえない。だからこそ、有効な批判の立脚点は単なる社会の一領域としての文化を扱う「文化産業」ではなく、意識一般の抑圧を問題にする「意識産業」という概念に求められねばならない。エンツェンスベルガーはこうした洞察を示しつつ、「意識産業の根本的エネルギー」が作者や詩人にあり、「その人たちを搾取することではじめて消費者の搾取も可能となる」と述べ、こう切り返す(E, S.14)。

> 意識産業が急速に発展し、現代社会の重要な機関に登りつめたことで、知識人の社会的役割は変化を被る。知識人は新たな危険と可能性に身をさらしているのだ。(E, S.15)

支配者から見れば、批判的な発言をする可能性があるがゆえに排除の必要性がある詩人や作家は、そもそも市場で商品を生み出して「意識産業」を成立させている生産者でもある。その両義性に着目すれば、搾取されるか自ら変革へ踏み出すか、二つの可能性が詩人や作家には残されていることになるだろう[20]。書簡からネリー・ザックス論を経て、詩の政治性の分析や意識産業論に至るまで、アドルノに強く影響を受けつつもそれを実践に向けて批判的に解消しようとするエンツェンスベルガーの姿勢は一貫している。

従来アドルノへの賞賛と見なされてきた詩「難しい仕事」もまた、こうした背景を踏まえて解釈すべきである。詩集『点字』に収録されているこの詩は、当初アドルノ生誕六〇年を記念して編まれた論集『証言』[21]（一九六三）に寄せられたものだった。それゆえ、基本的にアドルノへの賛辞が詩にされているという点は疑いえない。冒頭はこう始まる。

他者の名において
耐え
そんなことなにひとつ知らない人たちの名において
耐え
そんなことなにひとつ知ろうとしない人たちの名において
耐え
否定の痛みを手放さないこと（festhalten den schmerz der negation）　（b, S.58）[22]

本来であれば詩の対象であるアドルノが主語に設定され、動詞に当たる「手放さない（festhalten）」が三人称単数で書かれるべきところだが、あえて不定形で書かれている。この表現方法は詩全体を貫いており、例えば第二連には、「朝五時に近郊列車で溺れ死ぬ者たちを思って／耐え／理論という汗を拭うハンカチを広げること（ausfalten das schweißtuch der theorie）」（b, S.58）とある。シュルツが指摘するように、不定形は「他者の名において／耐え」という冒頭と呼応しており、「他者」、すなわち万人を代理して非妥協的な社会批判を展開するアドルノ像が描かれているのである。[23]細見は、この冒頭部分をエンツェンスベルガーによる「ビューヒナー賞受賞演説」(一九六三)の最後の言葉と結びつける。そこでは、実際の演説会場の外にいる人に向けて、「ここで何が議論されているかなどということには、ひょっとしたらまるで無関心な人たち〔…〕私はそうした人たちの名において発言しているのです[24]」と語られていて、細見に従えば、内容や言い回しともに「難しい仕事」と重なり合い、エンツェンスベルガーが詩のなかでアドルノに自己規範を見て取っているとされる[25]。これらの解釈は「詩と政治」の末尾にあった「万人のために語る」というテーゼとも符合しており、非常に説得力がある。では、この詩ではアドルノに対する懐疑は消えているのだろうか。詩は次のように締めくくられている。

どんな時でも死の祈りを捧げる者たちと向かい合って
耐え
バリケードで閉ざされた未来を示すこと (vorzeigen die verbarrikadierte zukunft)
〔…〕
耐え
絶望した者たちの名において
絶望を疑うこと

我慢を切らし、耐え
学ぶことができない者たちの名において
教えること

(b, S. 57f.)

さきの三つのテーゼのなかの詩が抑圧なき未来を語るという主張や、意識産業論からわかるように、エンツェンスベルガーにとって詩人の役割とは、意識産業にあえて身を晒し、現状を打破する未来を描くことにあった。そうであるならば、引用にある「バリケードで閉ざされた未来を示す」という表現は、アドルノ的な「否定」により提示できる未来が、「バリケード」によりその展望を防がれてしまっていることを含意しているはずである。「絶望を疑う」、あるいは理論を知ろうともしない人々に「教える」という役割を担うとしても、それは「否定」にとどまるものでしかありえない。まさにこの点において、「難しい仕事」には、アドルノの限界を越えようとする、いわば挑発的な視座もまた織り込まれているのだ。このように見てくると、詩人として実践的な方途を探る試みは、まさにアドルノをモティーフとして詩集『点字』に流れ込み、当時のエンツェンスベルガーにとって詩作の重要なテーマを形作っていたことがわかるだろう。

二　「懐疑」と表題作「点字」――アウシュヴィッツ以後の詩的実践

「はじめに」で触れたように、詩集『点字』が執筆されるのは、エンツェンスベルガーがノルウェーの島ショーメに移り住み、ドイツへと帰国する間の時期にあたる。先行研究のいう通り、彼にとってこの詩集は、詩と政治の問題を反省する場でありえただろう。しかしながら、そこで詠われているのは自律的な詩の終焉だけなのだろうか。本節では、前節で取り上げた詩の政治的可能性という点に主眼を置きつつ、詩集『点字』に収録されている「懐疑」と表題作「点字」を分析していくことにしよう。

「懐疑」は全一三連からなり、変化のない現実に直面する「叙情的自我」が自己問答を繰り返すという形式の比較的長い詩である。まず、「私」が「この世の勝負（zeitliches Spiel）」の終わりを危惧する場面で始まり（b, S. 37）、こう続いていく。

私の見ているほとんど全てが
違った形で存在しうる、と私はいう。でも、なにと引き換えに？
進歩は残酷な痕跡を残す
それは進歩の痕跡なのだろうか？
私の願いは簡単だ
簡単には叶え難い？

(b, S. 37)

「私」が発する言葉に、『啓蒙の弁証法』に取り組むエンツェンスベルガーの姿を読み込むことは難しくない。啓蒙という「進歩」の原理が野蛮という「残酷な痕跡を残す」現代において、別様の「進歩」

を求める姿である。しかし、それは困難に直面する。これに関連して伝記作家ラウは、この詩のなかでエンツェンスベルガーが、社会への懐疑を強く打ちだした自らの初期の詩やエッセイそのものを疑問視していると捉えている。[26]たしかに、詩の中盤の第六連は「疑いを疑ってもいいのか?」（b, S. 37）という一文で終わっており、ラウもこの箇所に依拠している。とはいえ続く第七連の冒頭では、即座に「私」が、「だめだ、首を括れというお前たちの忠告には従わない／どんなにきちんと考えられたものでも」（b, S. 38）と明確な否定を告げている。「私」は、社会に対する自らの「疑い」をむしろ保持すべきだと考えているのだ。

また、詩の前後関係を無視してはいるものの、『アドルノ伝』の著者ミュラー＝ドームが、その「疑いを疑ってもいいのか?」という文（だけ）に注目し、アドルノに特有の自己反省的な思想との対応を見て取っているのは啓発的である。[27]ただし、ここで共有されているのは、「疑い」を「疑う」という自己に向けられた反省的な視点だけではない。社会に対する立ち位置に関しても類似点が見られるのである。詩の後半部分ではこう語られている。

私の敵は誰だろう?
黒には白と呼ばれ
白には黒と呼ばれる
喜んで受け入れよう
その意味は

私が正しい道に（auf dem richtigen weg）いるということだから
（ある一つの正しい道（ein[] richtige[r] weg）などあるのだろうか？）　（b, S.38）

括弧の中の疑問文が「ある一つの正しい道」という表現になっている点は興味深い。たしかにここにもまた、グラーフの指摘するような、一つの政治的立場に「制約を受けない者」としてのエンツェンスベルガーが顔を覗かせている。ただしこの詩に関して言えば、「私が正しい道にいる」と主張されているため、読者への問題提起というより、自らの立ち位置の表明としての意味合いが強い。アドルノを出発点として培われたあらゆる立場に対する否定は、一九六〇年代に入ってもなお貫かれているのである。とはいえ、前節でみたように、エンツェンスベルガーの課題はアドルノ的な否定の限界を乗り越えることにもあった。

その課題を主題化しているのが表題作「点字」である。詩集全体のタイトルともなっているこの「点字」の意味を考えるうえで、自然と技術という観点からエンツェンスベルガーの著作を研究したバーベイの指摘は非常に有益である。それによると、この詩集は「書物としての自然（Buch der Natur）」というアウグスティヌスの思想を範としており、自然支配に対置される認識モデルの発見につながるような「概念なき自然の書き言葉」の読解を試みているとされる。(28) 要するに、「点字」というメタファーは、文字言葉をもたない自然を読み込むための装置として機能しているということだ。このことと、当時のエンツェンスベルガーがまさに詩と社会の問題を強く意識していたことを併せて考えるなら、「点字」を自然の言葉としてだけでなく社会の言葉として理解することもまた可能となる。さらに、表題作「点字」を理解するには、しばしば絵画のモティーフにもされる「ベルシャツァルの饗宴」という旧約聖書ダニエル書の逸話を念頭に置く必要がある。旧約聖書ダニエル書の第五章には、バビロニア最後の王ベルシャツァルが登場する。ある饗宴の折に突如として人間の手が現れ、王の宮殿の壁に謎の文字を書いた。恐怖に慄く王は聡明な者たちに読解させるが甲斐なく、最後にダニエルを呼ぶ。彼は、書かれているのが「メネ、メネ、テケル、そしてパルシン（ペレスの誤記とされる）」という文字であることを理解し、その意味を解読した。そうして、「メネ」は神によるベルシャツァル王の治世の終わりのお告げを、「テケル」はベルシャツァル王の資質不足を、「ペレス」は国がメディアとペルシアの人々のものになるという未来を意味していることが判明したのだ。その夜、ベルシャツァルは殺害された。[29] エンツェンスベルガーはこの話をどう作り変えたのだろうか。まずは、冒頭の二連である。

穿孔テープが空から落ちてくる
電子の点字の雪が舞う
あらゆる雲間から
デジタルの予言が降ってくる

包帯をした目で
ベルシャツァルは
きらめく壁を手で探る

手で読むために

(b, S. 46)

「電子の点字」や「デジタルの予言」という表現から、大衆産業やマスメディアに覆い尽くされた社会が示唆されており、旧約聖書の物語が現代社会に移しかえられている。「点字」というのは触れてはじめて意味を理解できるという性質を持つものであるため、社会情勢を俯瞰するのではなく、実際に身をさらしながらその社会の言葉を読んでいく様子がここで描かれているのである。そして、こう続く。

いつも同じプログラム
メネー・テケル
メネー・メネー・テケル
メネー・テケル

書かれていることは
判読不能

(b, S. 46)

「ペレス」の部分はないが、旧約聖書の王の死を宣告する文字が登場する。前節の考察を踏まえると、王たるベルシャツァルとは、意識産業下で「現代社会における重要な機関」(E S. 15) となった作家や詩人であり、常に搾取と画一化という「いつも同じプログラム」にさらされている。そして、作家や詩人にとって、いまだその文字は「判読不能」なのである。最後はこう締めくくられる。

包帯を取れ
王たる人間よ（könig mensch）
そして、隠れた見せかけの文字の下に（unter der blinden schrift）
自分自身の名を（deinen eigenen namen）読め　　　　　　（b, S. 46）

この最終連では命令形が用いられており、ベルシャツァルは旧約聖書のようにダニエルから死を告げられるのを待つのではなく、自ら能動的に謎の文字の解釈に向かうよう要請される。「王たる人間」の箇所に出てくる〝mensch〟を単なる強調と取ることもできるが、ベルシャツァルが作家や詩人の比喩であるなら、この「王（könig）」と「人間（mensch）」の並列にはある思わくが隠されていることになる。アドルノに捧げられた詩において他者を代理して語る行為が模範とされていたが、ここにもまた、王であり、かつ人間全体、すなわち他者を代弁する者としての作家や詩人の姿が照らし出されているのである。そして興味深いのは、「隠れた見せかけの文字の下に」と訳した部分をよく見ると、「点字」という意味の〝blindenschrift〟ではなく、〝d[ie] blinde [ ] schrift〟となっていることである。この表現に関しては、初版も改訂版も〝blind〟という形容詞と〝schrift〟（文字）という名詞の間にスペースがあるため、明らかにエンツェンスベルガーの意図が込められていると考えられる。[30] そしてそれによって、形容詞〝blind〟という言葉の多義性が浮き彫りになる。まず、この文字は触れることで意味を解読できる「隠れた（blind）」社会の言語である。一方、それが意識産業によりもたらされるものである以上、否定的なニュアンスを含んだ「見せかけの」という意味で〝blind〟を捉える必要もある。旧約聖書で王が触れるのは、自らの死を告げる文字だが、それはこの詩のなかでは「隠れた見せかけの文字」にすぎないのである。このことと、最後の「自分自身の名」に強調の〝eigen〟があることを併せて、結びの部分を考えるべきだろう。そこでは、ベルシャツァル、すなわち作家や詩人に対して、意識産業における自らの死が実は「見せかけ」のものであることを見抜き、その裏側に自身の果たすべき役割を見出すことが要請されているのだ。

「難しい仕事」でアドルノをモティーフに提出されていた問いは、「懐疑」において姿を変えて表れ、表題作「点字」では、作家や詩人の可能性に向けてさらなる一歩が踏み出されている。まさしく詩集『点字』においてエンツェンスベルガーは、野蛮が極致に達したアウシュヴィッツ以後の詩の不可能性を前に、いまなお詩人として何が可能なのかという「自己省察」的な問いへの取り組みそのものを詩として表現したのである。それは彼にとって、アウシュヴィッツ以後だからこそ書かれねばならないものだったのだ。そして、ここに見受けられる詩への希求は、形を変えながら、『時刻表』の構想へと受け継がれていく。

三　『時刻表』創刊時の問い——文学の可能性の追求

一九五四年からのアルジェリア戦争を機に、国境を超えた政治的抗議のためのフォーラムを形成しようとする機運が高まり、「ルヴュ・アンテルナシオナル」と銘打たれた国際誌の公刊に向けた取り組みが、フランス、ドイツ、イタリアの知識人たちの間で始まった。ドイツ側では四七年グループを中心に、ウーヴェ・ヨーンゾンやエンツェンスベルガー、インゲボルク・バッハマンらが代表者となり一九六二年から一九六三年にかけて協議を重ねたが、最終的に各国の代表者たちの意見の相違から雑誌は実現しなかった。ドイツでの出版を担当する予定であったズーアカンプ社の代表ジークフリート・ウンゼルトは国際誌の先行きを不安視し、すでに一九六二年の三月にエンツェンスベルガーに、彼を編集長とする文学雑誌を提案していた。彼は一九六四年四月にようやくウンゼルトに同意し、「時刻表」というタイトルを提案する。(31) そして一九六五年六月、『時刻表』公刊の運びとなった。

雑誌の編集目的を知るうえで重要となってくるのは、それとほぼ並行する形で行われた「フランクフルト詩学講義六四／六五」だろう。一九六四年から一九六五年にかけて、エンツェンスベルガーはほかでもなくアドルノによってフランクフルト大学に招待され、自らの詩学を披露していたのだ（本章一七二頁の図版参照）。計四回行われた講義の最終回では、「ジャンルの功罪」という題目の下、文学におけるジャンルという観点から詩・文学の社会性が分析されている。議論の出発点は、ある作品を分類する際のジャンルとはなにか、あるいは文学と非文学を分かつものはなにか、という問題である。

エンツェンスベルガーによれば「この境界は明確に引かれるのではなく」、無意識に受け入れられている。[32] そうして、文学における区分は一種の「社会的事実」として定着し、従うべき「制度」として機能していく（FP, S. 75f.）。自らの正当性を維持するために、「築かれた制度は普遍的な権威を要求する」ようになるので、そこに「文学における権力問題」が生じることになる（FP, S. 77）。

いまだ文学におけるどんな革新も、制度として固定されたジャンルの命法にそって測られねばなりませんでした。それも、勝利したものは全て、またもや制度へと姿を変えてきたのです——多くの場合、自らのはっきりとした意志表示に反して。（FP, S. 77）

文学史は、現在通用している流儀に対する新たな文学的手法の探求を通じて形成されてきた。そうした試みは本来既存の「制度」に抗うものであったはずが、「ジャンル」間の争いに一度勝利すると、今度は自らが主流となり、文学のあり方を決定する「制度」と化してしまう。文学における「ジャンル」の弁証法には、文学的営為の支配を志向する、権力をめぐる果てしない闘争が顕在化しているのである。講義の最後では、こう語られている。

ユートピア的なのは、制度的な硬化や批判的な指示がなくともやっていけるような文学を考えることでしょう。つまり、あらゆる書物が新しくなり、あらゆる書き手がこれまでの継続として書くのではなく、全世界のために法則を生み出さずに書き始めるような文学です。ただあまりにはっきりと、文学の制度をめぐる闘争は別のより大きな闘争を思い起こさせます。書き手の頭のなかに巣くうリヴァイアサンやジャンルが、より大きな怪物の死が告げられる日を前に死ぬことはないでしょう。

(FP, S. 82)

エンツェンスベルガーは、いかなるジャンル間の争いにも飲み込まれないようなユートピア的な可能性を示唆する。そして同時に、権力闘争という一点において、文学をめぐる闘争と「より大きな怪物」の住処である社会における闘争との連関が告げられる。文字通り読めば、社会の解放の後にはじめて文学の解放も可能になるという結論に見え、後者が二次的な位置を与えられているように見える。しかし、刊行を前に公開された、文学雑誌としてスタートする『時刻表』の目的を告げる「新たな雑誌の告知」では、この関係が逆転している。

この雑誌は、新たな詩と散文に開かれている。著者の知名度や言語、国籍は問題にならない。その限りで、時刻表は文学雑誌である。挑戦を突きつけられているが、うまく扱えないと文学自身が感じているものにも開かれているという点では、文学雑誌ではない。私たちの文学的意識は制限されている。文明の現実の広範な領域を看過してしまうのだ。時刻表は、文学での伝達が失敗するところで、沈み込んだ現実を捉えようとする。この目的のために、どの号にも「書類(Dossier)」が準備されている。(33)

国際色が打ち出されているあたり、「ルヴュ・アンテルナシオナル」のプロジェクトの経験が反映されているといえるだろう。そして、雑誌の対象は「文学」であると同時に、「沈み込んだ現実」を把握するために、それ以外にも開かれていると宣言されている。引用部分の草稿にも、「それ〔文明の現実〕とともに、それに抗して、今日あらゆる文学は自らを主張せねばならない」(34)とあるため、やはりエンツェンスベルガーは『時刻表』の主軸を文学に据え、そこからの発展を企図していたのだろう。すると、先ほど確認した文学と社会の関係も逆転する。これらを総合して考えると、社会の解放へと一目散に向かうのではなく、制度化の命法から解放された文学を追求することで、文学的営為を、権力への批判という観点から社会的実践に結び付ける方途が——少なくとも『時刻表』においては——目指されている、という解釈が可能となる。もちろん、社会という領域を捉えるうえで「私たちの文学的意識は制限されている」。そのため、「書類」により、「沈み込んだ現実」を救い上げつつ、文学的営為を押し広げる必要性が説かれているのだ。実際に初号の「書類」には、作家のアンガージュマンを主張するサルトルと、自律的芸術の意義にこだわるクロード・シモンとの論争が掲載され、作家を取り巻く社会的状況への問題提起がなされている。(35)エンツェンスベルガーは『時刻表』創刊当時、文学から社会へという方向性を探っていたのだった。

四　おわりに

一九六二年の『シュピーゲル』事件を一つの契機として、西ドイツでは知識人による政治参与が活発化していく。ギュンター・グラスやリヒターらが、一九六五年のドイツ連邦議会選挙においてドイツ社会民主党（SPD）への支持を明確にしたことは、その端的な表れだろう。[36]

アウシュヴィッツ命題により論争を巻き起こし存在感を発揮していたアドルノは、一九六〇年代末に向けて社会の政治化が加速するなか、政治的指針を示そうとしない「非実践的な思想家」として、グラスをはじめとする知識人や学生運動から強い非難を浴びせられる。[37] ほかならぬエンツェンスベルガーもそのうちの一人であった。

『時刻表』は創刊号以降、ベトナム戦争をはじめとする社会問題を取り上げるようになっただけでなく、学生運動の指導者的存在ルディ・ドゥチュケらの寄稿もあり、一気に政治色を強めた。そしてエンツェンスベルガーは、抗議する学生たちと連帯するだけでなく、六八年から六九年にかけてキューバに長期滞在し、革命の実現した社会へ足を運んだ。もはや彼には、アドルノの理論は実践的に無効なものと映っていたのだ。

しかしながら、アウシュヴィッツ命題と向き合うなかで模索されてきた詩の政治的実践性をめぐる構想が、詩集『点字』を経由して『時刻表』の出発点にも据えられていたのであれば、そうしたエンツェンスベルガーのアドルノ批判を、政治活動に踏み出す際の単なる離別と捉えることはできない。むしろそこには、アドルノ的な問題圏を実践に結びつける過程のなかで、彼自身が直面せざるをえなかった限界点や詩人としての葛藤が表れているように思われる。

それゆえ、ハーバーマスやヨーンゾンの当時の批判に代表されるように、[38] エンツェンスベルガーの急進的な政治活動にだけ焦点を絞ると、単線的な解釈に陥ってしまう。西ドイツ社会において知識人と政治の関係が問題になったその時、彼は直接的な政治参与ではなく、詩や文学を起点とした実践の道を探っていたのであり、その観点から『時刻表』刊行後の彼の活動を再解釈するという課題はいまだ残されているのである。以下の二章ではその解明に取り組み、当時の激化する時代情勢のなかに「非実践的な思想家」アドルノがもたらした実践的反響を浮かび上がらせ、詩人や作家であるからこそ果たしうる社会参加の意義について考えていくことにしよう。

注

（1）以下を参照――Rüther, Günter: *Die unmöchtigen Schriftsteller und Intellektuelle seit 1945.* Göttingen（Wallstein）2016, S. 68f.; Böttiger, Helmut: *Die Gruppe 47. Als die deutsche Literatur Geschichte schrieb.* 2. Aufl. München（Deutsche Verlags-Anstalt）2013, S. 54ff.

（2）四七年グループは、例外的に『シュピーゲル』事件以前にも、アルジェリア戦争に反対したフランスの知識人たちによる「一二一人宣言」に連帯の意を示すほか、アデナウアー政権が自らの影響力を高めるために「ドイツテレビ」設立の計画を打ち出した際には抗議を行ってはいる。ただし、いずれの場合も、リヒターはそうした政治的意思表明とグループの活動との関連を強く否定していた。以下を参照――Ebd., S. 311f.

（3）以下を参照――Rüther, S. 70ff.; Böttiger, S. 39ff. und 63ff.

（4）Andersch, Alfred:（in Worten: ein）zorniger junger Mann. In: Grimm, Reinhld（Hrsg.）: *Hans Magnus Enzensberger.* Frankfurt a. M.（Suhrkamp）1984, S. 59-63.

（5）以下を参照――Lau, Jörg: *Hans Magnus Enzensberger. Ein öffentliches Leben.* Frankfurt a. M.（Suhrkamp）2001, S. 199ff.; Dietschreit, Frank/ Heinze-Dietschreit, Barbara: *Hans Magnus Enzensberger.* Stuttgart（J. B. Metzler）1986, S. 34f.

（6）以下を参照――Clayton, Alan J.: *Writing with the words of others. Essays on the Poetry of Hans Magnus Enzensberger.* Würzburg（Königshausen & Neumann）2010, S. 243f.; Hiebel, Hans H.: *Das Spektrum der modernen Poesie. Interpretation deutschsprachiger Lyrik 1900-2000 im internationalen Kontext der Moderne.* Teil II（1945-2000）Würzburg（Königshausen & Neumann）2006, S. 440-465.

（7）以下を参照――Lau, S. 206ff.: Dietschreit, Frank/ Heinze-Dietschreit, Barbara, S. 35.

（8）以下を参照――Graf, Daniel: Die Schrift unter der Schrift. Über Hans Magnus Enzensbergers *lachesis laponica*. In: *Sprachkunst* 33 (2002), S. 279-299.

（9）エンツェンスベルガーは当時、タイトルを含め、詩を小文字で執筆しており、原語表記もそれに倣っている。

（10）Adorno, Theodor W.: Kulturkritik und Gesellschaft. In: GS10-1, S. 30.

（11）以下を参照――Lau, S. 206; Schultz, Karla Lydia: Ex negativo: Enzensberger mit und gegen Adorno. In: *Hans Magnus Enzensberger*, S. 237-257, hier S. 243. なお、詩集『点字』には言及していないが、『時刻表』の成立を丹念に研究したマルムラもまた、政治における支配構造の打破をめぐるエンツェンスベルガーの問題意識は一貫しているものの、一九六〇年代初頭にアドルノに依拠しつつ構想された、詩・文学（Poesie）を通じた変革のプログラムは、一九六〇年代後半には追及されなくなると主張している。以下を参照――Marmulla, Henning: *Enzensbergers Kursbuch. Eine Zeitschrift um 68*. Berlin (Matthes & Seitz Berlin) 2011, S. 106-117.

（12）Enzensberger an Adorno, 24. 8. 1956, TWAA, Br 0361.

（13）Adorno, Theodor W.: Dialektik der Aufklärung. In: GS3, S. 11.

（14）Enzensberger, Hans Magnus: Die Steine der Freiheit. Über Nelly Sachs. In: Ders.: *Einzelheiten* [=E]. Frankfurt a. M. (Suhrkamp) 1962, S. 246-252.

（15）Adorno: GS10-1, S. 30.

（16）以下を参照――Schultz, S. 237ff.

（17）Adorno, Theodor W.: Rede über Lyrik und Gesellschaft. In: GS11, S. 49-68, hier S. 52.

（18）両者の類似点を指摘したものとして、以下を参照――Marmulla, *Enzensbergers Kursbuch. Eine Zeitschrift um 68*, S. 109f.; Schultz, S. 245.

（19）Adorno: GS-3, S. 141.

（20）この辺りの分析は以下も参照――Marmulla, *Enzensbergers Kursbuch. Eine Zeitschrift um 68*, S. 106-117.

（21）Horkheimer, Max (Hrsg.): *Zeugnisse. Theodor W. Adorno zum sechzigsten Geburtstag*. Frankfurt a. M. (Suhrkamp) 1963.

（22）Enzensberger, Hans Magnus: *blindenschrift* [=b]. Frankfurt a. M. (Suhrkamp) 1964.

（23）以下を参照――Schultz, S. 243.

（24）Enzensberger, Hans Magnus: Rede zur Verleihung des Georg-Büchner-Preises. 1962. In: *Büchner-Preis-Reden. 1951-1971*. Ditzingen (Reclam) 1972, S. 123-134, hier S. 134.

（25）細見和之「アドルノとエンツェンスベルガー――アウシュヴィッツ以後の表現をめぐって」：藤野寛／斎藤純一編『表現の〈リミット〉』ナカニシヤ出版 二〇〇五年、八〇―一〇六頁所収、八八―九〇頁。

（26）以下を参照――Lau, S. 203.

（27）Müller-Doohm, Stefan: *Adorno. Eine Biographie.* Frankfurt a. M.（Suhrkamp）2003, S. 621ff.〔ミュラー＝ドーム、シュテファン『アドルノ伝』（徳永恂監訳）作品社 二〇〇七年、五二二―五二四頁〕

（28）以下を参照――Barbey, Rainer: *Unheimliche Fortschritte. Natur, Technik und Mechanisierung im Werk von Hans Magnus Enzensberger.* Göttingen（V&R Unipress）2007, S. 44ff.

（29）旧約聖書に登場するベルシャツァル王に関する記述は全て以下を参照した。『旧約聖書Ⅳ諸書』（旧約聖書翻訳委員会訳）岩波書店 二〇〇五年、六七八―六八一頁。

（30）改訂版は以下――Enzensberger, Hans Magnus: *Blindenschrift.* Frankfurt a. M.（Suhrkamp）1999, hier S. 47.

（31）この経緯に関しては、以下を参照――Marmulla, *Enzensbergers Kursbuch. Eine Zeitschrift um 68*, S. 69ff.; Marmulla, Hennig: Hans Magnus Enzensberger und das „Kursbuch". In: Gilcher-Holtey, Ingrid（Hrsg.）: *„1968" – Eine Wahrnehmungsrevolution? Horizont-Verschiebungen des Politischen in den 1960er und 1970er Jahren.* München（Oldenbourg Verlag）2013, S. 13-27.

（32）Enzensberger, Hans Magnus: Frankfurter Poetikvorlesungen 1964/65 [= FP]. In: Barbey, Rainer（Hrsg.）: *Hans Magnus Enzensberger. Scharmützel und Scholien. Über Literatur.* Frankfurt a. M.（Suhrkamp）2009, S. 9-82, hier S. 71.

（33）Enzensberger, Hans Magnus: Ankündigung einer neuen Zeitschrift, wiederabgedruckt. In: *Kursbuch. Reprint der ersten 20 Ausgabe.* Band I. Hamburg（Zweitausendeins）1980, S. 1-4, hier S. 2.

（34）この草稿は現在、マールバッハにあるDeutsches-Literatur-Archivに保管されており、閲覧が叶わなかった。そのため、以下より引用している――Marmulla, *Enzensbergers Kursbuch. Eine Zeitschrift um 68*, S. 74.

（35）以下を参照――Enzensberger, Hans Magnus（Hrsg.）: *Kursbuch* 1. Frankfurt a. M.（Suhrkamp）1965.

（36）以下を参照――Rüther, S. 146-154.

（37）グラスからの批判に関しては、以下――Müller-Doohm, S. 698ff.〔邦訳書、五八六―五八七頁〕。学生運動からの批判に関しては、以下――Demirović, Alex: *Der nonkonformistische Intellektuelle.* Frankfurt a. M.（Suhrkamp）1999, S. 910-951.〔デミロヴィッチ、アレックス『非体制順応的知識人――批判理論のフランクフルト学派への発展：第二分冊　戦後ドイツの学生運動とフランクフルト学派』（仲正昌樹監訳）御茶の水書房、二〇〇九年、一四〇―一九九頁〕

（38）ハーバーマスとヨーンゾンは、エンツェンスベルガーの政治的活動の無責任さをそれぞれ痛烈に批判していた。Habermas, Jürgen:

Die Scheinrevolution und ihre Kinder. In: Ders.: *Kleine politische Schriften* I-IV. Frankfurt a. M. 1981, S. 249–260, hier S. 258f.; Johnson, Uwe: *Jahrestage. Aus dem Leben von Gesine Cresspahl.* 4 Bde. Frankfurt a. M. (Suhrkamp) 1970–83, Bd. 2, S. 769. ハーバーマスの批判については、第八章で再度言及する。

第七章　歴史を媒介とした文学と政治的実践の架橋

——『時刻表』に隠された「さまざまな五つの詩」

すでに何度か言及しているように、ドイツ連邦共和国の一九六〇年代は社会が一挙に政治化を迎えた時代であり、様々な事件が次々と発生した。反体制派の希望であったドイツ社会民主党（ＳＰＤ）が、戦後与党であり続けてきたキリスト教民主同盟（ＣＤＵ）／キリスト教社会同盟（ＣＳＵ）と手を組み成立した一九六六年の大連立。デモの参加学生が射殺された一九六七年のベンノ・オーネゾルク射殺事件。学生運動の主導者の一人であるルディ・ドゥチュケに対する一九六八年の暗殺未遂事件。激化する抗議の波を振り切るようにして可決された、同年の非常事態法。そしてここに、ベトナム戦争への国際的な反戦運動なども付け加わる。

こうした情勢を前に、文学集団四七年グループもまた文学的自律性を失い、それぞれの詩人・作家たちは非常に深く政局へと関与していくことになる。(1) 戦後初めての政権交代が現実味を帯びた一九六五年の連邦議会選挙の際には、ハンス・ヴェルナー・リヒターやギュンター・グラスら、グループの代表的なメンバーたちが、ヴィリー・ブラント率いるSPDの選挙応援に多大なエネルギーを注いだ。こうした活動は、文学作品を「朗読」する四七年グループの集会にも不可避的に影響を及ぼした。ニューヨークのゲーテ・インスティテュートの招待を受け、一九六六年にアメリカのプリンストンで開催された会合では、ベトナム戦争をはじめ政治的問題が色濃く反映され、文学的には失望をもたらす結果となった(2)。若きペーター・ハントケが、現代文学における「描写の不能」という警鐘を鳴らしたのは、まさにこの集会においてである。そして翌年、フランケン地方のプルーファーミューレで開催された会合では、SPDを通じて民主主義の改良を目指すリヒターが、大連立に絶望し、議会外反対派として体制の全面的変革を主張する過激派の学生たちの立ち入りを制限しようとしたこともあり、四七年グループの政治的無力さが反体制派の側からも激しい批判にさらされた(3)。かくして、『シュピーゲル』事件に端を発する時代の変遷とともに、文学的自律性は決定的に崩れ去ったのだった。

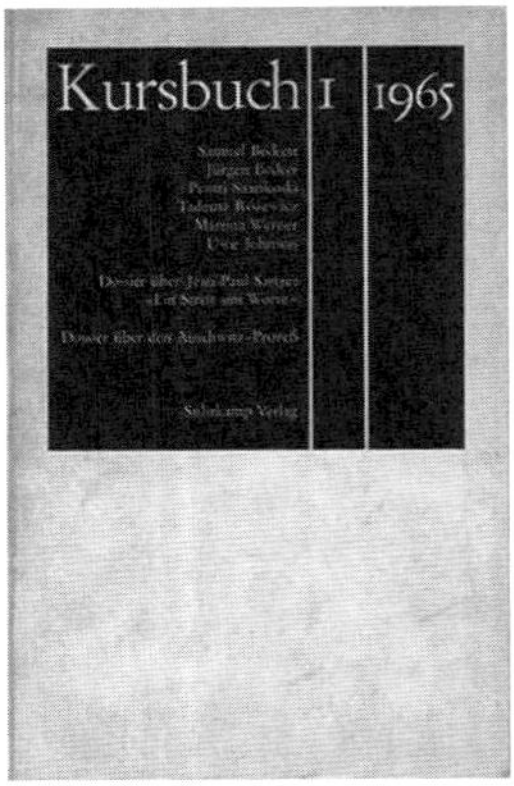

『時刻表』初号。

こうしたなか、SPDへの選挙協力とは距離を置きながら、独自の政治的実践の方向性を探っていたのがエンツェンスベルガーである。彼は、一九六五年に刊行された雑誌『時刻表』の編集長として、第三世界の紹介、資本主義の打倒、革命の可能性といった多岐にわたる政治的テーマを扱い、六〇年代後半にピークに達する学生運動にも非常に大きな影響を与えた。とはいえ——前章で見たように——詩人であるエンツェンスベルガーは、『時刻表』を機に単純に政治的活動に舵をきったわけではない。雑誌の創刊に先駆けて発表された告知文において、「この雑誌は、新たな詩と散文に開かれている」と記されていたことからもわかるように、エンツェンスベルガーにおいては、政治的テーマの追求と新たな文学の可能性の模索は表裏一体の関係にあったのだ。[4] このことを裏書きするかのように、例えば一九六七年の『時刻表』第一〇号には、「さまざまな五つの詩」と題された詩群が掲載されている。

当時のエンツェンスベルガーにおける文学と政治的実践の架橋の試みを読み解くうえで、この「さまざまな五つの詩」は非常に重要なテクストであるだろう。しかしながら、そこに登場する詩は、『点字』以降初めて出版された詩集『詩　一九五五―一九七〇』（一九七一）にも一部しか掲載されておらず、管見の限り、従来の研究においてはほとんど言及されてこなかった。伝記研究者ラウがわずかにその存在を示唆するにとどまっており、近年公刊された浩瀚な『時刻表』の研究書においてもわずかに触れられる程度である。[5]

そこで本章では、まず当時のエンツェンスベルガーの問題意識を探るべく、『時刻表』第二号に掲載された「周辺部ヨーロッパ」に端を発するペーター・ヴァイスとの論争を確認した後（一節）、『時刻表』第九号にあるドキュメント「クローンシュタット一九二一、あるいは第三の革命」を取り上げる（二節）。そしてその洞察をもとに、「さまざまな五つの詩」を分析していきたい（三節）。

一　ペーター・ヴァイスとの論争

一九六五年八月に刊行された『時刻表』第二号は、フランツ・ファノンやフィデル・カストロらの論考が掲載されるなど、いわゆる「第三世界」の特集となった。すでに一九六四／六五年にアメリカが北ベトナムへの軍事介入を決行したことでベトナム戦争は凄惨化しており、ドイツ国内では七〇名の作家と一三〇名の研究者たちが「ベトナム戦争に関する声明」に署名するなど(6)、知識人の間では、アメリカとソ連を軸に形成された冷戦構造下で犠牲となる国々の問題が大きな政治的議題となっていたのだ。エンツェンスベルガー自身も、『時刻表』第二号に自らの論考「周辺部ヨーロッパ」を寄稿し、西側ブロックの先進国たるドイツ連邦共和国と第三世界の関係について、いささか挑発的ともとれる見解を提示している。まず彼が注目するのは、ドイツでコンゴ問題や中国、東南アジアの戦争が話題にされる際に自明的に用いられる「私たち（Wir）」と「彼ら（Die）」という区分である(7)。境界線の向こうにいる「彼ら」とは何を指すのだろうか。エンツェンスベルガーは、この「彼ら」について考える際、「植民地主義」が「現在の大きな対立の歴史的起源を指し示す唯一のカテゴリー」として有効なのではないかと示唆する(8)。それに従えば、こちら側には富める国々の「巨大都市（Metropole）」があり、向こう側には搾取される植民地や旧植民地が存在することになる。そう考えると、富める国々に対する貧しい国々のインターナショナルな階級闘争という図式が浮かび上がってくるだろう。ただしここでエンツェンスベルガーが確認しているのは、そうした事態が進行することにより、ますます「私たち」と「彼ら」の間の断絶が広がっていく状況である。搾取する側である国々の内部においては、搾取される側の脅威から自国の利害を守るため、資本家とプロレタリアートの対立は消え去り、「インターナショナルな階級闘争が先鋭化すればするほど、国内の階級闘争は停止する」のである。(9)

さらにエンツェンスベルガーは、こうした断絶を別の角度からも描き出す。彼は、貧しい国々の理論家たちの著作が富める国々で全く読まれていないことにくぎを刺しつつ、ほかでもないフランツ・ファノンを引き合いに出し、その自己矛盾的営為に着目する。ファノンは、解放に向けてヨーロッパの役割が終わったことを宣言するが、それを「フランス語」、すなわち「借り物の言語」により表現せねばならない、という根底的な矛盾に向き合っているのであり、「そこでは誰も、とくに〈私たち〉は絶対に彼を助けることができない」。(10)

そしてエンツェンスベルガーは、こうした「私たち」と「彼ら」の間に現実に存在している隔絶を直視しない者に対して、批判的な視線を向けている。理想主義者たち（die Idealisten）は、アルベルト・シュヴァイツァーを模範に据え個人として人道的な支援を試みるが、政治問題に対しては距離を置く。自由主義者たち（die Liberalen）は、貧しい国々の搾取や植民地主義、軍事介入にも反対する進歩的な姿勢を見せるが、それは革命的試みが法治国家や議会制民主主義、市場経済や私有財産を脅かさない限りであり、行きつくところは「既存の権力関係の促進」に他ならない。(11)社会主義を信奉する教条主義者たち（die Doktrinären）は、インターナショナルな階級闘争を精査し、自らの生きる世界に抵抗しながら社会の変革に向けて声を上げるものの、「彼らは当地にとどまる。貧しい国々へ出かけるのは研究旅行を企てるときだけである」。(12)その主張はなんら行動に移されず、単なるアジテーションのなかへと消え去っていくのだ。最後にエンツェンスベルガーは、こう語っている。

毛沢東からフランツ・ファノンにいたるまで、貧しい世界の代弁者たちが、もしもヨーロッパや北アメリカやソヴィエトの労働者の連帯に望みをかけるとすれば、恐ろしいイリュージョンに屈することになる。富める国々の階級闘争は、社会主義国家の場合だとすでに決着をつけられ、資本主義国家の場合だとすでに停止を告げられた。それ以来、富める国々のプロレタリアートは、少なくとも政府が自分たちの属する世界の福祉と安全を保障するように思われる限り、政府と結びついていると感じているのだ。(13)

つまるところ、「私たち」と「彼ら」の間の連帯は「イリュージョン」でしかなく、富める国々の内部から世界を変革するような試みが生じることもあり得ない。現在、国際政治で生じている大変動の舞台は東南アジアであり、アフリカであり、ラテンアメリカなのであって、もはやヨーロッパは、いわば劇の進行を「周辺部」から眺めるだけの観客にすぎないのである。

この辛らつな主張に対して疑義を唱えたのが、当時フランクフルトで行われたアウシュヴィッツ裁判を題材にした劇『追及』を上演するなど、作家としてのアンガージュマンを強く意識すると同時に、社会主義の理念に望みを抱いていたペーター・ヴァイスである。両者の論争は一九六六年七月の『時刻表』第六号に掲載されている。エンツェンスベルガーの立場を明確にするうえでも、その内容を簡単に見ておくことにしよう。

ヴァイスは、エンツェンスベルガーが「私たち」と「彼ら」の間に境界線を引き、前者に自らを置いて、後者に対する無力を披歴している点を批判し、それが抑圧者たちとの誤った「連帯」につながるとしている。かりに「彼ら」の立場に立てなくとも、「私たちはこれらの〔苦しみの〕原因を究明する際に、そこで滅びていく人々に非常に接近するのだ」[14]。そして、抑圧されている国々における解放の形態に関して、「私には社会主義以外の形態を思い描くことができない」とヴァイスはいう[15]。階級闘争は決して時代遅れではなく、社会主義はこれからその理念を実現すべく始動できる、というのが彼の主張である。それに、インターナショナルに展開されるこの闘争をめぐっては、富める国の人々も無関係ではない。なぜなら、好景気に沸く西ドイツであっても、大都会の路地裏には「被害者」が数多く苦しんでいて、階級差別が存在しているのであり、「一定の生活水準になれたこの私たちと、彼の地の貧しい人々のもとで生じていることは、根本的には同じである」からだ[16]。ヴァイスからすれば、「私たち」と「彼ら」の間に存在するこの同一性を消し去り、「連帯」による社会変革の可能性を摘んでしまうことのほうが「イリュージョン」なのである。そして反論の最後は、「私たちは抑圧された人々と連帯し、作家として彼らの闘いを（それは私たちの闘いでもある）支援するために、あらゆる手段を求める」とはっきり表明できるのか、というエンツェンスベルガーに対する問いかけで締めくくられている[17]。

ニンツェンスベルガーの再応答は、「周辺部ヨーロッパ」で展開された議論と大きな変化はなく、相違点は――ヴァイスが相手ということもあり――社会主義を信奉する教条主義者に対する批判が前面に出ているところだろう。彼は、「社会主義」と肩を組んで「資本主義」と闘うというヴァイスら[18]の主張は単なる「決意」でしかなく、西ドイツで実際に取り組む社会闘争に関して具体的な目標が皆無であることを批判している。事実ヴァイスは、社会主義の理念を主張するあまり「富める国」と「貧しい国」の相違を消し去り、事態は根本的に同じだと語るだけで、詳細な分析を省いてしまっている。しかし、実際に多くの人々が死に絶えている現状に対しては、むしろ「深淵は深淵と、〔…〕恐るべき裂け目は裂け目と名指されねばならない」のではないだろうか(19)。そう考えるエンツェンスベルガーからすれば、教条主義的な態度は、現実を正視せずに単なる良心の呵責からなされる「信条告白」にしか映らない。再応答の末尾には、「君たち、どうか口を開く前に鏡を眺めてくれ！ きみたちと肩を並べてバーに座っているのは本当に黒人の鉱山労働者なのか」、あるいは「一度ベトナムかペルーへでも行って二〇年間にわたって革命戦争を行ってもらいたい！」といった手厳しい呼びかけが並ぶ(20)。本当に当地と彼の地で生じていることは同じなのか、ヴァイスらは現地の人々を知ることなくもっぱら統計を研究し、自らの心情を吐露しているだけではないのか、そうエンツェンスベルガーは疑いつつ、次のように論を結ぶ。

左からの道徳的武装なんか、私にはどうでもいい。私は理想主義者ではない。信条告白よりも論拠（Arugumente）の方を選ぶ。懐疑のほうがルサンチマンより好ましい。革命のおしゃべりはいとわしい。矛盾のない世界像など必要ではない。疑わしい場合には、現実が決着をつけるのだ(21)。

富める国に住む知識人としての道徳的な疚しさから、一足飛びに「連帯」を訴えるのではなく、たとえ一義的な方向性を示さずとも、現実に冷静に向き合う「論拠」のほうが肝要だ、というのがエンツェンスベルガーの主張であった。

とはいえ、もしエンツェンスベルガーが政治的実践に対して諦念を抱いていたわけではないとすれば、個人的な人道的支援でもなく、（SPDへの協力を通じた）自由主義的な改良の道でもなく、社会主義的な革命でもない形で、一体どのような社会変革の構想を思い描いていたのだろうか。

二　「クローンシュタット一九二一、あるいは第三の革命」

それを考える手掛かりが、『時刻表』第九号である。第九号は、いわゆる「革命号」ということができ、ヘルベルト・マルクーゼへのインタビューを巻頭に添え、ヤツェク・クロンとカロル・モジェレフスキによるポーランド共産党への公開書簡、ノーム・チョムスキーによるベトナム戦争と知識人の問題に関する寄稿、およびウーヴェ・ヨーンゾンをはじめ抗議運動の是非を論じた作家たちの文章が掲載された。編集長であるエンツェンスベルガー自身も、「クローンシュタット一九二一、あるいは第三の革命」というタイトルを付したドキュメントを発表している。これは、バルト海艦隊の要所クローンシュタットの水兵たちがロシア革命後にボリシェヴィキに対して起こした反乱に関して、エンツェンスベルガーがアムステルダム社会史国際研究所に残された資料などを組み合わせ、最後にコメンタールを付したものである。最初は、ローザ・ルクセンブルクの『ロシア革命』（一九一七）からの引用で始まっており、そこには「普通選挙や制約なき言論・集会の自由、自由な意見の言い合いがなければ、あらゆる公的機関において、生は仮象のものとなり、そこでは官僚政治だけが唯一活力を持った要素として残り続けるだろう」という文言が記されている。そして以後は、まさしくクローンシュタットの水兵たちが、いかに普通選挙や言論・集会の自由などを求めてロシア共産党と戦い敗れたかを示す一次資料が並べられていく。ドキュメントの最後に付されたコメンタールを見ておこう。エンツェンスベルガーは、「ベトナムやほかの場所で生じている抑圧においては、凄惨さと完成度が強度を増しており、その射程は際限がないように思われる。だが、それでもクローンシュタットは古びていない」[22]と語り、最後にこう主張している。

彼らが考え、取り組んでいた第三の革命は、今日では以前より見通しがたいもののように思われる。しかし、本当の民主主義への希求が死に絶えていない限り、クローンシュタットは思い出以上のものであり、そうあり続ける。その歴史は、未来への年代記なのだ。[23]

クローンシュタットの水兵たちが目指した民主主義的変革は、現実にはロシア共産党により鎮圧された。しかしその試みは、「本当の民主主義」を実現していく未来に向けた歴史として、現代においてなお保持されるべきものなのである。こう見てくると、エンツェンスベルガーの模索していた、「論拠」をもとにした社会変革の可能性の輪郭が浮かび上がってくる。それは、一次資料からこれまでの歴史と向き合い、かつての挫折した「本当の民主主義」を志向する変革の試みを、現状を打破するための思考の場へと変えることであったのだ。[24]

三　「さまざまな五つの詩」

一九六七年一〇月の『時刻表』第一〇号は、ロシア・アヴァンギャルドの先駆的存在であるヴェリミール・フレブニーコフの紹介を兼ねた導入的論考と彼の詩で始まり、ほかにもドイツの作家であるギュンター・ヘアブルガーの「詩をめぐるドグマ的なもの」というエッセイや詩が掲載されるなど、「文学」が主題となった。一方で、前号の「革命号」の余波をここでも感じ取ることができる。第九号は、ポーランド共産党を批判する公開書簡を掲載したために、東ドイツのライプツィヒのブックフェアで押収されるという事件に見舞われたのだが、その事実が第一〇号の巻末の「編集部からの注釈」で明記されているのだ。

エンツェンスベルガーもまた自ら、五つの詩からなる詩群「さまざまな五つの詩」を発表している。五つの詩とは、順番に、「未来についての詩（一九六四）」、「ドイツ革命のイラスト付きの歴史」、「刑法の形式のための提案」、「ベルリンモデル（一九六七）」、「すべてが当てはまり、すでにすべてを知っている人々の歌」である。最初と最後の詩は比較的抽象的な内容となっているが、残りの三つの詩は、既存の書籍や新聞からとられたフレーズをもとにしており、末尾には「出典（Quelle）」も明示されている。ここでは、最初の「未来についての詩（一九六四）」、エンツェンスベルガーの当時の問題意識が明瞭に見て取れるように思われる「ドイツ革命のイラスト付きの歴史」、および最後の「すべてが当てはまり、すでにすべてを知っている人々の歌」を取り上げ、詩と政治的実践の架橋がどのように施されているかを読み解きたい。まずは、「未来についての詩（一九六四）」である。短い詩のため、すべて引用しておこう。

二人の男がトラクターに乗りやってくる
（周恩来はモスクワにいる）
石灰色の上着を着た二人の男
（フロックを着たノーベル賞受賞者）
細い棒をもった二人の男
（東京の金メダリスト）
道路わきの黄色い葉っぱの間
（死んだベトナムのゲリラたち）

黄土色の葉っぱの間に
灰色の上着を着た二人の男がいる
道路わきにある細い棒
五〇歩ごとに、右に左に
明るい一一月に暗い色の棒
（周恩来はモスクワにいる）

灰色の上着を着た二人の男は
淡白な一一月の光の中で匂いをかぐ
葉っぱも人も
埋め尽くしていくであろう雪の匂いを

これ以上道が見えなくなるまで
ひたすら五〇歩ごとに
細い棒が左に一つ
細い棒が右に一つ
除雪車が
これ以上道が見えなくなるところで
一つの道を見つけるために(25)

トラクターに乗りやってきた二人の男が、積雪の際に除雪車が困らないよう目印となる「細い棒」を道路に設置していく様子が描かれている。第一連に括弧付きで述べられているのは、詩のタイトルで示されている一九六四年当時の世界的状況である。第三世界の雄たる中国の周恩来、アンガージュマン作家として知られるジャン＝ポール・サルトルが受賞を拒否した一九六四年のノーベル賞、同年の東京オリンピック、そして凄惨化するベトナム戦争、これらの出来事が二人の男の作業の背後でエコーのように鳴り響く。

この詩を理解するにあたって、前節で考察した、現在を変革する突破口を歴史に求めるエンツェンスベルガーの構想が手助けとなる。二人の男の作業中には、第三連に「埋め尽くしていくであろう」と未来形の表現があることからもわかるように、実際にまだ雪は「匂い」として感じ取れるだけで、(すくなくともそれほど)降ってはいない。雪が積もってしまえばあたりは真っ白になり、進むべき道を見失ってしまう。つまり、第一連と第二連で括弧に付された同時代の事件が「雪」として降り積もる状況を「現在」に、そうした状況下でも「一つの道を見つけるために」目印を設置していく絶え間ない歩みを「歴史」に重ね合わせて読むことができるのである。華奢で立派な服ではなく、「灰色の上着」を着た一般の人々によって、「ひたすら五〇歩ごとに」行われるきわめて地道で単調な労働があればこそ、そこに設置された「細い棒」を振り返ることで、現在の変革に向けた「一つの道」が与えられるのである。

こうした洞察をドイツのコンテクストに結びつけたものが、二つ目の詩「ドイツ革命のイラスト付きの歴史」である。この題の由来は、一九二九年に出版され、一九一八/一九年のドイツ革命の歴史を辿った同タイトルの書籍であり、(26) その書籍の序言には「『ドイツ革命のイラスト付きの歴史』は、ドイツの労働者のために書かれ、労働者階級の解放運動で武器となるべきものである」と出版の目的が記されている。(27) そして導入文には「この本は、直近の一〇年間を理解、把握し、未来への展望を開かんとする」とあり、(28) エンツェンスベルガーの当時の問題意識と密接に結びついていることも興味深い。彼は、この書籍に登場する一次資料(関連人物の発言、演説、ビラ、新聞など)をいわばモンタージュすることで、一つの詩を作り出しているのだ。

簡単に詩の主題である一九一八／一九年のドイツ革命を振り返っておこう(29)。第一次世界大戦の長期化でドイツ全土が疲弊するなか、北部の都市キールで水兵たちが労働者とともに中央政府に対して反乱を起こし、レーテ（労兵評議会）を創設すると、この動きは全国に広がりベルリンにも波及した。時の皇帝ヴィルヘルム二世は退位し、SPDのフリードリヒ・エーベルトが首相の座に就くが、彼は革命を望んでいなかったため、議会制民主主義の枠内で自らの立場の優位性を確立すべく、軍部や資本家と連携して秩序や安寧に重点を置いた。こうしたSPDの動きに対して、同党の分派から形成された急進派のスパルタクス団はドイツ共産党を設立し、カール・リープクネヒトとローザ・ルクセンブルクの二人の主導者のもと抵抗活動を行ったが、SPDのグスタフ・ノスケが義勇軍を招集して鎮圧にかかるなど、反乱の芽は摘まれていった。そうして、一九一九年に国民議会選挙が実施され、ワイマール共和国が建国されるに至ったのである。

エンツェンスベルガーは当時、SPDがCDU／CSUとの大連立に踏み出したことで議会制民主主義が機能不全に陥り、議会外反対派として学生運動が盛んになった政治情勢を受けて、「大連立によって社会民主主義は自らの歴史を猿真似し、一九一四年、一九一八年、一九二三年に自らが作り上げた見本をパロディ化した」と記している(30)。現在とかつてのドイツ革命の間に照応関係が確認され得たことも、この詩を執筆する動因となったのだろう。冒頭の二連は次のように始まる。

ドイツの女性たち、君たちの宗教を守るのだ

やつらから
君たちの心の静かな焔を
高きもの、崇高なもの、聖なるものに向けられたその焔を
政治的闘争の
汚辱に覆われた広野へと
引っ張り出すやつらから
だから、ＳＰＤに投票しよう
わかっているのか？
ボルシェヴィズムがどうやって君たちを脅しているのかを
私たちは一〇分間考える時間を与えよう

君たちはパンが欲しいか？　リープクネヒトを殺せ
後退はない
したがって前進だ
すべての武器を置け
相手を屈服させ押さえつけるのだ
私は社会革命を罪業のように忌み嫌っている、フリードリヒ・エーベルト（ＳＰＤ）
ドイツの労働者よ、恥かしく思うのだ

ボルシェヴィズムはあらゆる女性の社会化を望んでいる
だから、歯車がうまく回るようにせよ
義勇兵よ、集え
社会主義は労働だ
その点、誤解のないように
秩序と法を尊重せよ
一〇分間、考える時間だ(31)

当時は全国的なストライキが発生するなかで、女性の工場労働者も多く参加していた。第一連では、そうした状況を前に、沈静化を第一に考えていたSPDが作成した国民議会の選挙ポスターや当時のビラに登場する文言が取り上げられている(32)。第二連は、反乱の指導者カール・リープクネヒトを政治犯として標的にしたビラや、エーベルトの実際の演説、ノスケによる義勇軍徴兵の告知などで実際に用いられたフレーズで構成されている(33)。「宗教」に対して「政治的闘争」が、「秩序」や「法」の守り手としてのSPDに対して「罪業」のような「社会革命」が対置され、SPDがいかに政治的アジテーションを用いて革命的試みを弾圧しようとしていたかが強調されている。ここで着目したいのが、「私たちは一〇分間考える時間を与えよう」という一文である。これは、一見すると、体制側のSPDによる呼びかけのように見える。しかし、「一〇分間、考える時間だ」と少し形は変わるものの、最初の二連だけでなく、続く三連四連の末尾にも登場し、一種のリフレインとして、全体のなかで特徴的な役割を果たしている。その意味を考えるうえで、エンツェンスベルガーが、一九六〇年代におけるドイツの状況を一九一八／一九年のドイツ革命のパロディとして捉えていたという事実が重要となってくる。つまりこの詩からは、大連立に進むことで変革の道を自ら閉ざした戦後のＳＰＤの姿が否応なく透けて見えるのである。[34] そうであれば、「私たちは一〇分間考える時間を与えよう」というリフレインは、現在と歴史の照応関係について、読者を反省に誘う詩句として機能すると解釈することができるだろう。このことを念頭に置きつつ、最後の六から九連目を確認しよう。

私たちは幸運な世代だ
その誕生が照らされていたのだから
社会主義の社会という
夜明けの始まりによって

それは祝宴だった

だからＳＰＤに投票しよう

そこに、あらゆる反動にもかかわらず
ドイツ革命の

勝利の保証が存在するのだ[35]

まず、社会主義の夜明けに迎えられた世代であると語られ、「それは祝宴だった」と過去形になり、「だからSPDに投票しよう」とつながっていく。これは、カール・リープクネヒトやローザ・ルクセンブルクら反乱派ではなく、エーベルト率いる現在のSPDこそが原初の社会主義の継承者であり投票に値するという趣旨として、あるいは、革命はすでに過去のことであり議会制民主主義の枠内で秩序を保つSPDに投票すべきという趣旨として、二通りの読み方が可能である。いずれにしても、一見すると体制側の言い分が先と同じく繰り返されているだけのように思われる。そうだとすれば、最終連の「そこに」が指す内容は、SPDへの投票ということになり、それが「ドイツ革命の／勝利の保証」を意味するという、非常に皮肉な締めくくり方となってしまう。しかしながら、「そこに」がほかならぬ最終連の始まりとなっていることに注意を向けるなら、その指示内容をドイツ革命について語られてきたこの詩の全体（正確には最終連の手前まで）であると捉えることも可能だろう。そしてその方が、前章で考察したエンツェンスベルガーの構想やこの詩の前半部分のリフレインの解釈とも整合性が取れる。すなわち、この最終連（というよりもむしろこの詩）は、SPDによる革命的試みの鎮圧という歴史への反省によって、ドイツ革命で生じた変革への希望を現在において取り戻すことを企図するものであるのだ。

「さまざまな五つの詩」の最後を飾るのが、「すべてが当てはまり、すでにすべてを知っている人々の歌」である。これまでの分析と照らし合わせながら、この詩を検討していくことにしよう。出だしはこう始まる。

なにかが行われねばならない、それもいますぐに、ということ
そんなこと私たちはすでに知っている
でも、何かを行うにはまだ早すぎるということ
でも、まだ何かを行うには遅すぎるということ
そんなこと私たちはすでに知っている

そして、私たちの暮らし向きはいいということ
そして、この先もそんな風にいくだろうということ
そして、それに目的などないということ
そんなこと私たちはすでに知っている(36)

資本主義の矛盾、東西冷戦やそれに伴う西ドイツと東ドイツの対立、ベトナム戦争をはじめ、苦境にあえぐ「第三世界」、大連立により閉ざされた（ように思われた）議会制民主主義内部の改良、抗議する学生が射殺されたオーネゾルク射殺事件、そして可決まで時間の問題となった非常事態法、世界およびドイツを取り巻く目下の状況に目を向ければ、早急に「なにかが行われねばならない」ことは間違いない。しかし何か行動したところで、機が熟していないのか、あるいはすでに手遅れなのか、社会

が変わる見込みはない。そうした経験を、過去にあった同様の試みから「私たちはすでに知っている」。そして同時に、何もなされなくとも、世の中は何となく回っていくということも「すでに知っている」。この末尾の「そんなこと私たちはすでに知っている」という詩句もまた、各連に必ず登場し、リフレインとして用いられている。

第四連には、当時エンツェンスベルガー自身に向けられていた批判が取り入れられている。

そして、口を（die fresse）閉ざしたほうがいいかもしれないということ
そして、私たちは口を閉ざさないだろうということ
そんなこと私たちはすでに知っている
そんなこと私たちはすでに知っている(37)

この詩が掲載されたのは『時刻表』第一〇号だが、前章で触れたように、前号は「革命号」であり、作家ウーヴェ・ヨーンゾンが「抗議する者たちの姿勢について」という小論を寄せ、ベトナム戦争に抗議の声を上げる西ドイツの知識人たちに対して、「この善良な人々は口を（das Maul）閉ざすべきだ」と苦言を呈していた(38)。少し表現は変化しているものの、上記の詩句は明らかにそれを意識した表現だろう。そのうえで、第二節のヴァイスとの論争で見た、エンツェンスベルガーの「深淵は深淵と、〔…〕恐るべき裂け目は裂け目と名指されねばならない」という態度が、ここでも姿を現しているのである。

最後の二連はこう締めくくられる。

そして、これらすべてが新しくはないということ
そして、この生は（das leben）素晴らしいということ
そして、それがすべてだということ
そんなこと私たちはすでに知っている
そんなこと私たちはすでに知っている

そして、私たちはそんなことすでに知っているということ
そんなこと私たちはすでに知っている(39)

すべては過去に起きたことの繰り返しであるため、「新しくはない」。とはいえ、私たちは諦観するのではなく、いまの「この生」が「すべてだということ」を認め、それと向き合わなくてはならない。これは、私たちは「口を」閉ざさず、絶えず声を上げ続けなければならない、という先の認識とつながってくる箇所である。そして最終連には、「すでに知っているということ」を「知っている」という、現在から歴史を振り返る視点それ自体を過去のものにするような視座が導入されている。つまり、私たちが声を上げる「この生」もまた、再び歴史化されていくようなプロセスが、最後に示唆されているのである。

先にみた二つの詩と重ね合わせるなら、こう表現できるだろう。まずもって、絶えず積み重なる歴史のなかに存在する、一般の人々（労働者）によって生きられたその都度の「この生」を手掛かりにし

て、微力ながらに変革の契機を探っていくことが重要であり、やがてその試み自体が後世の視座から再び変革の可能性となっていくのだ、と。そして現代のドイツにおいて、その洞察を実践する道を開くことが、まさしくエンツェンスベルガーの「さまざまな五つの詩」の主題となっているのである。

四　おわりに

こうしたエンツェンスベルガーの試みは、ＳＰＤへの支持という直接的な政治的参与でもなければ、文学的自律性を堅守するものでもなく、当時の公共圏において特有の形で文学と政治を媒介する方途を開こうとするものであった。

彼はその後、次第に激化する「暴力」を決定的な理由の一つとして、当初期待を抱いていた学生運動に対しても批判的な距離を置くようになる。そして同時に、一九六八年一一月の『時刻表』第一五号では「常套句、最新の文学に関連して」を発表し、戦後ドイツにおける文学の危機に触れつつ、「文学の死」というメタファーを用いながら、「自らの危機」を「存在の基礎」に据えた新しい文学の模索の必要性を論じるようになる。[40] そしてそうした問題意識は、録音記録や書簡、残された証言などの一次資料のモンタージュからキューバ革命の一幕を扱った「ドキュメント文学」、『ハバナの審問』（一九七〇）へと通じていく。一九六五年の『時刻表』創刊から、「六八年」の抗議運動の時期を経て一九七〇年の作品の発表に至るまで、エンツェンスベルガーの問題圏には、歴史を契機とする文学を通じた社会変革への志向が一貫して存在していた。本章で分析した「さまざまな五つの詩」はその端緒を示すものであり、その後のエンツェンスベルガーの思索を捉え直すうえでも、重要な詩群であるといえるだろう。

次章では、この『ハバナの審問』を取り上げ、エンツェンスベルガーの知識人像をめぐる一連の考察の終着駅としよう。

注

（1）Rüther, Günther: *Die Unmächtigen. Schriftsteller und Intellektuelle seit 1945.* Göttingen（Wallstein）2016, S. 131f.

（2）Böttiger, Helmut: *Die Gruppe 47. Als die deutsche Literatur Geschichte schrieb.* 3. Aufl. München（Deutsche Verlags-Anstalt）2013, S. 378-395.

（3）Ebd., S. 412; 早崎守俊『グルッペ四十七史——ドイツ戦後文学史にかえて』同学社 一九八九年、一四三—一八一頁。

（4）この点については本書第六章を参照。エンツェンスベルガーの引用は以下——Enzensberger, Hans Magnus: Ankündigung einer neuen Zeitschrift, wiederabgedruckt in: *Kursbuch. Reprint der ersten 20 Ausgabe.* Band 1. Hamburg（Zweitausendeins）1980, S. 1-4, hier S. 2.

（5）Lau, Jörg: *Hans Magnus Enzensberger. Ein öffentliches Leben.* Frankfurt a. M.（Suhrkamp）1999, S. 267. マルムラによる『時刻表』の先駆的研究には言及がなく、近年より包括的な研究書を公刊したニーゼも、「さまざまな五つの詩」の詩群のなかの——本稿でも扱う——「ドイツ革命のイラスト付きの歴史」という詩から数行引用を行い、その詩が一九六七年八月のドイツの状況と一九一八／一九年の平行関係を読者に想起させるものであると簡潔に記すにとどまっている——Marmulla, Henning: *Enzensbergers Kursbuch. Eine Zeitschrift um 68.* Berlin（Matthes & Seitz Berlin）2011; Niese, Kristof: *„Vademkum" der Protestbewegung? Transnationale Vermittlungen durch das Kursbuch von 1965 bis 1975.* Baden-Baden（Nomos）2017, S. 226.

（6）Gilcher-Holtey, Ingrid: *Die 68er Bewegung. Deutschland – Westeuropa – USA.* 5. Aufl. München（C. H. Beck）2001. S. 37. なお、エンツェンスベルガーもこれに署名している。

（7）Enzensberger, Hans Magnus: Europäische Peripherie. In: *Kursbuch* 2. Frankfurt a. M.（Suhrkamp）1965, S. 154-173, hier S. 154. ちなみに、この〝Die〟は指示代名詞としての用法。

（8）Ebd., S. 161.

（9）Ebd., S. 163.
（10）Ebd., S. 165.
（11）Ebd., S. 169.
（12）Ebd., S. 169.
（13）Ebd., S. 171.
（14）Weiss, Peter/ Enzensberger, Hans Magnus: Eine Kontroverse. In: *Kursbuch* 6. Frankfurt a. M.（Suhrkamp）1966, S. 165-176, hier 165.
（15）Ebd., S. 167.
（16）Ebd., S. 167.
（17）Ebd., S. 170.
（18）エンツェンスベルガーの方の再応答のタイトルは「ヴァイスたち（*Peter Weiss und andere*）」という複数形になっている――Ebd., S. 171.
（19）Ebd., S. 173.
（20）Ebd., S. 175f.
（21）Ebd., S. 176. なおここで登場する「理想主義者」という言葉は、ペーター・ヴァイスに代表される教条主義者に向けられたものであるため、「周辺部ヨーロッパ」での使用法よりも広い意味を有しているように思われる。
（22）Enzensberger, Hans Magnusr: Kronstadt 1921 oder die Dritte Revolution. Zusammenstellung und Kommentar von Hans Magnus Enzensberger. In: *Kursbuch* 9. Frankfurt a. M.（Suhrkamp）1967, S. 7-33, hier S. 31.
（23）Ebd., S. 32.
（24）エンツェンスベルガーは、類似の見解を別の箇所でも語っている。例えば、インディオのために戦ったスペインの聖職者バルトロメ・デ・ラス・カサス（一四八四―一五六六）の『インディアスの破壊についての簡潔な報告』のドイツ語版の解説「ラス・カサスあるいは未来への回顧」の末尾でも、「一五四二年の『簡潔な報告』は私たち自身の未来への回顧なのだ」と記している――Enzensberger, Hans Magnus: Las Casas oder Ein Rückblick in die Zukunft. In: Ders.: *Deutschland, Deutschland unter anderm. Äußerungen zur Politik*. Frankfurt a. M.（Suhrkamp）1967, S. 123-151, hier S. 151.
（25）Enzensberger, Hans Magnus: Fünf verschiedene Gedichte. In: *Kursbuch* 10. Frankfurt a. M.（Suhrkamp）1967, S. 140.
（26）*Illustrierte Geschichte der Deutschen Revolution*. Berlin（Internationaler Arbeiter-Verlag）1929. なお、本稿の分析においては、以

下の版を用いている。*Illustrierte Geschichte der Deutschen Revolution*. Frankfurt a. M.（Neue Kritik KG）1968. 影響関係のほどは不明だが、この書籍がエンツェンスベルガーの詩の発表後に、版元を変えて再販に至った現象はそれ自体興味深いものである。

(27) Ebd., Vorwort.

(28) Ebd., S. 4.

(29) ドイツ革命の理解に関しては以下の書籍を参照した――ゲルヴァルト、ローヴェルト『史上最大の革命――1918年11月、ヴァイマル民主制の幕開け』（大久保里香ほか訳）みすず書房 二〇二〇年：野村修編『ドキュメント現代史2 ドイツ革命』平凡社 一九七二年。

(30) Enzensberger, Hans Magnus: Versuch, von der deutschen Frage Urlaub zu nehmen. In: *Deutschland, Deutschland unter anderm. Äußerungen zur Politik*, S. 37–48, hier S. 40.

(31) Enzensberger, Hans Magnus: Fünf verschiedene Gedichte. In: *Kursbuch* 10, S. 141. 引用中の強調は原文ママ。

(32) この箇所に限らず、詩に用いられているフレーズは以下の箇所に見られる――*Illustrierte Geschichte der Deutschen Revolution*, S. 223 und 236, 238, 240, 256, 269, 276. むろん、音韻の都合などから若干の変更が加えられている。

(33) ただし、「相手を屈服させ押さえつけるのだ（daumen aufs auge und knie auf die brust）」などは、ローザ・ルクセンブルクによる「スパルタクス団は何を望むのか？」（一九一八）の最後に登場する一文で、『ドイツ革命のイラスト付きの歴史』にも収録されているが、これがもともと体制側により使用されていた決まり文句なのかどうかはわからなかった。なお、エンツェンスベルガーは当時、すべて小文字で詩を執筆していたため、原語を示す際にもそのまま表記している。

(34) この点については、本章注5で示したニーゼの記述も参照。

(35) Enzensberger, Hans Magnus: Fünf verschiedene Gedichte. In: *Kursbuch* 10, S. 142.

(36) Ebd., S. 148.

(37) Ebd., S. 148.

(38) Johnson, Uwe: Über eine Haltung des Protestierens. In: *Kursbuch* 9, S. 177–178, hier S. 178.

(39) Enzensberger, Hans Magnus: Fünf verschiedene Gedichte. In: *Kursbuch* 10, S. 149.

(40) Enzensberger, Hans Magnus: Gemeinplätze, die Neueste Literatur betreffend. In: *Kursbuch* 15. Frankfurt a. M.（Suhrkamp）1968, S. 187–197, hier S. 188. この点に関しては次章で詳しく取り上げる。

第八章　**作家、そして知識人としてのエンツェンスベルガー**

——『ハバナの審問』における「自己省察」の文学的創出

一九五四年にアルジェリア戦争が勃発し、フランス政府に対してアルジェリア民族解放戦線（ＦＮＬ）が抵抗を見せると、西ドイツにおいても、現地の解放運動を支援する抗議活動が展開された。当時はこうした動きはまだ微小なものだったが、一九六四年頃からのベトナム戦争の激化を一つの転換点として、エンツェンスベルガーやインゲボルク・バッハマン、ペーター・ヴァイスやハインリヒ・ベルなど名だたる作家たちも一九六五年一二月一日の「ベトナム戦争に関する声明」に署名をするなど、「第三世界」への意識は急速に高まっていった。社会主義ドイツ学生同盟（ＳＤＳ）を中心とする学生運動は、フランツ・ファノンやチェ・ゲバラ、毛沢東らに刺激を受けつつ、帝国主義の抑圧に喘ぐ植民地の解放運動に範をとり——自らの理念の投影という側面が多分にあったにせよ——既存の状況を打破し、ヨーロッパにおける革命の実現を模索した。こうして、アメリカやフランス、ドイツなど諸国の「巨大都市（Metropole）」と「第三世界」との連帯が掲げられ、抗議運動において「インターナショナリズム」が重要な構成要素となっていったのだった。[1]

なかでも、キューバは一つの憧憬の対象となっていた。フルヘンシオ・バティスタの独裁政権に対し、フィデロ・カストロは武装蜂起を試み、その理念に共鳴したチェ・ゲバラと共闘しつつ一九五九年には革命臨時政府の樹立を成し遂げた。そして、農地改革の実行やアメリカ人資産の国有化に着手する。すると、一九六〇年にアメリカはキューバとの国交を断絶し、翌年にはカストロ政権打破を目的として、CIAに組織された亡命キューバ人の部隊がコチーノス湾（通称ピッグス湾）にあるプラヤ・ヒロン海岸を襲撃する事件が起こるが、キューバ軍の返り討ちにあう。その後、カストロによりキューバ革命が社会主義革命との宣言が下されたのだった。

遠くラテンアメリカに位置するキューバの政治情勢を西ドイツに紹介するにあたって、エンツェンスベルガーの果たした役割は大きい。一九六五年八月に発売され、フランツ・ファノンの「暴力について」やフィデロ・カストロの「国連での演説」などを収録した『時刻表』第二号で既に、第三世界は主要なテーマとなっていた。前章で確認した通りエンツェンスベルガー自身もまた巻末の論考「周辺部ヨーロッパ」で、「貧しい国々と富める国々の国民間に共通する階級意識などありえない」と安易な連帯を批判しつつ――この点はペーター・ヴァイスとの論争へと発展していく――、「国際政治の震央は、今日すでに東南アジアであり、アフリカであり、ラテンアメリカである」と宣言している。[2]そして、ヨーロッパに住む「私たち」は「主役」ではなく、「周辺部」から強烈な関心を持って眺めている「観客」であり、それを踏まえたうえで第三世界の重要性を認識し、適切な向き合い方を模索する必要性を訴えかけていた。[3]その後『時刻表』は、例えば、第六号でベトナム戦争、第九号や第一一号では第三世界の特集とするなど、学生運動における「政治的、文化的でインターナショナルな展開を議論するためのフォーラム」[4]として決定的に重要な雑誌となっていった。

エンツェンスベルガーは、一九六七年の冬学期にアメリカのコネチカット州にあるウェズリアン大学に八カ月間の奨学金給付研究員として身を置いていたのだが、その間にキューバを訪れ、当地の革命の状況に感銘を受けて帰国すると、ウェズリアン大学の学長に宛てて、再度キューバに戻るべく研究員としての身分を辞退すると同時にアメリカの帝国主義を批判する旨の公開書簡を認めた。アメリカに渡ってからわずか三カ月後の出来事である。これが大きなスキャンダルとなったことは言うまでもない。そして一九六八年の一一月、彼は当時のパートナーであるマリア・アレクサンドロヴナ・マカロヴァとともに、再びキューバへ赴く。しかしこの滞在は、大きな失望をもたらした。豪華な旅行客用のホテルをあてがわれ、現地の人と生活を共にし学校で教鞭を取るという計画は棚上げにされたほか、街では電力や水が午後には途絶え、ピザ一枚を買うために行列を作る現状を思い知らされた。そして国の政策はというと、カストロを中心とする一部の人々により決定が下されており、多大な楽観主義のもと運営が行われていた。次第に「熱帯の社会主義」に対するエンツェンスベルガーの幻想は消え去り、キューバ特集が組まれた一九六九年一〇月の『時刻表』には、カストロによる革命への懐疑が記された彼自身の論考「ある政党の肖像――キューバ共産党の前史、構造、イデオロギー」が掲載されることになる[5]。

こうしたキューバの理想と現実の間で揺れながらエンツェンスベルガーが発表したのが、『ハバナの審問』（一九七〇）である。この作品は、先に記したアメリカのCIAの主導のもと亡命キューバ人が起こしたプラヤ・ヒロン海岸の侵攻に際して、キューバ軍が実際に行った亡命キューバ人＝反革命派に対する審判の全四一の記録のうち、エンツェンスベルガーが一〇の場面を選び、関連するその他の記録も加えたうえで、録音テープからドイツ語へと翻訳し、冒頭に注釈を挟んだものである。もちろん、「その選択は、一つの政治的な解釈でもある」（VH, S.52）。[6]ゆえに、これまで『ハバナの審問』は単なるドキュメントではなく、「ドキュメント文学」として基本的に理解されてきた。そして、エンツェンスベルガー自身による導入「反革命の自画像」にある、「それは〔私のアレンジは〕、自己を同一化する可能性を公衆に提供することにも狙いを置いている。そして、審問の過程がその同一化を打ち壊すことを期待している」（VH, S.53）という記述をもとに、革命を企図する「六八年」の抗議運動が社会に渦巻くなか、西ドイツの読者が「反革命」の側に自己を位置づけ、審判の追体験を通して自らのイデオロギーに気づくことがこの作品の主眼であるとされる。[7]こうした過程がキューバ革命軍によりもたらされる「理想的な発話状況（ideale[] Sprechsituation）」により成立しているという、ハーバーマスを明らかに念頭に置いた伝記作家ラウの指摘も非常に興味深い。[8]しかしながら、当時のエンツェンスベルガー自身のキューバへの懐疑的視線を考慮に入れるなら、「反革命」へのイデオロギー批判に焦点を当てるだけでは不十分ではないだろうか。西ドイツの同時代的状況との連関で、そこで依然として持ち出されている理想的なキューバ革命の像に仮託されたものを探ることも、等しく重要であるはずである。

本章では、まず同時期に発表された「ベルリンの常套句」、「ベルリンの常套句Ⅱ」および「常套句、最新の文学に関連して」を軸に、エンツェンスベルガーが同時代的状況のなかで文学に与えた役割を考察する（一節）。続いて、「ある政党の肖像」などを手がかりに当時のエンツェンスベルガーのキューバ像を踏まえたうえで、先行研究を参照しつつ、『ハバナの審問』で表された「反革命」への追体験によるイデオロギー批判を確認する。そして最後に、作品内におけるキューバ革命の描写が持つ意味に着目したい（二節）。以上により、『ハバナの審問』が、純粋なキューバ革命の賛美ではなく、抗議運動とその反対者たち双方の問題性を自覚させる性質を有した、二方向への「自己省察」を促す文学であることが明らかになるだろう。

一　三つの「常套句」——西ドイツにおける変革の可能性と文学の位置

非常事態法が可決される年であり、連邦議会選挙を翌年に控えた一九六八年、エンツェンスベルガーは一月の『時刻表』第一一号に「ベルリンの常套句」を、六月の第一三号に「ベルリンの常套句Ⅱ」を立て続けに発表した。「捉え所のなさ（Ungreifbarkeit）」を特徴とし、アイロニカルな風刺やエッセイ、詩を得意としてきた彼にとっては珍しく、ここでは非常に情熱的に、時代情勢に対する自らの立場をアフォリズムの形ではっきりと表明している。(9)

強権的なアデナウアー政権により経済復興と西側諸国における復権が優先されるなか、復古主義的傾向を強く持った戦後の西ドイツは、「革命」への希望を絶ち、「下からの革命ではなく上からの社会的諸関係の安定化を」、すなわち「現実としての古きものの再興、レトリックとしての再出発を」決断した（BG, S. 153）。(10)こうした一九五〇年代から続く状況に追い打ちをかけたのが、反体制派の希望であ

ドゥチュケ暗殺未遂事件を受けて。

った社会民主党（SPD）が、キリスト教民主同盟（CDU）・キリスト教社会同盟（CSU）に加わる形で実現した一九六六年の大連立である。

西ドイツの知識層の大半が、ドイツのこちら側で正常に機能する議会制民主主義を打ち立てようという連合国の試みを歓迎していた際のあの希望は、裏切られた。右からそう呼ばれているこの左派知識人たちは、お人好しで、温和で、我慢強く耐えながら、憲法を字義通りに受け止め、理性的な提案と道徳的要求を通じて、連邦共和国の社会をその独自の前提条件にそって改良しようとした。〔…〕大連立は、この幻想に終止符を打った。　(BG, S. 156)

まだ微かに残されていた「改良主義（Reformismus）」的方途は、大連立の成立の結果、議会内に有効な「反対派」が存在しなくなり、議会制民主主義が機能不全に陥ったことで閉ざされてしまったのである。なによりも、主権を持った国民をよそに大連立により非常事態法の可決が間近に迫った事態を直視すれば、「憲法は体制にとって、生存のための欺瞞（Lebenslüge）である」（BG, S. 165）。こうして、「連邦共和国の政治体制はもはや修復不可能」となってしまったのだ（BG, S. 157）。『シュピーゲル』事件などに見られた、四七年グループの作家たちが時折見せた政治的な抗議運動についても、彼らが「言論の自由の擁護、要は自分自身の利害と特権の主張に際して」のみ政治的に活動したに過ぎないと、手厳しく批判している（BG, S. 158）。

さて、こうした状況のなかでエンツェンスベルガーが期待をかけるのが、議会外反対派（ＡＰＯ）の中核を担うＳＤＳだった。一九六七年六月二日に起きたベンノ・オーネゾルク射殺事件という「ベルリンでの警察によるポグロム」を発端として、「国家権力」が自ら「革命」の必要性を知らしめているなか、「こうした挑戦を受け取るのは、地位のある作家や学者、ジャーナリストではなく、学生たちである」（BG, S. 157）。

新たな反対派は、論拠（Argumente）を持つが、生産手段を持たない。シュプリンガーは、生産手段を持つが、論拠を持たない。この実情により、路上へと出ていくことが真理となる〔…〕。求められているのは、新たな始まりであり、大いなる対話（Große[s] Gespräch）である。

（BG II, S. 195）[11]

先にも触れたとおり、学生たちは社会の混乱の原因を学生運動に押し付けるシュプリンガー社系列のメディアに対して、反シュプリンガーキャンペーンを実施しており、それは一九六八年四月のドゥチュケ暗殺未遂事件を境に一層激しさを増していた[12]。ここでエンツェンスベルガーは、学生たちを擁護しつつ、「論拠」を持って議論を行おうとするその姿勢を評価する。そして、大連立（Große Koalition）や、ヘルベルト・マルクーゼの「大いなる拒絶（große Weigerung）」を連想させる言い回しで、「革命」が不可能になった西ドイツにおける突破口を「大いなる対話」に見出そうとする。

しかしその一方で、学生たちの試みもまた、決して先行きの明るいものではなかった。

> その〔運動の〕政治的な実体は、十分に練りあがっていない。その組織的な構造は新しいものだが、脆弱である。ドイツにおける唯一の集団として、ＳＤＳは種々のアプローチを、現行の〈思索物〉とは反対に〔…〕妄想じみた性質をもたない政治的理論へと発展させた。この理論は、またたくまに、創始者たちの力量を超えた物質的な暴力（materielle[] Gewalt）となっているように思われる。（BG II, S. 196）

抗議運動が有効な政治的帰結を得るには、一部の少数派集団にとどまっていてはならず、全社会的な波及力を持つ必要がある。しかし、実際にはドイツではゼネラルストライキは起こらず、広く大衆の動員を図ることは困難であったため、その基盤は脆弱なものでしかありえなかった[13]。エンツェンスベルガーが言うには、学生たちも知識人たちも「革命的主体（revolutionäres Subjekt）」ではなく、「最終的な決定は、過去のあらゆる革命がそうであったように、従属的な立場にある大衆次第である」(BG, S. 163)。さらに、「革命的主体」ではないということは、「第三世界」との連帯に関しても問題を生じさせる。「自らの歴史的状況を精査しない、あらゆる第三世界の解放運動との同一化は、性急かつ不毛である」のであって、むしろ「巨大都市」の政治的活動との差異を含めて、双方を「冷静に媒介することと」が重要な一歩とならねばならない(BG, S. 160)。

引用箇所の後半部分は、「暴力(Gewalt)」による解決を求める声が、SDSのなかで次第に高まっていた状況を踏まえたものだろう。例えば――第三章でも言及した――一九六七年九月に行われたSDSの代表者会議における、「組織化に関する報告」と題されたドゥチュケとハンス・ユルゲン・クラールの共同声明では、「都市ゲリラ」の構想が打ち出されているほか[14]、一九六八年四月二日にはフランクフルトのデパートが、後にドイツ赤軍派(RAF)を形成するグドルン・エンスリンとアンドレアス・バーダーにより放火された。エンツェンスベルガーは、「創始者たちの力量を超えた」という表現で、抗議においてエスカレートする「暴力」の危険性を指摘しているのである。

他の箇所でも同様の問題について語られている。「暴力に関して」、それは「国家権力」の側から最初に持ち出されたものであり、対抗のために、「過去のあらゆる革命は、敵方の非人間性に自らを感染させてきた」。エンツェンスベルガーによれば、「こうした問題は、ただ革命をなす者によってのみ解かれるのであり、その時には、革命が敵方に教えられることはなくなるだろう」(BG, S. 166)。

西ドイツにおいてゼネラルストライキが起こりえない状況と第三世界との歴史的差異を踏まえ、自分たちの現状を再認識し、安易な「暴力」への傾倒ではなく「大いなる対話」を通じて、現状変革の訴えを全社会的な運動へと変えていくこと。それが、エンツェンスベルガーにとって抗議運動の課題であった。では、その際、文学はどのような役割を担うことができるのだろうか。

一九六八年一一月の『時刻表』第一五号は「文学」が主軸となっていた。サミュエル・ベケットの「ワット」や、「エニグマ」をはじめとするインゲボルク・バッハマンの四つの詩などは、言語の領界が作品の一つの大きな着想点となっており、いわゆる言語芸術的な色彩の強いものであった。一方で、カール・マルクス・ミヒェルの「文学に花輪を」やヴァルター・ベーリヒの「異端者への死刑宣告」といった論考は、社会変革における「文学」の無力を説いており[15]、ある種のコントラストを形成している。エンツェンスベルガーによるアフォリズム集「常套句、最新の文学に関連して」もまた、後者に属する性質のものである。

一つ目のアフォリズムは、「したがって、現在私たちは、文学の弔鐘が鳴るのを再び耳にする」と始まり、エンツェンスベルガーは冒頭から早くも「文学の死」の予感を漂わせる（GL, S. 187）[16]。そもそも戦後ドイツは、「文化的生」、すなわち「文学」に特別な役割を与えてきたが、それは権力構造や社会体制といった「現実の諸関係」の変化が困難になるにつれて、「上部構造のアリバイ」へと変容してしまった（GL, S. 189）。四七年グループに代表されるような戦後の論壇の方向性をほのめかしつつ、こう語られている。

文学は、連邦共和国に存在しなかったもの、すなわち本当の政治的生の擁護を求められた。そうして、まるで文学的な現象であるかのように、すなわち文学的な手段を用いて、復古主義と戦っ

> た。反対派は、自らを文芸欄へと追いやらせたのである。〔…〕こうした構造は、文学に対して、異論の余地のない社会的地位を保障したが自己欺瞞をもたらしたのであって、それは今日グロテスクな印象を与えている。 (GL, S. 190)

これまでの章でも幾度か触れているが、四七年グループの創設者ハンス・ヴェルナー・リヒターとアルフレート・アンダーシュは、ナチスとの決別を図るべく新しい文学のあり方を求めると同時に、あえて「時事的な問題」を締め出して、作品の「朗読」と「批判」が自由に行える場を生み出すことで、批判を根幹とする民主主義の実現に寄与できると考えた[17]。しかし、その営為が雑誌やラジオ、テレビといったマスメディアで大きく取り上げられる反面、アデナウアー政権の復古主義的な潮流を大きく変化させることはなく、一九六〇年代に入ると最大野党で左派の希望であったＳＰＤすら大連立に参加し、民主主義の制限という危険を孕む非常事態法も制定に至ってしまった。エンツェンスベルガーからすれば、「文学」に専心することで政治的帰結をもたらそうとする姿勢は、現実を直視しない「自己欺瞞」にしか映らなかったのだ。

とはいえ、エンツェンスベルガーは、文学そのものの死を宣告しているわけではない。

> 〈文学の死〉はそれ自体一つの文学的メタファーであり、それも最近のものではないということも、考えさせられる点である。少なくとも数百年来、〔…〕死を言い渡されたものは、市民社会によく似て、絶えず死の苦しみに瀕し、〔…〕自らの危機を存在の基礎とする術を理解してきた。

(GL, S. 188)

あくまで「文学の死」というのはメタファーであり、既存の形式の「文学」が失効したに過ぎない。エンツェンスベルガーの挑発的な批判の裏側にあるのは、文学それ自体は歴史上絶えず「自らの危機」を「存在の基礎」に据えてきたし、これからもそうであり続けるという洞察である。[18] ベケットやバッハマンの作品が同号に掲載されているのも、新たな文学の様々な形態を模索する一つの狙いがあったに違いない。彼自身は、イランに生まれドイツで博士号を提出した、ジャーナリストであり作家のバーマン・ニルマントによるイラン関連の書籍や、学生運動を牽引した女性活動家ウルリーケ・マインホーフのコラム――彼女もまた一九七〇年にはRAFを立ち上げることになるのだが――などを評価しており、「ドイツに政治的な読み書きを教えること」を課題に挙げる(GL, S. 196f.)。『時刻表』の包括的研究書を著したマルムラはこれを「効用ある文学(wirksame Literatur)」と呼んでいるが、[19] 政治的な分析や行動と結びつく文学が求められていると言えるだろう。また、そうした試みは「長期的で骨の折れる過程」であり、「絶えず自分から学ぶ人に学ぶ者」でなければ成し遂げられない。社会的実効性を文学に付与するには、「作家と読者のフィードバック」もまた欠かせない要素となる(GL, S. 197)。

社会状況から学び、文学によって抗議運動に自己の位置を反省させつつ、「暴力」に依らない「大いなる対話」による社会変革という「長期的で骨の折れる過程」を実現していくこと。それこそ、当時のエンツェンスベルガーが作家として、知識人として抱いていた構想だったのだ。

二　『ハバナの審問』――「自己省察」および「大いなる対話」の実践に向けて

上述したように、エンツェンスベルガーは、「熱帯の社会主義」の悲惨さとともに、一九六八年に訪れたキューバでカストロの独断的な政治を目の当たりにする。当地で出会った、更迭された砂糖産業大臣（Zuckerminister）はその代表例であった。担当大臣は、カストロがある日突然七〇〇万トン弱しかない砂糖の収穫を一〇〇〇万トンに引き上げると宣言したことに対して、現実的ではないと進言したところ、革命の意志が欠如しているとして罷免を言い渡されたそうだ。そして次の大臣は、「ここに革命家はいるのか」というカストロの問いかけに最初に手を挙げた人物が着任したようだ。[20] こうした話を現地で直接見聞きしたエンツェンスベルガーは、一九六九年の「ある政党の肖像」のなかで、合理的な検証を拒むカストロの種々の決断に関して「そうした無制限の統治はしかしながら、恣意性につながりうる」と指摘し、「したがって彼への信頼は、あらゆる検証を免除されて、イデオロギーの核心部分となる」と警告を発している。[21]

キューバにおける政治権力は、ただカストロの周りに群がるごくわずかの人々の手中にある。彼らにとっては、党規則など重要ではなく、最高指揮官に対する個人的な忠誠が唯一のものなのだ。[22]

エンツェンスベルガーの目には、キューバ革命はすでにイデオロギー的で、専制政治的な傾向を有し始めているように映っていたのだった。ところが驚くべきことに、一九七〇年に公刊されたのは『ハバナの審問』だった。ここでは、カストロが社会主義革命を宣言するきっかけとなった、アメリカの援助を受けた亡命キューバ人たちによるヒロン海岸侵攻における、革命政府の実際の審問が取り上げられている。エンツェンスベルガー自身が第三世界と「巨大都市」を「冷静に媒介すること」に意義を見出していただけに、キューバ革命に対する失望の裏側で、その全盛期の一幕を作品にした意図が探られねばならないだろう。

「はじめに」で述べたように、これまでこの作品は、亡命キューバ人たちに代表される「反革命」のイデオロギー批判として解釈されてきた。実際、エンツェンスベルガーによる序章にも「反革命の自画像」という題が付されている。

亡命キューバ人たち「反革命」派は、必ずしもバティスタに率いられた革命以前の独裁体制への回帰を望んでいたわけではなく、「ある種の啓蒙された反共主義」を掲げ、民主主義的で「改良主義的な目標」を追求する傾向を有しており、物質的な利害関心ではなく理想のために戦っていると信じている者たちであった（VH, S.15）。一方でそれは、アメリカの帝国主義に支えられた支配階級の側のブルジョア的イデオロギーでもある。ゆえに、審問の過程で問題になるのは、単なるキューバの歴史上の一場面を超えて「一つの範例となる出来事」であり、「つまるところ、ここに〔この対話に〕表れてくる構造は、あらゆる階級社会のなかに回帰してくる」（VH, S.21）。つまり、西ドイツにおける「反革命」の意識構造の解明にもつながっていくというわけだ。

またエンツェンスベルガーは、「この対話に独自の厚みと重み、透明さを付与しているのは、あら

キューバのエンツェンスベルガー。

ゆる参加者が置かれている状況である」と述べ、ハバナの審問を取り上げる主な理由に関して「状況が革命的である」ことを挙げている（VH, S. 22）。侵攻してきた支配階級が捕虜の立場となり、従来の関係性が逆転することで率直な対話が可能となり、彼らの真意に迫る可能性が開かれるのである。ただしここで問題となるのは、捕虜たちに対する刑の執行や道徳的追求ではなく、審問の過程を通じて彼らに「自画像、それも一つの集団の自画像」をもたらすことである（VH, S. 25）。それにより集団の持つ無意識が明らかになり、そのイデオロギー性が暴かれる。他方で審判が進むにつれて、先のブルジョア的イデオロギーの解明という点において、キューバという局地性は薄れ、西ドイツとの共通性が一層はっきりと明らかになってくる。「その下から見えてくるパターンは、一般化可能であり、私たちの社会にも刻まれている」のである（VH, S.28）。先にも引用したが、エンツェンスベルガーは序章の最後をこう締めくくっている。

それは〔私のアレンジは〕、自己を同一化する可能性を公衆に提供することにも狙いを置いている。そして、審問の過程がその同一化を打ち壊すことを期待している。（VH, S.53）

西ドイツの読者が、まず「反革命」の側へと自己を同一化するものの、作品を読み進めるなかでその欺瞞性に気づき、自分自身の抱える誤謬をも同時に認識するというプロセスに、作品の主要テーマが据えられていることがわかるだろう。

まずは、そうした点が実際にどのように表出しているのか、オタワ、ジュネーブ、フライブルクと三つの外国の大学で哲学を研究した捕虜ホセ・アンドレウに対して行われた審問の一幕をもとに確認しておこう。アンドレウと、革命側の質問者ロドリゲスとの議論は、司会者の次の一言で始まる。

賛意や不服の表明や、叱声や拍手は全て、この催しを単に損ねるだけでなく、反革命的な振る舞いとして厳しく批判されるものである。私は、あなたがた全員に、これまでと同じ思慮深さと冷静さを保つことを期待する。（VH, S. 135）

こうして始まるロドリゲスによるアンドレウへの質問は、外部からの介入もなく、純粋に発言の真偽が追求される。侵攻に参加した動機について問われると、アンドレウはこう答え、自らの理想を口にする。

私が常に関心を持ち、重要視してきたのは、国民全体も各個人も理性的に発展していけるよう、政治面でも経済社会面でも保障してくれる政府が、キューバの権力を握ることでした。

(VH, S. 135)

それに対して、アンドレウら侵攻軍が打ち立てようとしていた臨時政府で首相を務めることになっていたバロナという人物が、一九四八年にキューバですでに首相として政権を運営していた点を、質問者ロドリゲスは指摘する。

ロドリゲス：バロナ政権のもとでは、労働者の指導者や組合活動者に対して数々の罪がなされていたのを、きっと覚えているでしょう。
アンドレウ：うむ、個別には、ヘスス・メネンデスのケースしか思い出せません。
ロドリゲス：アラセリオ・イグレシアス事件は覚えていないのですか？
アンドレウ：覚えてはいますが、それについては判断を下せるだけの十分な知識がないのです。

(VH, S. 136)

アンドレウら侵攻側が打ち立てようとしている臨時政府の主導者は、過去に圧政を敷いた政権の中心人物でもあったのだ。しかしアンドレウはこの後の答弁でも、バロナ政権の数々の事件について、詳細を知らないがゆえに判断できない、あるいは覚えていないと発言し、最終的に「私は行政機構の内情をよく知らないのですから」と自己弁護を行う。アンドレウの掲げるイデオロギーは、現実に照らして欺瞞であることが明らかにされていくのである（VH. S. 138）。その際、質問者と回答者の間に外部からの妨害が入ることなく、発言そのものの真理が追求されていく過程は、ラウの解釈のように「理想的な発話状況」であると言える。また、大学で哲学研究を行ったいわば知識層であり、理性的な政府の実現を通じて改良主義的に民主主義を実現しようとしている人物であるアンドレウは、西ドイツの改良主義的な左派知識人にとって、自己を投影するスクリーンと化す。議論の進行の追体験を通じて、西ドイツの知識人たちは、抗議運動の「革命」を否定しつつも現実を直視しないがゆえに自己欺瞞に陥っている――まさに「ベルリンの常套句」で記されていたような――自らの立場に気付かされることになるのだ。

一方、エンツェンスベルガーは学生たちの間で最も影響力のある作家の一人であり[23]、西ドイツにおける『ハバナの審問』の受容者としては、「反革命派」の改良主義的な知識人たちと同じく、SDSをはじめとする抗議運動も必ず想定されていたはずである。そして、抗議運動に自己の位置を認識させるという先に見たエンツェンスベルガーの文学観を念頭におけば、すでに自らが失意を抱いていたカストロによるキューバ革命を単純に美化したとは考えにくい。彼が「暴力」に依拠しない「大いなる対話」へと学生たちを導こうとしていたことを踏まえると、鍵となるのはやはり、審問における「理想的な発話状況」の表出だろう。もとより、序章部分「反革命の自画像」にもこう書かれていた。

勝者たちの自己意識も革命的であり、捕虜と公平に接することを可能にする。それは、テロル的な契機から完全に解き放たれているのだ。〔…〕質問者たちは、類を見ない寛容さと忍耐で侵攻者たちに相対しており、革命を行う者たちの倫理的優越性は明らかである。（VH, S. 25）

このように、エンツェンスベルガーは革命による「テロル的な契機」に釘を刺しつつ、倫理的に正当化しうる審問に焦点を当てている。実際に、当時彼がイデオロギー性を疑問視していたカストロ自身と捕虜の間に交わされた討議もまた、次のように行われている。

捕　虜　：私たちは理性の法を持ってここへやって来たのであり、この法は私たちの側にあるのです。それが、私の言いたかったことです。どうぞ。

フィデル：〔…〕あなたは自身の感情を表すために、ここで発言しました。〔…〕心から率直に語り合いましょう。ここで行われていることの先例が歴史上に記録されていると思いますか。

捕　虜　：先例？

フィデル：これと同じようなケースのことです。あなたのような捕虜が仲間たち全員と一緒に、新しい衣服を供給され、休息して敗北から立ち直る機会を与えられたあとで、自分が

襲った当の相手である人民に向かって語るのを許されるようなことが、歴史上にありましたか。〔…〕
〔…〕私は一人だけでなく、君たちみんなに問いたいのです。というのも、みんなが発言するべきだからです。〔…〕この戦いが双方の側に犠牲を出し、キューバの人民が、その血がどういう理由から流されたのか、知ることを望んでいるので、君達にこういう機会を与えました。〔…〕これに〔かつてのゲリラ戦で受けた仕打ちに〕反して、私たちは人民を代表し、人民の意見に身を晒します。ヒエラルキーや、身分などは問題になりません。君たちが何者かを問題にせずに、議論を行うために私たちはここに来ているのです。　（VH, S. 224）

捕虜が、共産主義から民主主義を守るという観点から自らの侵攻の正当性を語るのに対して、カストロはここで行われている審問こそが、まさに民主主義的な過程であることを主張する。彼によれば、それは侵攻を企てた者たちを罰するのではなく、事態の全容をキューバの人民に明らかにするために行われている。その際、捕虜全員に発言の機会が与えられ、味方・敵の垣根を越えた公平な議論が試みられることで、真理の解明に近づくのである。まさに「理想的な発話状況」がカストロ自身により表明され、実践されているのだ。

西ドイツでは一九六八年五月に非常事態法が可決され、一九六九年の連邦議会選挙ではＳＰＤのヴィリー・ブラントが首相となった。それと並行して、一九六八年の冬学期ごろには学生運動はすでに下火になりはじめ、一九七〇年にＳＤＳは解体を迎える。一方で、「ベルリンの常套句」でエンツェンスベルガーが危惧していたように、抗議運動における「暴力」の問題は一層エスカレートしていった。その引き金の一つが、一九六八年一一月の「テーゲラーヴェークの闘争」である。ドゥチュケ暗殺未遂事件の引き金となる報道を行ったとしてシュプリンガー社が襲撃されたが、その首謀者として弁護士ホルスト・マーラーが起訴されたことを受けて、裁判所の前のテーゲラーヴェーク通りで行われたデモが暴徒化し、一三〇名もの警官が負傷した。以降全体の一部ではあったものの、抗議運動における過激派の形成が進んでいく。そして、数々のセクトに分かれた共産主義を名乗る諸団体Ｋグループ（K-Gruppe）が戦闘的な地下運動を展開したほか、一九七〇年には後に「ドイツの秋」と呼ばれる一連のテロ事件を引き起こしたＲＡＦが形成された。[24]

西ドイツの学生たちは、『ハバナの審問』を読み、革命の側に自己を位置付ける。しかしそこに見出される革命の姿は、自らの抗議運動の現状とは一致せず、むしろその解体の過程に対する反省を促すものである。エンツェンスベルガーはキューバ革命の推移に単に幻滅を感じるのではなく、それが真の「革命」たりえた瞬間を歴史に救済し、ドキュメント文学として作品化することで、反革命的傾向を持つ人々と学生運動の双方に自らの誤謬を自覚させ、「大いなる対話」を通じた長期にわたる社会変革のプログラムを始動させようとしていたのだ。

三　おわりに

「見せかけの革命とその子どもたち」のなかでユルゲン・ハーバーマスは、激化する抗議運動に連帯の意を表明するエンツェンスベルガーを「見せかけの革命家たちの宮廷にいる余所者の道化師」と呼び、彼が「一九二〇年代の言葉から、ずっと前に信頼をなくしているメタファー」を取り出し、「いまでは不遜にも革命の詩人を自称している」ものの、行動の帰結に責任を取らない「無責任な者の態度」を取り続けていることを痛烈に批判した(25)。第四章と第五章で確認したように、ハーバーマスは、啓蒙主義の時代に誕生した「市民的公共圏」の理念が戦後ドイツにおいて実現していく一連の過程を批判的に精査し、自らもまた責任を有する歴史的主体として、その内部で民主主義が発展する可能性を押し広げようとした。彼の目からすれば、とりわけ『時刻表』刊行以後、学生たちに賛意を示しながら革命の必要性を唱え、キューバにも赴いたエンツェンスベルガーの行動は、詩人としての名声を利用した安易な政治的急進主義に映ったのだろう。

すでに考察したように、エンツェンスベルガーはアドルノのアウシュヴィッツ命題への疑念を出発点に、『点字』から『時刻表』へと歩みを進めるなかで、詩や文学と社会との関係性を絶えず模索していたが、その問題意識は一九六〇年代末にも生き続け、『ハバナの審問』という作品によって一つの解決を見た。たしかに、西ドイツの改良の不可能性を訴え、抗議運動と活動を共にし、革命が実現したキューバへと実際に赴く姿勢は、ハーバーマスの知識人としてのあり方とは異なるものだった。しかし、だからといってエンツェンスベルガーが無責任に革命の実現を主張し、学生たちを扇動したという見方はあまりに単純化されすぎている。彼は、政治的活動に踏み出し、状況から学ぶことで絶えず自己の立ち位置と社会の状況を「省察」していたのであり、改良主義的な左派知識人たちとは距離を取りつつも、暴力の加速化により抗議運動が変革の可能性を縮小させている状況を前に、文学と現実との接合を通じた介入の方途を探っていたのである。なによりも、キューバで直接目にした革命の欺瞞性を察知しながらも、その端緒に存在した真理が見出せる場面を編集し、公衆に「自己省察」を促すドキュメント文学として提示した『ハバナの審問』は、詩人ないしは作家であるからこそ果たしうる実践にほかならない。それも、求められているのは、奇しくもハーバーマスと同じ方向性を持った、継続的な「大いなる対話」のプログラムであったのだ。

注

（1）この辺りの経緯については、以下を参照――Siegfried, Detlef: *1968. Protest, Revolte, Gegenkultur.* Ditzingen（Reclam）2018, S. 191–230; Gilcher-Holtey, Ingrid: *Die 68er Bewegung. Deutschland. Westeuropa. USA.* 5. Aufl. München（C. H. Beck）2017, S. 37ff.; Weitbrecht, Drothee: *Aufbruch in die Dritte Welt. Der Internationalismus der Studentenbewegung von 1968 in der Bundesrepublik Deutschland.* Göttingen（V&R Unipress）2012, S. 13ff.

（2）Enzensberger, Hans Magnus: Europäische Peripherie. In: *Kursbuch* 2. Frankfurt a. M.（Suhrkamp）1965, S. 154–173, hier S. 171.

（3）Ebd.

（4）Weitbrecht, S. 102.

（5）以下を参照――Lau, Jörg: *Hans Magnus Enzensberger. Ein öffentliches Leben.* Frankfurt a. M.（Suhrkamp）2001, S. 242ff.

（6）Enzensberger, Hans Magnus: *Das Verhör von Habana* [=VH]. Frankfurt a. M.（Suhrkamp）1970.

（7）以下を参照――Baumbach, Kora: *Standorte. Westdeutsche und lateinamerikanische Autoren im Wechselspiel politischer und ästhetischer Konstellationen*. Berlin（Erich Schmidt）2011, S. 152-186; Dietschreit, Frank/ Heinze-Dietschreit, Barbara: *Hans Magnus Enzensberger*. Stuttgart（J. B. Metzler）1986, S. 82-88; Berghahn, Klaus L.: Es genügt nicht die einfache Wahrheit. Hans Magnus Enzensbergers *Verhör von Habana* als Dokumentation und als Theaterstück. In: Grimm, Reinhold（Hrsg.）: *Hans Magnus Enzensberger*. Frankfurt a. M.（Suhrkamp）1984, S. 279-293.

（8）以下を参照――Lau, S. 285.

（9）以下を参照――Ebd., S. 249.

（10）Enzensberger, Hans Magnus: Berliner Gemeinplätze［=BG］. In: *Kursbuch* 11. Frankfurt a. M.（Suhrkamp）1968, S. 151-169.

（11）Enzensberger, Hans Magnus: Berliner Gemeinplätze II［=BG II］. In: *Kursbuch* 13. Frankfurt. a. M.（Suhrkamp）1968, S. 190-197.

（12）以下を参照――Frei, Norbert: *1968. Jugendrevolte und globaler Protest*. Neuausgabe. 2. Aufl. München（dtv）2018, S. 115ff. und S. 129f.〔フライ、ノルベルト『１９６８年――反乱のグローバリズム』旧版（下村由一訳）みすず書房 二〇一二年、一二八－一二九頁〕

（13）以下を参照――Gilcher-Holtey, S. 90ff.

（14）以下を参照――Ebd., S. 67f.

（15）ミヒェルやベーリヒの論考の解説として、以下を参照――Marmulla, Henning: *Enzensbergers Kursbuch. Eine Zeitschrift um 68*. Berlin（Matthes & Seitz）2011, S. 176-198.

（16）Enzensberger, Hans Magnus: Gemeinplätze, die Neueste Literatur betreffend［=GL］. In: *Kursbuch* 15. Frankfurt a. M.（Suhrkamp）1968, S. 187-197.

（17）以下を参照――Rüther, Günter: *Die unmöchtigen Schriftsteller und Intellektuelle seit 1945*. Göttingen（Wallstein）2016, S. 68f.; Böttiger, Helmut: *Die Gruppe 47. Als die deutsche Literatur Geschichte schrieb*. 2. Aufl. München（Deutsche Verlags-Anstalt）2013, S. 54ff.

（18）こうした解釈については、以下も参照――Lau, S. 270ff.

（19）以下を参照――Marmulla, S. 191.

（20）以下を参照――Lau, S. 256.

（21）Enzensberger, Hans Magnus: Bildnis einer Partei. Vorgeschichte, Struktur und Ideologie der PCC. In: *Kursbuch* 18. Frankfurt a. M.（Suhrkamp）1969, S. 192-216, hier S. 214.

（22）Ebd., S. 215.

(23) 例えば、エンツェンスベルガーは一九六六年、ベルリンＳＤＳの推薦図書リストに名前を連ねているほか、一九六七年にさまざまな大学の学生に対して行われた、作家・政治家・学者の評価に関するアンケートでは一位となっている。以下を参照――Weitbrecht, S. 100.

(24) こうした推移を簡潔にまとめたものとして、以下――Frei, S. 141-151〔邦訳書、一四一―一五二頁〕; 井関正久「西ドイツにおける抗議運動と暴力――「68年運動」と左翼テロリズムとの関係を中心に」:『日本比較政治学会年報』日本比較政治学会 二〇〇七年、一七七―一九七頁所収。

(25) 以下を参照――Habermas, Jürgen: Die Scheinrevolution und ihre Kinder. In: Ders.: *Kleine Politische Schriften* I-IV. Frankfurt a. M. (Suhrkamp) 1981, S. 249-260, hier S. 258f.

終章　後期近代における知識人の役割

一　アドルノ、ハーバーマス、エンツェンスベルガーの歴史的な知識人像

ドレフュス事件に端を発する知識人の意義は、第二次世界大戦後、サルトルやリオタール、フーコー、サイード、ホネットなど、時代を代表する思想家により追い求められてきた。そして、その答えはいまだ解決を見ていない。置かれている社会や時代の状況が違えば知識人の役割も変化せざるをえないため、それはある意味必然的なことであり、一つの模範像の形成の不可能性を証明してもいる。本書が試みたのは、公的な場で社会に対して知的批判を行うという一点を手がかりにしながら、アドルノ、ハーバーマス、エンツェンスベルガーといった初期ドイツ連邦共和国で活躍した知識人を選び出し、「普遍的価値」を素朴に標榜できないなかで、社会との関係をめぐる問題意識がいかに共有され——ときには相互批判を交えながらも——展開されていったかを歴史的コンテクストに即して明ら

かにすることであった。あらためて、これまでの議論をおさらいしておこう。

アドルノは亡命先のアメリカで、「普遍性」の主張が持つ疑わしさや「思考する主観性」に力点をおきながら、同時に「討議」という問題圏も視野に収め、ナチスというカタストロフィーの経験から出発して、「自己省察」的な知識人のあり方について思いを巡らせていた。そして、社会批判の新たな可能性を模索しつつ、戦後ドイツへと帰国する（第一章）。そうしたアドルノにとって、当時のハイネをめぐる文化現象は、まさに自らの知識人観を実践に移すこの上ない機会であった。アメリカと西ドイツでそれぞれ行われた講演では、発表の場や媒体に即して、ハイネ受容を切り口にした社会情勢への批判が展開されている。とりわけ一九五〇年代当時の西ドイツでは、復古主義的で閉鎖的な雰囲気が社会を包んでおり、ハイネ受容にも大きく影響していた。アドルノは、ハイネを抑圧する傾向の裏に戦前の高踏的な文化人とナチスとの結びつきが今なお存続しているという事態を、ラジオを通じて聴衆に訴えかけながら、旧来の文化概念の拡張を通じて、戦後ドイツ社会が抱える問題に取り組んでいたのである（第二章）。一九六〇年代になると、『シュピーゲル』事件により抑圧的な時代情勢が変化し始め、六八年に向けてさまざまな抗議運動が芽生えた。特筆すべきことに、そうしたなかアドルノは、亡命知識人と旧ナチス党員という垣根を超えて保守派の思想家アーノルト・ゲーレンとラジオ・テレビ対談を行っている。アドルノは対談において、『シュピーゲル』事件に端を発する抗議運動を民主主義進展の萌芽として評価する一方で、六八年の急進化した学生たちを批判的に捉えている。抗議する学生たちからすれば、既存のメディアを通じて旧ナチス党員であるゲーレンと対談しながらも、「過去の克服」の問題を直接取り上げずに自分たちに批判を向けるアドルノは、非常に権威的に映ったことだろう。しかしアドルノからすれば、ゲーレンとの「討議」は、メディアを通じて「過去の克服」を実践的活動に移し替え、既存の社会を改善する不可欠の一歩であったのだ（第三章）。「自己省察」あるいは「討議」という問題意識を共有していたのが、当時フランクフルト社会研究所でアドルノと共闘していたハーバーマスである。一九六〇年代初頭から末にかけて社会改良の波が湧き起こるなかで、ハーバーマスは「公共圏」ないしは「認識と関心」という課題に理論的に取り組むだけでなく、知識人と社会との距離を同時に模索し、批判の可能性を探っていた（第四章）。そしてアドルノ同様、ハーバーマスにとってもゲーレンは、単に理論的な示唆を与えてくれるだけでなく、同時代の保守知識人として向き合わねばならない相手であった。その際重要な位置を占めていたのが、民主主義を保障する西ドイツという「国家」をどう捉えるべきかという問いである。ハーバーマスは「国家」を重視するゲーレンの制度論に取り組みつつ、激化する学生運動にも立ち向かうなかで、西ドイツ国家が辿ってきた民主主義的進展の成果に焦点を当てる。そこに見出せるのは、歴史的過程と個々人の自由との連関を「自己省察」し、そのうえで「討議」を行う重要性を、学生たちとの実際の議論のなかで身をもって示すハーバーマスの姿である（第五章）。

エンツェンスベルガーは、アドルノと向き合い、いわば文学と思想の境界を超えて社会における自らの詩人ないしは作家としての役割を反省的に問い続けた。一方で、彼にとってアドルノは、一九六〇年代初頭から時代情勢が変化していき知識人による社会問題への介入が活発になるなか、乗り越えなければならない存在でもあった。そしてアドルノを起点とした問題意識は、詩集『点字』を経由して、学生運動にとって極めて重要な意味を持った雑誌『時刻表』創刊の企図に流れ込むことになる

（第六章）。『時刻表』では、文学と政治の隔たりを取り除くべくさまざまな社会的テーマが扱われたが、なかでも「第三世界」に関しては、同時代の作家ペーター・ヴァイスと誌上で凄烈な論争が繰り広げられた。エンツェンスベルガーの立場は、個人的な人道支援でもなく、自由主義的な改良でもなく、社会主義的な革命でもない形で、「論拠」をもとに政治的実践へと足を踏みだそうとするものだった。彼が目指したのは、歴史上挫折した「本当の民主主義」を目指す試みを、一次資料をもとに再構成し「省察」を行うことで、過去から救い上げることであったのだ。現代ドイツにおいてそうした洞察に道を開くべく、『時刻表』第一〇号には、その都度の生のなかに変革の契機を繰り返し探ることを主題化した詩群「さまざまな五つの詩」が掲載された。エンツェンスベルガーは、文学・詩と社会の関係を常に思い悩み、作家・詩人であると同時に知識人であることの可能性を模索し続けていたのである（第七章）。さらに言えばその意識は、学生運動が下火となり、一部の過激派がエスカレートする最中の一九七〇年に発表されたドキュメント文学『ハバナの審問』にも端的に表れている。『時刻表』の影響もあり、当時「第三世界」における解放運動は、革命を志す学生運動にとって自己を投影する一つの大きな鏡としての役割を果たしていた。エンツェンスベルガーは、自らが当地を訪れた経験を踏まえ、いわばキューバ革命の黄金期を文学の題材にしながら、次第に解体へと向かう学生運動に対し「自己省察」を促し、「大いなる対話」という「討議」に基づく長期的な社会変革のプログラムを始動させようとしていたのである（第八章）。

このように、戦後ドイツという歴史を背景に、アドルノが知識人に見出した「自己省察」ならびに「討議」という契機は、まさしく彼の知識人像との対決を通じてハーバーマスやエンツェンスベルガーに反響をもたらし、それぞれに固有の形で押し広げられていった。ハーバーマスは、アドルノと同じく保守派との議論も重ねながら、西ドイツの戦後の民主主義「国家」としての歩みを捉えなおし、激化する学生たちに対して歴史の歩みと討論の重要性を訴えかけた。作家であり詩人であったエンツェンスベルガーは、議論の場となるメディアの創出を図ると同時に、自らの作品を発表し続けることで、理論的な認識だけでなく感性やイメージ、追体験の領野をも含みこみながら、一九六〇年代の社会情勢に立ち向かったのである。

二　一九七〇年代／八〇年代以降の社会の変容と「近代」の行方

上記の考察を踏まえてこの「終章」で改めて問いたいのは、現代において当時の知識人像を分析することにいかなる意味があるのか、という点である。繰り返し強調しているように、歴史的事象からアクチュアリティーを短絡的に引き出すことには十分に警戒せねばならない。だが、そうだとすると、本書で取り組んできたアドルノ、ハーバーマス、エンツェンスベルガーの知識人像もまた、単なる歴史的記念碑としての意味しか持ちえないのだろうか。その答えを特定するには、当時と現在の共通項と差異をどのように捉えるべきか、という根本的な問題に、まずは立ち返らねばならない。

「序章」で述べたように、さまざまな変遷はあるものの、おおよそ二〇世紀の中頃まで、とりわけ第二次世界大戦後の社会において正当性を有していたように思われる「一般的／普遍的知識人」の形象は、一九七〇／八〇年代を一つの境目として強い疑義にさらされていく。したがって、鍵を握るのは、一九七〇／八〇年代に生じたとされる社会構造の転換である。

まずもって、社会状況の変化と「一般的／普遍的知識人」の凋落の関係性を先駆的に取り上げ、当時大きな衝撃を与えた、ジャン゠フランソワ・リオタールの論考「知識人の終焉」（一九八三）を議論の出発点に据えたい。リオタールによれば、従来の意味での知識人とは、「ある普遍的な価値（une valeur universelle）を備えた一個の主体に自己を同一化しながら、その視点のもとで、ある状況ないし状態を記述し、分析して、その主体が自己を実現するために、少なくともその進歩を実現するために、何がなされなければならないかを規定するような〔…〕精神の持ち主である」[1]。しかし、啓蒙期以来続いてきたそうした知識人のイメージは、現代において知的階層が果たしている役割とは大きく異なる。技術の発展とともに知のあり方が変化し、諸領域が高度に専門化した状況下において、彼らは「自らの専門領域」で、「可能な限り優れた遂行（performances）を実現すること」を目指しているのである[2]。とはいえ、もちろんリオタールは、知識階層が自らの領域に閉じこもり、こうした知の管理に勤しむことを是としているわけではない。むしろ「普遍的理念」の衰退を、思考と生を全体化の重圧から解放する契機として捉え、いまや知的階層が「〈知識人〉を無能で、不可能にするような新たな責任の高みに身を置こうとしている」と主張し、その意義を時代の変化のなかで見定めようとしたのだった[3]。

そしてこの診断は、彼のいわゆる「ポストモダン論」と不可分である。カナダのケベック州の大学協議会からの依頼を受けて提出された報告書に端を発する『ポストモダンの条件』（一九七九）のなかでは、現代の「知」の状況が克明に描き出されている。リオタールによれば、「科学と物語」は元来密接な関係にあり、科学は自らの地位を正当化する言説、すなわちメタ物語を必要としていた。例えば

「精神の弁証法、意味の解釈学、理性的主体ないしは労働者としての主体の解放、富の発展」、あるいは「啓蒙」というメタ物語をもとに「知」が編成される状態が、「モダン的（moderne）」なのである。(4) 一方で、高度に発達した社会では、「ポスト工業」の時代に入り「知」の細分化が加速度的に進行するなか、こうしたメタ物語への不信感が生じている。現代における、外部的な支えを失った「知」のステータスの変化した状態が、「ポストモダン的（postmoderne）」だとされる。(5) こうしたリオタールの議論は――明確な概念的形象を獲得したのは一九世紀末のドレフュス事件が初めてだったが――「知識人」の問題を考える着手点として、「普遍性」への志向と不可分の関係にある「近代」の変容そのものに焦点を当てる必要性を明確に示している。

たびたび指摘されるように、リオタールはあくまで「知」の時代診断をめぐる立論の出発点として「大きな物語／小さな物語」という対比を用いただけであり、決して、「モダン」から「ポストモダン」へ、という単純で二項対立図式的な変遷を主張していたわけではない。(6) とはいえ、様々な「誤解」があったにせよ、リオタールの発したとされる「ポストモダン」という言葉が呼び水となり、その後、一九七〇／八〇年代から生じた時代の変化を「近代」との連関のなかで捉えなおす試みが盛んに展開されていったことも確かである。ここでは、「一般的／普遍的知識人」の意義を問い直すにあたって、より「近代」との連続性に重点を置く議論に目を向けてみたい。

社会理論の文脈では、例えばデヴィッド・ハーヴェイの著書『ポストモダニティの条件』（一九九〇）のなかで、フランスの詩人シャルル・ボードレールによる「モダニティ（modernity）」の定義を軸に、「儚いもの」や「移ろいゆくもの」と「永遠のもの」や「不変のもの」との混交に着目し、「ポストモダン」的潮流を「モダン」の一側面として連続的に捉える道筋を示している。[7] そして、第二次世界大戦後の大量生産・大量消費からなるフォーディズムや、好景気と相まって発展したケインズ主義的福祉国家が、一九七〇年代以降、オイルショックによる経済停滞や「六八年」に起因するカウンターカルチャーを経由して、労働市場の開放や地理的流動性の増進など「フレキシブル」な体制へと移行したことを踏まえつつ、「モダン」と「ポストモダン」に通底し、資本主義そのものに内在する構造と変容を分析の俎上に載せたのだった。[8]

次第に複雑化する社会を解き明かすうえで「近代」を改めて見直す方向性は、『再帰的近代化』（一九九四）の三人の共著者たち、ウルリヒ・ベック、アンソニー・ギデンズ、スコット・ラッシュにも見受けられる。ベックは、工業社会に象徴される「近代」の発展が、西欧社会の（創造的）自己破壊へと転化し、そこから「もう一つ別の近代」が生じてくる過程を「再帰的近代化（reflexive modernization）」と呼んだ。[9] 科学や技術、大量生産・大量消費の工業主義、市民社会や福祉国家は、あらゆるものを統制可能とみなして単線的な発展を信じ込んできたが、まさしくその帰結として、複雑化する予見不可能な「リスク社会」が誕生した。[10] 代表的な例としては、一九七〇年代に西ドイツでも積極的に導入された原子力発電所が、チェルノブイリ原発事故という形で決定的にその統制不可能性を露見したことや、工業主義の進展にともなう公害、ないしは大気汚染や森林伐採などの環境問題である。[11] そうした不確実性にともない、「個々人が自らの生活歴を自分で生み出し、上演し、修繕していかねばならないような新しい生き方」としての「個人化」が、（個人の自発的意思とは無関係に）「社会形式」として否応なく進行していく。[12] それが、ベックによる現代の「もう一つのモダニティ」の診断であった。

一方で、「個人化」という見方を共有しつつ、「近代」の一貫性により主眼を置いたのがギデンズである。彼は、私たちはポストモダニティという時代に突入しているのではなく、「モダニティの帰結がこれまで以上に徹底化され、普遍化されていく時代に移行しようとしている」と主張した[13]。「モダニティ」の源泉は、「時間と空間の拡大」、ローカルな環境から切り離される「脱埋め込み」、および、社会の営みをその根拠と常に照らし合わせながら変容させていく「制度的再帰性」に求められる[14]。グローバリゼーションが進み、資本主義や科学に代表される抽象システムが隅々に浸透することで、それら三つの要素が複合的に貫徹された結果、真の意味での「ポスト伝統社会」が到来し、いまや近代性の徹底を通じた「ハイ・モダニティ」の時代、すなわち「後期近代（Late Modern Age）」に突入している。そうして個々人もまた、外部の参照軸を欠くなかで、自らの選択を通じて自己のアイデンティティを絶えず再構成していかねばならない。しかしギデンズによれば、それは困難な課題である一方で、「新しい始まり、すなわち、行為や経験の真に新たな社会的世界」に生きることを意味しており、「社会的絆は、過去から受け継がれるのではなく、むしろ効果的に作り出される必要がある[15]（強調は原文ママ）」。「後期近代」は、光と影どちらの道にも通じているのである。

最後にラッシュは、ベックやギデンズの議論が「認知的」ないしは「制度的」な側面に限定されている点を批判しつつ、合理主義的、概念的把握とは切り離して考えるべき、イメージないしは生活世界において共有される意味の次元に着目し、「美的」ないしは「解釈学的」な側面から、「再帰的近代化」について論じている[16]。

一九七〇／八〇年代以前とそれ以降との間にどの程度差異を見出すかに関しては濃淡があり、他にも様々な観点が存在するものの、[17]上記の診断に従えば、新たな時代もまた「近代」の延長線上に位置づけられうる。およそ一八世紀にはじまって第二次世界大戦後にまで続く「近代」は、一九六八年の学生運動や一九七三年のオイルショックによる戦後好景気の終焉を境に、ケインズ主義的福祉国家や大量生産・大量消費のフォーディズムの浸食、市場の流動性の増大、グローバリゼーション、個々人ないしはローカルな価値観の多様化、(デジタルも含め)テクノロジーの発達による不透明性の拡大(資本主義システムの全世界的広がりやエコロジー問題など)といった大きな転換を迎えたが、その根本原理は依然として命脈を保ち続けているのだ。

三　二一世紀を迎えた「後期近代」の危機――レクヴィッツとローザによる時代診断の交点

ここまで見てきたリオタールやハーヴェイ、ベック、ギデンズ、ラッシュらの議論は、主に一九七〇年代末から一九九〇年代にかけて展開されたものである。その後、「近代」という枠組みのなかで社会の動向を理論的に把握しようとする試みは、(実証・経験社会学の興隆もあってか)下火になっていったが、二一世紀に入ってしばらくが経過し、新たな社会問題が各方面で顕在化するなかで、昨今再び注目を集め始めている。現代ドイツを代表する二人の社会理論家、アンドレアス・レクヴィッツとハルトムート・ローザの近代論は、その特筆すべき例だろう。両者は、往年の議論を背景に据えながら、あらためて「後期近代(Spätmoderne)」としての現代社会の危機的状況をあぶりだしている。最後に、彼らが各々の理論的立場とアプローチ(の相違)を鮮明にした共著『危機に立つ後期近代――社会理論に何ができるのか』（二〇二一）を紐解き、本書が持ちうるアクチュアリティーへと繫げていきたい。

三—一　社会における「一般性の危機」——「特別さ」ないしは「独自性」の諸問題

まずレクヴィッツは、近代とそれ以前の時代との分水嶺を見定めるべく、近代に特有の「社会的実践（soziale Praktiken／Praxis）」に着目し、[18] 三つの根本的な構造を浮き彫りにする。まず一つ目が、「偶然性の開放」と「偶然性の閉鎖」の弁証法である。社会の営みは偶然的なものでありいかようにも改良されうるという点は、人類の誕生以来一貫しているが、社会秩序の総体が批判の対象となり、より優れている別の秩序に置き換えられるべきという考えは、近代に特有のものであるとされる。「偶然性」とは、「変形の可能性（革命に至るまで）に開かれていること、すなわち、常に新たな行為で満たされうるような可能性の地平を開こうという構え」を意味している。[19] したがって、近代における「偶然性の開放」とは、新たな可能性に向けて「欠点含みで批判に値すると知覚された抑圧状態を打破すること」である。[20] 一方で、新しい秩序が軌道に乗ると今度はそれが「社会的、文化的な支配連関を形成する」ことになり、遅かれ早かれ「偶然性の制約」として批判の対象となっていく。[21] これが、「偶然性の閉鎖」の段階である。近代は、こうした「偶然性の開放」と「偶然性の閉鎖」が相互に生じるプロセスとして捉えうるのだ。

二つ目が、社会における営み、すなわち社会的実践を特定の方向へと導くような「社会論理」である。近代には、合理化を基礎とする「一般的なものの社会論理（soziale Logik des Allgemeinen）」と、価値の領域としての文化を基礎とする「特別なものの社会論理（soziale Logik des Besonderen）」が存在している。前者は、通例マックス・ヴェーバー的な意味での形式合理化と結びついており、社会的なものの構成要素を「目的のための手段」と捉え、技術・認知・規範の面で最適化や即物化、普遍化を行い、国家や経済、科学、生活世界で「合理性のレジーム」を形成していく。[22]それに対して後者は、合理化ではとらえきれない（ないしは排除されてしまう）領域を示すものであり、「個人や集合体のアイデンティティ、内発的な価値、体験、強い情動」を対象とする。[23]近代を考えるうえでは、この「一般的なものの社会論理」と「特別なものの社会論理」の相互関係の変化を読み解かねばならない。

三つめは、時間性の構造と関わる。近代が「進歩」という原理を自らの青写真として掲げるのであれば、そこには常に新規性を追い求めるような「新しいもののレジーム」が作動しており、結果として基本的に過去は顧みられず、現在と未来が重視されていく。[24]しかし、そうした追求の裏面には、「喪失のダイナミズム」が存在している。進歩という「新しいもののレジーム」のもとでは、「過ぎ去ったもの」は正当な場所や表現形態をもたず、「むしろ時代遅れで、古臭いものとして解釈され、忘却されるべきだとされる」――もっとも、「喪の作業」や「文化批判」、「ノスタルジー」、「犠牲者や敗者の社会的承認」など、それに反する社会的行為として「喪失」と向き合う術も模索されてきた。そしてもう一つ、未来志向的に常に変化を求めるなかで、例えば「伝統社会」から「近代社会」へと移り変わるなかで、旧来のものとの断絶が即座に生じるわけではない。[25]そこには、過去に由来する社会的実践が現在の社会的実践と融合していくような、「時間のハイブリッド化」が生じてくる。近代の時間性の構造とは、「新しいもののレジーム」、「喪失のダイナミズム」、「時間のハイブリッド化」によって成立しているのである。

これら三つの構造をもとに、レクヴィッツは近代を「市民的近代」、「工業的近代」、「後期近代」という三段階に区分けしている。「市民的近代」とは、一八世紀の西欧で誕生し一九世紀に支配的となった、「近代」の最初のヴァージョンである。伝統的な旧秩序の抑圧性に対して、政治、科学、生活形態など、社会の全領域で新たな社会的実践の可能性が追及され、「偶然性の開放」に向けた歩みが踏み出されることで市民社会が誕生した。そしてそれは、やがて市民層による支配（「市民的ヘゲモニー」）という形で固定化され、「偶然性の閉鎖」へと向かう。[26]「社会論理」に着目すると、市民的近代は、産業革命とともに幕を開ける資本主義・工業経済、国民国家の官僚制度の始まり、科学の制度化にみられるように、形式合理化、すなわち「一般的なものの社会論理」が一挙に推し進められた時代であり、伝統的秩序に対する「個人主義」もまた、人間の「普遍的」権利という啓蒙主義的理念に基づくものであった。一方「特別なものの社会論理」は、ロマン主義に代表される芸術領域での「対抗文化」を通じてラディカルに追及されたものの、非常に限定的な範囲にとどまっていた。とはいえ、この時代の合理化プロセスが完全なものであったわけではない。例えばキリスト教の理念が依然として社会に大きな影響を及ぼしていたように、「新しい」進歩へと向かう過程で、普遍性を求めた市民的文化は前近代の伝統と「ハイブリッド」な状態にあり、「共同体や宗教、故郷の村、具体的な慣習の喪失」は、「社会における喪」の対象であったのだ。[27]

次に、一九二〇年代から一九七〇／八〇年代あたりまで続き、社会全体が工業経済の刻印を強く帯びた「工業的近代」である。大量生産・大量消費と結びついたフォーディズム、マスメディアの発達、比較的平等で均質的な中流社会、大衆政党の成立、ケインズ主義的福祉国家などが特徴的である。この時代は、「いまや時代遅れに思われる市民的近代」に対する「偶然性の開放」を目指し、一部の階層による社会形成ではなく、社会の統制や技術化および社会的包摂を通じて、「万人に」近代の生活形態を約束するものであった[28]。しかし、やがてそれもヘゲモニーと化し、社会の過剰規制や個々人の政治的自由の制限、ないしは順応主義という形で、「偶然性の閉鎖」を迎えることになる。「社会論理」に関しては、あらゆる領域で形式合理化がいきわたり、「一般的なものの社会論理」が頂点に達したが、個々の対象や事物、主体のオリジナリティは蔑ろにされ、「特別なものの社会論理」はかろうじて社会の片隅に存在する程度となる。概して「工業的近代」は、「市民的・啓蒙的合理性」という点で以前の時期との連続性を有しているが、「際限のない革新と向上の論理」によって「新しさのレジーム」が急進化していくと同時に、大衆化に伴う「市民的個人主義」の終焉や（東・西を問わず）全体主義による暴力の歴史を「喪失」として経験するのである[29]。

最後が、一九七〇／八〇年代から現在に至る「後期近代」である。「工業的近代」は古びていき、次第に包括的なポスト工業化が進展していくと、工業労働の代わりに非物質的な知識労働が、工業製品の代わりに情報・知識・サービスといった認知・文化的な財が登場し、非常に激しい市場競争が行われるようになる。すると、大学卒業資格を持つ「高度人材」の「新たな中産階級」と、単純サービス業に従事する「低スキル人材」の「新たな下層階級」、そして以前の中流の継承者たる「伝統的な中産階級」との間で分極化が生じ、平等で均質に思われていたこれまでの社会は解体していく[30]。また、技術面でのデジタル化の進展も、そうした変容の原動力となる。さらに政治面では、「協調主義的で統制的な福祉国家が、グローバルな競争という状況を前提とする（新）自由主義的な国家に追いやられた」[31]。動態化を促すこうした自由主義は、経済的な要素だけでなく左派自由主義《リベラル》的な要素も併せ持つもので、経済的、社会的ダイナミズムとともに文化的多様性を推し進める。そしてそれに伴い、個々人の生活態度や価値観も変化を被る。とりわけ主導的立場にある新たな中産階級においては、周囲への順応ではなく、「主体の自己実現や、創造性、真正さ、充実した感情を中心とする文化」が求められるようになるのである[32]。こうした趨勢は、「工業的近代」の硬直化した構造に向けられた「偶然性の開放」と見なすことができる。レクヴィッツによれば、「後期近代の命法とは、市場のゲームやアイデンティティ、個人の感情、財や記号のグローバルな流れに利するよう、工業的近代では変更不可能に思われた境界や規則を打破することなのだ」[33]。もっとも、そうして勝ち取られた自由と思しきものも、次第に新たな障壁となっていく。「後期近代」たる現代社会もまた、グローバルな競争構造の確立や、社会階層の分極化による格差の発生、自己実現の文化の弊害（燃え尽き症候群など）、エコロジー的な持続可能性の危機など数多くの問題を引き起こしており、「偶然性の閉鎖」に直面しているのである。

「社会論理」に目を向ければ、「一般的なものの社会論理」と「特別なものの社会論理」との関係がここで逆転を遂げる。前者はもはやメインストリームではなく、後者を支えるインフラとしてのみ機能し、「特別さ」ないしは「独自性」が一挙に前面に押し出されるのだ。例えば経済的な側面を見ると、ポスト工業社会においては非物質的な情報や知識、デザイン、サービスが重要となり、商品の「特別さ」ないしは「独自性」を表現する一方で、標準化された大量生産にはそれらが流通するための補助的役割しか与えられないのである。そしてＳＮＳやアルゴリズムなどのデジタル技術の進展が、個人の「特別さ」に体系的に働きかける傾向をさらに強めていく。さらに、「新たな中産階級」における価値観やライフスタイルの変容も重要となる。彼らはもはや、義務や順応といった価値観、すなわち「社会的に一般的なものという規範」に従うのではなく、個人の「特別さ」や自らが体験する世界の「特別さ」に価値を見出し、「独自性志向の」ライフスタイルを営むことで、社会における自らのステータスを高めていくのだ。[34] このように「後期近代」においては、独立した個人として社会的地位を確立するという市民社会的理念と、ロマン主義からカウンターカルチャーに至る「特別さ」への志向とが融合しているという点で、過去との「ハイブリッド化」が生じており、ポスト工業社会・デジタル化・新たな中産階級の相乗効果のなかで、「特別さ」を有する「新しいもの」が次々に生み出されていく。そして「喪失の体験」は、自己実現の文化がもたらす心理的負担、社会的ステータスを失う人々（新たな下層階級や伝統的な中産階級）、エコロジー的な危機、ないしは「これまで自明に思われてきた、未来における社会の進歩という前提の浸食」を通じてもたらされるのだ。[35]

一九七〇／八〇年代から始まった「後期近代」もまた――過去の「市民的近代」や「工業的近代」の場合と同じように――自らの構造の硬直性を露呈し、新たな「偶然性の閉鎖」の段階に達している。レクヴィッツは三つの「危機」に即して、その問題を改めて詳述している。[36] 一つ目が、「承認の社会的危機」である。社会的なものに関するあらゆる領域で「独自性の市場」が拡大し、「特別さ」への希求が単なる個人の願望ではなくある種の社会規範として制度化されていくなか、「特別さ」ないしは「独自性」の資本を持つ人々とそうでない人々との間で、経済面だけでなく文化面での断絶も生じていく。デジタルメディア（ＳＮＳなど）が個人の自己演出や経済の中心地となることで、「デジタル・

デバイド」が発生すると同時に、知識労働や自己実現のための資源が集積しやすい大都市圏と旧来の工業都市・小都市・農山漁村との格差も広がっている。とりわけ二一世紀に入り、「近代化の勝者」(新たな中産階級)と「近代化の敗者」(伝統的な中産階級と新たな下層階級)との軋轢が顕在化しており、それは多種多様なポピュリズムの台頭の一因となっているのだ。

二つ目が、「自己実現の文化的危機」である。「自己実現」という理念が、個人のレベルを超えて社会のレベルで追求されることで、常に自己肯定感を直接的に高めるような生き方だけが推奨される。しかしその際、「失望」や「失敗」から生み出される「ネガティヴ感情」(不安や怒り、嫉妬など)に適切な場所が与えられることはなく、その表現方法や対処方法を知らない自己は、ひたすらに疲弊していくのだ。

三つ目が、「政治的なものの危機」である。デジタルメディアの発達により公共圏の細分化が生じており、全体を包括するような「一般的な公共圏」が崩壊してきている。また、個々の共同体の集合的アイデンティティが重要な役割を示すようになり、文化的に均質的な小集団を代表する小政党が数多く誕生し、「国民政党」にとってかわった。それにより、各々の集団間を横断する問題に対して全体の関心を引くことが困難になっている。そして、従来の福祉国家に代わる自由主義的な「競争国家」は、主として「経済的、社会的、文化的なダイナミズムの実現に集中する」が、しかしその反面で、広く共有されるべき「一般的なものに関わる社会インフラ」が軽視されてしまう。概してこれら三つの危機は、「特別さ」ないしは「独自性」を追求するなかで生じた、社会における「一般的なものの危機(Krise des Allgemeinen)」として理解されうるのだ。(37)

三―二　社会編成の集合的な再構築へ――「適合的な安定化」と「共鳴」にむけて

ローザは、自らの主著『加速する社会――近代における時間構造の変容』（二〇〇五）に依拠しながら、社会転換と世代交代の速度との関係性を軸に、レクヴィッツ同様「近代」を三つに区分する。まず、世界が不変であり、さまざまな世代が同一の世界を共有していた「初期近代」。次に、世代ごとに変化が生じる「古典的近代」。最後に、一九七〇／八〇年代ごろから始まり、一九九〇年ごろの「政治的、デジタル的、新自由主義的革命という三重の大変動により」先鋭化した、一世代の内部で大きな転換が生じるような「後期近代」である[38]。一方で、「偶然性」、「社会論理」、「新しいもののレジーム」といった三つの要素の変転をもとに各時代を比較的明確に区分したレクヴィッツに対し、ローザは「加速」のエスカレートという一つの原理の進展を基礎に据えているため、より段階的な差異が問題となっている。そしてその主眼は、「近代」を突き動かしてきた「社会編成」を、物質的な再生産に関わる制度・構造的システムと、諸主体の行為の動機づけとなるような文化的地平との相互作用をもとに解き明かし、「後期近代」の病理を突き止めることにある[39]。

まず、「近代」の制度・構造的システムは、「向上という様式においてのみ」、つまり「たえざる（経済的）成長と（技術的）加速、（文化的）革新の濃密化」に依拠することによってのみ、自らの現状を保つことができる[40]。経済においては、ますます多くのものが生産され、消費されねばならない。技術の進歩は、それを後押しする。そして文化面では、ますます短い時間間隔で技術的、組織的、社会的革新が相次いで起こり、「現在の収縮」が生じてくるのである[41]。とはいえ問題は、成長や加速、革新の濃密化それ自体ではなく、それらが社会構造の維持のために不可欠である、という点にある。例えば、経済成長がなければ企業は倒産に追い込まれ、失業者は増え、国家の税収は減り、さまざまな施策を講ずる余地を失い、その正当性を失っていくと一般に考えられている。ローザは、現状が「向上」を通じてのみ維持されうるという構造的特徴を、「動態的な安定化」と呼ぶ。

続いて、諸主体の動機づけとなる文化的地平を見定めるために、「いわば、不安（避けるべきもの）と渇望（追求する価値のあるもの）の「地図」を再構成すること」が重要となる。[42] まずもって主体は、「向上の命法」にさらされた社会において自らのステータスを保つためには、「より早く」上に向かうか他者を蹴落とさねばならず、常に転落の不安を抱いている。だが、どのような社会も、そうした否定的な推進力だけでは持続しえない。そこには何か肯定的な側面も存在するはずである。ローザによれば、「近代の文化的な力の基礎は、世界の射程を（個人的、集合的に）拡張すること、あるいは、認知面、技術面、経済面、政治面で、世界や人生を意のままにする度合いを常に高めていくことにある」。[43] 近代においては、様々な可能性に開かれていること、すなわち、「世界の射程の拡大」が、文化的に重要な動因となるのである。

しかし、こうした「動態的な安定化」と「世界の射程の拡大」は、「後期近代」になってその問題性を曝け出し、さまざまな「危機」を迎えている。次の課題は、その要因を見定めることにある。「動態的な安定化」、すなわち制度・構造的な側面から見ていくと、「すべての社会的な集団、領域、生活形態が、いわば動態化可能、あるいは加速可能であるわけではない」という洞察が肝要となる。[44]「向上」が「エスカレート」すると、「動態的な不安定化」、すなわち「脱同期（Desynchronization）」が引き起こされるのだ。[45] 経済面を見ると、アメリカの低所得者向け住宅ローンの不良債権化と、関連する証券を多数保有していた同国の大手投資銀行リーマン・ブラザーズの経営破綻を契機として、二〇〇八／〇九年に世界金融危機が起こり世界中が不況に見舞われた。これは、いまやコンピューターにより世界中で光の速度で取引される金融・株式市場と、実体経済における財の生産と消費のテンポとの間の乖離がもたらした危機として理解できる。政治面では、必然的に「時間を要するプロセス」である「民主主義の政治的制度」の問題が挙げられる。民主主義においては、熟議を通じた「集合的な政治的形成」という理念のもと、可能限り多くの意見が表明されると同時に、相異なる市民間の基本的合意が存在し、「公共体があらゆる差異を超えた共通のプロジェクトとして認識可能となる」ように決定が下されねばならない。そして脱慣習化が進み、さまざまな面で多様化が進む社会においては、本来そのプロセスはむしろ「減速」に向かうのが普通である。しかしそうなると、経済や文化的な価値転換の速度、メディアの注目の目まぐるしい変化との間に落差が生じてしまう。「既存の民主主義的政治」は、いまや「ブレーキや障害」として批判の対象になるのだ。二〇一六年のブレグジットをめぐる国民投票やドナルド・トランプのアメリカ合衆国大統領就任、および右派ポピュリズム的な政党・政治の台頭などは、その表れである。(46) 地球環境に着目すると、例えば「種の絶滅」であれば、漁業や森林伐採そのものが問題なのではなく、自然の再生産よりもはるかに速い間隔で乱獲することが問題なのであり、これは石油や石炭、ガスに代表される天然資源にも当てはまる。そして、社会技術的・経済的な加速プロセスに起因する気候変動の速度は、地球・生体システムにとって速すぎ、数多くの環境問題を引き起こしている。かくして、「エコロジー的な危機」が生じることになる。(47) そして最後に、「社会における物質的、社会的、文化的な再生産メカニズムの恒常的な加速」は、必然的に「心理状態」、「主体の身体ならびに性格」に影響を与える。しかし、主体の動機づけは任意に加速させられるものではない。外界との接合を図る試みが挫折すると、「燃え尽き症候群」や「鬱病」に苦しみ、自らの体験する時間が「静止」しているように感じられ、「非動態的な状態」へと陥るのである。(48)

続いて、「世界の射程の拡大」という文化的側面を見ていこう。「後期近代」においては、「科学的、技術的、経済的、政治的に意のままになるよう作り出された世界が、諸主体にとって、すぐさま二重の形で――外的にも内的にも――全く意のままにならないものと化す」(49)。代表的な例として、原子力を利用しようとする科学技術の進展には、核爆弾や原子力発電の事故に対する完全なる無力感が伴う。また、「国民主権」や民主主義の理念は、「国民」を起点にあらゆる規則が民主主義的に「意のまま」に形成可能である、という想定を含んでいる。しかし、ますます複雑化して多様化する「後期近代」の状況を前に、日常の生活や社会の問題を変えようという個々の思いは、おおむね失望に終わる。そして、ブレグジットの支持者たちのスローガン「コントロールを取り戻せ！」が象徴しているように、ポピュリストたちはこうした政治的に「意のままにならない物事」を、一挙に「意のままに」しようと試みるのだ(50)。日常生活でも、類似した現象が見受けられる。例えば、スマート・ハウスの住人は遠隔からワンクリックで家のすべてを管理できるが、いったん機械トラブルが生じてしまうと、決定的な無力をさらけ出してしまう。これらはいわば主体の「外」側の事例だが、「意のままにならない物事の内的な体験」という次元も存在する。例えば旅行先を選ぶ際、金銭的にも日程的にも余裕があり数多くの目的地が候補として存在するのに、どの都市にも魅力を感じない場合である。この時、最良の選択肢を選ぶための合理的な基準が欠けている、という点が問題なのではない。重要なのは、何からも

「触発」されないということだ。「主体」は、「渇望」のエネルギーを喪失し、「世界の習得が原理的に不可能になってしまった状態」、つまり、「世界」との相互関係を失った「疎外」ないしは「世界の沈黙」に直面するのである。(51)

「後期近代」の危機、すなわち、「脱同期」や「疎外」ないしは「世界の沈黙」への対抗策としてローザが持ち出すのは、「適合的な安定化（adaptive Stabilisierung）」と「共鳴（Resonanz）」である。現代社会の制度・構造の諸問題が、「動態的な性格」それ自体ではなく「エスカレートの強制」にあるとすれば、「向上」は必要であるとしても、それが「命法」とならないよう「適合的な安定化」が求められる。したがって、経済システムにおける根底的な改良が不可欠である。ローザの見立てでは、社会編成の基礎は「世界関係（Weltverhältnis）」にあり、「人間は個人的にも集合的にも、自らが世界のなかに置かれていることを理解しており、世界と関係を持たねばならず、あらかじめいつも関係を結んでいる」(52)。だが経済的な市場原理は、こうした「世界関係」を、個人として対象を浪費する「消費者」という側面に切り詰めてしまい、世界と有機的にかかわることでアイデンティティを形成していくような「生産者」としてのあり方を抑圧してしまう。結果として、「消費」と「生産」を持続的に循環させる広義の「再生産」（自然、社会、個人の身体など）という視点もフェードアウトしてしまう。こうした事態は経済分野を超えて、例えば（とりわけ新自由主義的な傾向にある）政治制度にも影響を及ぼす。つまり、「合理的な選択の行為者として構想された、顧客やクライアント、有権者がなす個々の消費欲求や行動決定に準拠することで」、個人主義の公理が称揚されるのである。こう捉えるならば、「後期近代における社会の組織形態や生活様式は、政治的熟議や意思形成の結果である以上に、工業、デジタル革命の産物であり、経済的な向上の命法の産物であるように思われるのだ」[53]。重要なのは、「消費者としての決定は個々人でなしうるが、生産関係は集合的にしか、形成ないしは変更され得ない」という点である[54]。「適合的な安定化」を図るには、「生産的、再生産的な世界関係に向けて」、政治的、法的、経済的制度を再構築せねばならない[55]。

そして「共鳴」という概念は――上述した「生産者」や「再生産」をめぐる考察とも深く結びつくことだが――世界ないしは他者との失われた相互関係の再構築を目指すにあたり、重要な役割を担うことになる。それは、「主体」と「客体」を明確に区分する「コミュニケーション」や「相互行為」という概念とは異なり、「中動態」的な関係性を指すとされる。「音楽を聴く」という具体的な体験を踏まえれば、その行為は一見「能動的」だが、音色に魅せられるという点では「受動的」であり、両要素を明確に二分することはできない。また、討議や会話に即していえば、それが成功したといえるのは、誰が誰を説得したかなどもはや問題にはなり得ず、「行き交う思考の中心から新しい考えが展開されるとき」であり、獲得された洞察の「作者性（Autorschaft）」が討議や会話そのものに帰属する場合である[56]。こうした「共鳴」は、対象からの「触発」、それに対して応答する主体側の「感情」、新たな関係性に向かう「変容」、道具的ないしは強制的には実現しえないという意味で「根本的に意のままにならない」、という四つの契機を特徴とする[57]。まさしく「共鳴」とは、時間の圧力や強制のもとパラメーターで最適化を図る経済的な「向上の命法」と対立するものなのだ。そして、そうした「共鳴」が様々な場で実現できるかどうかは、「個々人の洞察や善良な意思ではなく、個々人が活動する制度的コンテクストや、個々人が行為する（せねばならない）諸実践にかかっている」のである[58]。

以上レクヴィッツとローザの議論を概観してきたが、両者の時代診断は――アプローチは異なれど――二一世紀に顕在化している「後期近代の危機」に対して、ある種共通の問題意識を多く含んでおり、相互補完的な関係性にある。レクヴィッツは、一九七〇／八〇年代に始まったポスト工業化、ケインズ主義的福祉国家から（新）自由主義的な国家への移行、文化面での価値観の転換が、時代の変遷の過程で閉塞状況に行き当たり、格差の拡大や「自己実現」の理想からくる主体の疲弊、競争国家の下での私的な利害関心の追求という形で、社会の構成員に広く妥当すべき「一般性」の危機をもたらしたことを指摘する。他方でローザは、同じく一九七〇／八〇年代以降の社会の変容を見据え、「向上の命法」のエスカレートによって、金融危機や熟議を通じた民主主義モデルの溶解、エコロジー、主体の疲弊が限界に達すると同時に、技術の急速な進歩や社会の複雑化や多様化に伴い、「世界の射程の拡大」が無力感へと行きつき、世界や他者との関係性が失われていく現代社会の様相を浮き彫りにしている。そして、「適合的な安定化」と「共鳴」を、「社会」という集合的な地平で実現する道を探っているのだ。レクヴィッツとローザはともに、時代の変化の必然性を前提としながらも、「後期近代の危機」に立ち向かうにあたり、個人のレベルを超えた一般的で集合的な地平を築く必要性を主張しているのである。

四　おわりに――現代における知識人の可能性

「後期近代」といえども、まったく新しい時代が到来したわけではなく、「近代」に包括的に作用する内在的論理をもとにその特性を把握することが可能である。そして「後期近代」の危機とはまさしく、社会における流動化や複雑化、細分化が加速度的に進行していくなかで、次第に全体を統べる総合的な視座が失われていくという点にあった。このように見てくると、序章で確認したフーコーやサイード、ホネットの取り組みもまた、「特定的知識人」や「アマチュアリズム」（および「主体」）、「批判的な社会理論」を切り口に新たな総合的地平に迫るものであり、極めて「後期近代」的な傾向を有していたと言えるだろう。そうであれば、彼らの「未完のプロジェクト」を継続していくためにも、（サイードがアドルノを再評価したように）従来「一般的／普遍的知識人」と十把一絡げに批判されてきた「近代」の知識人に再度目を向け、実際には多様な形態で展開されていたはずの「一般性／普遍性」への志向を精査し直すことは、現代においてこそ必要とされているのではないだろうか。

とはいえ、幾度となく強調しておかねばならないが、ある種の社会の質的な変容は確実に生じており、一九七〇／八〇年代以前の社会を素朴に美化することは単なるノスタルジーに堕してしまう。そしてまた、さまざまな諸問題に取組む過程で時代が変化を遂げたという側面もあり、「後期近代」への構造転換をいたずらに悪魔化したりしてはならない。それは、肥大化した福祉国家の機能不全やオイルショックによる不景気への処置、グローバル経済やポスト工業経済へのしかるべき対応という点で、そしてジェンダーや民族的出自、宗教などに対する差別や偏見との闘いという点で、少なくはない成果を確かにもたらした(59)。この洞察を全面的に否定することは実情にそぐわないだろう。問題に、過去に存在していたとされる「一般性／普遍性」への信頼を素朴に継承することにあるのではない。それはたしかに、時代の変遷のなかで、抑圧的で閉鎖的な限定性を露呈したのだった。まずもって、

「後期近代」への転換にある種の必然性があったことを認識し、経済面での変化（ないしはエスカレートする「向上」）と、社会文化面での不均質性を絶対的な出発点に据えなければならない。その前提の下、以前の想定とは異なる「一般性／普遍性」を集合的なレベルで、すなわち単なる個人主義志向を超えたところに探っていかねばならないのだ。

この難題に立ち向かうためには、現代社会においていまなお存在感を発揮しており、しばしば互いを敵対視してもいる新自由主義者たちと左派リベラルが、これまでの自らの路線を反省的に捉え返すだけでなく、相互に理解を深める必要がある。さらに言えば、この間、両者の（意図せざる）類縁性に関しても様々な観点から問題提起がなされてきた。「寛容」というリベラルな価値観や、文化面に切り詰められた「承認」をめぐる運動が、新自由主義と真っ向から対立するものではなく、むしろ後者を追認しつつ後押しする形で進展してきたという批判にとどまらず[60]、場合によっては、エリートにより追及される社会的平等と経済的な新自由主義との癒着関係が「進歩的新自由主義」という言葉で痛烈に非難されることもある[61]。そして――上述の通り――新自由主義者たちと左派リベラルが、社会の動態化という点で同じベクトルを向いているというレクヴィッツの洞察も一考に値する[62]。このように、両者が単なる敵対関係にあるのではなく、奇しくも同じ方向性を共有しているのであればなおさら、そこに由来する問題の解消に向けて双方の建設的な対話が必須の条件となるだろう[63]。つまり、まずもって自らの立ち位置を反省的に見つめ直し、より俯瞰的な視座の下、思想的立場を超えて互いの成果と課題を批判的に検証しあい、社会全体が抱える問題の同定と解決に向けて歩みださねばならない。

かかる考察を踏まえてはじめて、アドルノやハーバーマス、エンツェンスベルガーの知識人像の現代的意義が浮き上がってくる。まずもって彼らは、第二次世界大戦後の社会の体制順応的な傾向を機敏に感知し、ナチスの経験から「一般性／普遍性」の顕揚が様々な差異を消し去る脅威を十全に認識していた。しかし同時に、「過去」を繰り返さないよう戦後ドイツに民主主義を根付かせるためには、社会を全体として捉え、公的問題へと批判的に介入することもまた必定であった。「一般性／普遍性」は手放すことのできない理念でもあったのだ。だからこそ彼らは、そこに否応なくついて回る権威性や暴力性を可能な限り解消すべく、批判者がよって立つ社会的・歴史的な時空間を反省的に見つめ直したのであり、左／右やリベラル／保守の対立、および体制批判的な立場内部の意見の相違を超えて、他者との議論の場を創出しようと試みたのである。その「自己省察」と「討議」という契機の実践は、現代において、過去に対するノスタルジーや悪魔化に足を取られることなく一般的で集合的な地平を模索する際に、確かな導きの糸となるはずなのだ。

もちろん、時代状況の転換のなかで、その両契機を実践に移すことは容易ではない。くわえて、ここまで論じてきた「近代」の変遷とそれに伴う知識人の問題を、西洋とは別様の社会発展の道を歩んできた地域、とりわけ日本にどの程度当てはめうるのか、という点にも、さまざまな議論の余地があるだろう。(64) そのことをさらなる課題として認識したうえで、本書の最後を、以下の一節で締めくくることにしよう。これは、一九六七年にオーストリアの社会主義学生同盟から依頼を受けて行われた『新たな極右主義の諸側面』という講演で、(当時からすでに問題となっていた)極右主義の今後の進展を念頭におき、アドルノが発した言葉である。

こういった問題を、つむじ風や天候不順といった自然災害のように事前に予測する類の思考には、自らを政治的主体としてそもそも締め出してしまう、ある種の諦念が潜んでいます。タチの悪い、見物客のような現実との関係が潜んでいるのです。最終的には、事態の進展は私たち次第であり、その進展に対する責任は私たちにあります(65)。

結局のところ、知識人の意義や今後の展開についても、現実との諸関係のなかで追及していくしかない。歴史的変遷の上に成立し、複雑な諸要素からなる社会を前に、一挙に事態が解決に向かうような万能薬は存在しない。過去や現在との総決算を図るべく持ち出される青写真も、疑ってしかるべきだろう。私たちは、具体的な文脈のなかで個々の営為を積み重ねるなかでしか、状況の変革に向けて取り組むことができないのだ。しかし、いくら微力であろうとも、社会への働きかけに意味がないわけではない。アドルノやハーバーマス、そしてエンツェンスベルガーは、自らの置かれた状況下で、知識人としてのあり方を反省し、社会の改善に向けて、実践へと足を踏み出していった。そこに見出される知識人としての形象を手掛かりに、どのような道を切り開いていけるのか。「自己省察」と「討議」を媒介に、社会の不均質性をいかに纏め上げていくことができるのか。それは、彼らと連続性を持ちながらも異なる時代と社会、地域で活動する、「政治的主体」としての私たち一人ひとりの日々の実践に委ねられた課題であり続けるのである。

注

（1）Lyotard, Jean-François: Tombeau de l' intellectual. In: Ders.: *Tombeau de l' intellectual et autres papiers*. Paris（edition galilée）1984, S. 11-22, hier S. 12.〔リオタール、ジャン＝フランソワ「知識人の終焉」：同著者『知識人の終焉』（原田佳彦／清水正訳）法政大学出版局 一九八八年、三—一八頁所収、四頁〕

（2）Ebd., S. 13.〔邦訳書、六頁〕

（3）Ebd., S. 21-22.〔邦訳書、一八頁〕

（4）Lyotard, Jean-François: *La Condition Postmoderne. Rapport Sur Le Savoir*. Paris（Les Editions de Minuit）1979, S. 7.〔リオタール、ジャン＝フランソワ（小林康夫訳）『ポストモダンの条件——知・社会・言語ゲーム』水声社 一九八九年、八頁〕もっとも、ここで使用されている moderne や postmoderne は形容詞であり、時代区分として用いられているわけではない。厚東によれば、modernity には「近代性（モダニティ）」、modern という形容詞には「近代的な」という訳語を、文学・芸術分野にしばしばみられ、最近では様々な「近代性」に共通する一般原理を指す modernism には「近代主義（モダニズム）」という訳語を当てるのが適切であり、「近代」を表すカタカナの「モダン」は、広くそれらの三要素をすべて含んだものを指す場合が多いと指摘している——厚東洋輔『モダニティの社会学——ポストモダンからグローバリゼーションへ』ミネルヴァ書房 二〇〇六年、一一—一二頁。本書も基本的にこの分類に従って記述することにする。

（5）Ebd. S. 11.〔邦訳書、一三頁〕

（6）最近のものとしては以下を参照——星野太「ポストモダンの幼年期——あるいは瞬間を救うこと」：『現代思想』四九巻七号〈特集：いまなぜポストモダンか〉青土社 二〇二一年、二二—三一頁所収。

（7）Harvey, David: *The Condition of Postmodernity*. Oxford（Blackwell）1989, Part I（S. 1-118）, hier S. 10.〔ハーヴェイ、デヴィッド『ポストモダニティの条件』（吉原直樹監訳）筑摩書房 二〇二二年、一五—二〇七頁、引用は三〇頁〕

（8）とくに以下の部分を参照——Ebd., Part II（S. 119-197）und Part IV（S. 325-359）.〔邦訳書、第Ⅱ部（二〇九—三一五頁）と第Ⅳ部（五二五—五七六頁）〕

（9）Beck, Ulrich: The Reinvention of Politics. Towards a Theory of Reflexive Modernization. In: Ders./ Giddens, Anthony / Lash, Scott: *Reflexive Modernization. Politics, Tradition and Aesthetics in the Modern Social Order*. Cambridge（Polity Press）1994, S. 1-55, hier S. 2.〔ベック、ウルリッヒ「政治の再創造——再帰的近代化理論に向けて」（小幡正敏訳）：同著者／ギデンズ、アンソニー／ラッシュ、スコット『再帰的近代化——近現代における政治、伝統、美的原理』（松尾精文／小幡正敏／叶堂隆三訳）而立書房 一九九七年、一〇—一〇三頁、一一—一二頁〕

（10）Ebd., S. 5-13.〔邦訳書、一六―二九頁〕

（11）チェルノブイリ原発事故については、ベックは「リスク社会」を主題とした以下の著書の「はじめに」で言及している――Beck, Ulrich: *Risikogesellschaft. Auf dem Weg in eine andere Moderne.* Frankfurt a. M. (Suhrkamp) 1986, S. 7-11.〔ベック、ウルリヒ『危険社会――新しい近代への道』（東廉／伊藤美登里訳）法政大学出版局 一九九八年、一―六頁〕

（12）Beck, The Reinvention of Politics, S. 13.〔邦訳書、三〇頁〕

（13）Giddens, Anthony: *The Consequences of Modernity.* Stanford (Stanford University Press) 1990, S. 3.〔ギデンズ、アンソニー『近代とはいかなる時代か？――モダニティの帰結』（松尾精文／小幡正敬訳）而立書房 一九九三年、一五頁〕

（14）Ebd., S. 17-45.〔邦訳書、三一―六三頁〕

（15）Giddens, Anthony: Living in a Post-Traditional Society. In: *Reflexive Modernization,* S. 56-109, hier S. 107.〔ギデンズ、アンソニー「ポスト伝統社会を生きること」（松尾精文訳）：『再帰的近代化――近現代における政治、伝統、美的原理』前掲書、一〇五―二〇四頁所収、一九九頁〕

（16）Lash, Scott: Reflexivity and its Doubles. Structure, Aesthetics, Community. In: *Reflexive Modernization,* S. 110-173.〔ラッシュ、スコット「再帰性とその分身――構造、美的原理、共同体」（叶堂隆三訳）：『再帰的近代化――近現代における政治、伝統、美的原理』前掲書、二〇五―三一五頁所収〕ラッシュについては、以下の論考から理解を補っている――中西眞知子「再帰性の変化と新たな展開――ラッシュの再帰性論を基軸に」：『社会学評論』六四巻二号 二〇一三年、二二四―二三九頁所収。

（17）例えば、以前の「ソリッド（固体的）」な「近代」との比較で、流動化の進む現代社会を「リキッド・モダニティ」と呼んだジークムント・バウマンを挙げることができるだろう。主著として以下を参照――Baumann, Zygmunt: *Liquid Modernity.* Cambridge (Polity Press) 2000.〔バウマン、ジークムント『リキッド・モダニティ――液状化する社会』（森田典正訳）大月書店 二〇〇一年〕他にも、犯罪学の観点からこの動向を追跡したものとしては以下を参照――Young, Jock: *Social Exclusion, Crime and Difference in Late Modernity.* London (SAGE Publications) 1999.〔ヤング、ジョック『排除型社会――後期近代における犯罪・雇用・差異』（青木秀男／伊藤泰郎／岸政彦／村沢真保呂訳）洛北出版 二〇〇七年〕

（18）Reckwitz, Andreas: Gesellschaftstheorie als Werkzeug. In: Ders./Rosa, Hartmut: *Spätmoderne in der Krise. Was leistet die Gesellschaftstheorie?* Berlin (Suhrkamp) 2021, S. 23-150. 議論が煩雑になるため、ここではレクヴィッツの「実践（Praktik/Praxis）」理論に深入りはしない。ただしそれは、本書でここまで用いてきたような政治的含意を強く持つ「実践」とは異なり、社会における個々の営みとその総体に焦点を当てるような、社会理論上の方法論に関係するものである。この点については、以下を参照――Ebd., S. 53-68.

（19）Ebd., S. 73
（20）Ebd., S. 74.
（21）Ebd., S. 75f.
（22）Ebd., S. 82.
（23）Ebe., S, 84.
（24）Ebd., S. 90-92.
（25）Ebd., S. 96.
（26）Ebd., S. 101.
（27）Ebd., S. 102.
（28）Ebd., S. 105.
（29）Ebd., S. 106-107.
（30）Ebd., S. 109.
（31）Ebd., S. 110.
（32）Ebd., S. 110.
（33）Ebd., S. 112
（34）Ebd., S. 113-116.
（35）Ebd., S. 113.
（36）Ebd., S. 129-143.
（37）Ebd., S. 124f.
（38）Rosa, Hartmut: Best Account. Skizze einer systematischen Theorie der modernen Gesellschaft. In: *Spätmoderne in der Krise. Was leistet die Gesellschaftstheorie?*, S. 151-251, hier S. 178-179; Ders.: *Beschleunigung. Die Veränderung der Zeitstrukturen in der Moderne.* Frankfurt a. M. (Suhrkamp) 2005, S. 444-448.〔ローザ、ハルトムート『加速する社会——近代における時間構造の変容』（出口剛司監訳）福村出版 二〇二二年、三六六—三六九頁〕
（39）Rosa, Best Account, S. 181.
（40）Ebd., S. 185.
（41）Ebd., S. 186.

(42) Ebd. S. 191.
(43) Ebd. S. 195.
(44) Ebd. S. 204-205.
(45) Ebd. S. 203.
(46) Ebd. S. 209.
(47) Ebd. S. 210f.
(48) Ebd. S. 212-215.
(49) Ebd. S. 215f.
(50) Ebd. S. 218.
(51) Ebd. S. 221.
(52) Ebd. S. 229.
(53) Ebd. S. 234.
(54) Ebd. S. 232.
(55) Ebd. S. 236.
(56) Ebd. S. 245.
(57) Ebd. S. 245.
(58) Ebd. S. 249.
(59) この洞察に関しては以下を参照――Reckwitz, Andreas: *Das Ende der Illusionen. Politik, Ökonomie und Kultur in der Spätmoderne.* Berlin (Suhrkamp) 2019, S. 285-293.〔レクヴィッツ、アンドレアス『幻想の終わりに――後期近代の政治・経済・社会』(橋本紘樹/林英哉訳)人文書院 二〇二三年、二八一―二八七頁〕
(60) 以下を参照――ブラウン、ウェンディ『寛容の帝国――現代リベラリズム批判』(向山恭一訳)法政大学出版局 二〇一〇年;フレイザー、ナンシー『正義の秤――グローバル化する世界で政治空間を再創造すること』(向山恭一訳)法政大学出版局 二〇一三年、一三七―一五九頁。
(61) 以下を参照――フレイザー、ナンシー『資本主義は私たちをなぜ幸せにしないのか』(江口泰子訳)筑摩書房 二〇二三年、九四―九六頁。
(62) 上記のほかに以下も参照――Reckwitz, S. 261-277.〔邦訳書、二五九―二七三頁〕

（63）ほかにも、例えばジョック・ヤングは、保守もリベラルも、社会の不安定化の原因を「かれら」へと（前者であれば伝統的価値観とは相いれない人々、後者であれば物質的ないしは文化的に不利な立場にあるとされる人々へと）「他者化」するという点で共通しており、社会全体を捉えた「結束の政治学」が欠如していることを批判している。以下を参照――ヤング、ジョック『後期近代の眩暈――排除から過剰包摂へ』（木下ちがや／中村好孝／丸山真央訳）青土社 二〇一九年、引用は二七頁。

（64）例えば、「近代」が西洋に限定されるものではなく、それぞれに固有な発展形態があることを探求する概念として、アイゼンシュタットの「多元的近代（multiple modernities）」がある――Eisenstadt, Shmuel N.: Multiple Modernities. In: Ders.（Hrsg.）: *Multiple Modernities.* Piscataway（Transaction Publishers）, S. 1-29. この概念をもとに日本に焦点を当て、「複数の第二の近代」を考察したものとしては、例えば以下を参照――油井清光「グローカル化の元の「複数の第2の近代」――個人、中間集団、そして国家」:『社会学評論』六〇巻三号 二〇〇九年、三三〇―三四七頁所収。また、「モダニティ」の変遷を整理し、それをもとに非西洋社会、および日本の変容を捉えようとした試みとしては以下――厚東、前掲書。最後に、ベックやギデンズらの提起する「再帰的近代化」や「後期近代」の理論を一つの参照軸としながら、日本を含む現代社会を分析し、「社会」や「民主主義」の意義を説くことで、集合的な地平の重要性を明晰に提示したものとして以下を参照――宇野重規『〈私〉時代のデモクラシー』岩波書店 二〇一〇年。

（65）Adorno, Theodor W.: Aspekte des neuen Rechtsradikalismus. In: Ders.: *Nachgelassene Schriften.* 5. Abt. Bd. 1.: Vorträge 1949-1968. Hrsg. von Michael Schwarz. Berlin（Suhrkamp）2019, S. 440-467, hier S. 446f.

あとがき

本書は、二〇二二年三月に京都大学大学院文学研究科に提出した博士論文『初期ドイツ連邦共和国における知識人の諸相、自己省察から討議へ――アドルノ、ハーバーマス、そしてエンツェンスベルガー――』がもととなっている。今振り返ってみると、最初の漠然とした着想が形になるまで、試行錯誤を続けているうちにずいぶんと長い時間が経過してしまった。

学部三年生の時に所属する文学部での専攻を決めるにあたって、私は独文研究室を選択した。当時はゲーテの作品を研究したいと思っていて、卒業論文では長編『ヴィルヘルム・マイスターの修業時代』を「教養小説」の観点から論じるという――今にして思えばあまりに身の程知らずな試みだが――まさに「ドイツ文学」の王道のテーマに取り組んだ。この物語は、演劇の道に邁進しようとするも挫折する主人公が、理性的組織とされる「塔の結社」に導かれて社会や集団における自らの役割を見つけ出そうとするもので、私はそれを手掛かりに、文学から得られる栄養を糧に個人がどのように成長できるかという問題を扱いたいと、とても素朴に考えていた。だが、その後修士課程に進学することになり、すでに就職した友人・知人たちからも影響を受けつつ、自分自身も人生の選択の岐路に立たされると、心境に変化が生じてきた。これまである程度その意義を自明視してきた文学・思想、ひいては人文学の社会的役割を、あらためて根本から問い直してみたいと思うようになったのだ。

そんな時に出会ったのが、アドルノのテクストである。アドルノは非常に難解で抽象的な文体で知られており、ともすれば「象牙の塔」の代表的人物として受け止められることもある。実際に、私も最初はそう受け止めていた。しかし彼の文章をじっくりと紐解いていくうちに、その先入観は次第に解体されていった。そこには、第二次世界大戦という厄災を省察しつつ戦後社会へと立ち向かい、安易な表現に逃げることなく、批判的思考を思想によって人々に伝達しようとするアドルノの姿がたしかに見て取れたのだ。そして、この時の知的高揚感をなんとか言語化したいと考えているうちに、思想家・作家が時代との格闘のなかで紡ぎだす言葉を丹念に追いかけることで思想・文学の社会的役割もおのずと解き明かされていくのではないか、と思い至り、研究の方向性を少しずつ固めていくことができた。その際もっとも有効に見えたのが、「知識人論」からのアプローチである。

とはいえ、まだあまり方法論が確立されていないことに加え、思想や文学、現代史など各分野の研究を横断的に視野に収めることの難しさから、なかなか思うようにはいかず、修士論文は形だけのものとなり、積もる課題は博士論文へと持ち越しとなった――そしてもちろん、そこでもまた悪戦苦闘を続けることになる。学部のときからの指導教官である京都大学大学院文学研究科の松村朋彦先生（現在は名誉教授）と川島隆先生に、そんな風に研究の足場をなかなか固めることができずに思い悩んでいる私の相談に対していつも丁寧に耳を傾けてくれて、自分の力で研究スタイルを確立できるよう後押ししてくれた。いくど両先生の研究室を暗い顔をして訪れたか、思い出せないくらいである。お二人の温かい目がなければ、「知識人論」もかなり早い段階で挫折していたにちがいない。

ちょうど博士後期課程に進学した際に、京都大学大学院人間・環境学研究科にアドルノ研究で著名な細見和之先生が着任された。細見先生は、所属の異なる私に対しても、自分の研究室の学生と同じように接してくださり、『アーレント・ショーレム往復書簡集』（岩波書店、二〇一九年）の翻訳にもお誘いいただいた。個々人の人生や時代経験から思想が編み出されていく、という細見先生の考え方と手法からは、大変多くのことを学んだし、いまも学び続けている。地に足をつけて思想に向き合う術を教えていただいたように思う。

松村先生、川島先生、細見先生、最終的にこの三名の先生方に博士論文の審査をしていただけたのは、私にとってこの上ない喜びだった。残念ながら、新型コロナウイルスの影響がまだ残っており、口頭試問はオンラインだったが、そこでの松村先生の言葉はいまでも鮮明に覚えている。「この博士論文を通じて、ようやく橋本くんが自分の研究手法を見つけたんじゃないかなと思いました」、という発言だった。紆余曲折を経て最終期限の年になんとか滑り込みで博論を提出した学生への労いの言葉だったとは思うが、私には博士論文という一つの「修業時代」の終わりが告げられたように響き、ようやく研究者としてのスタート地点に立てたような感覚に包まれたのだった。もちろん諮問では厳しい意見も飛び交い、とりわけ川島先生と細見先生からいただいた、研究の意味付けをめぐる問いは、非常に急所を突くものであり、その後の改稿の大きな指針となった。あらためて本書が、各先生方への適切な応答となっていることを願うばかりである。

ほかにも、お世話になった方々の名前やエピソードを挙げればきりがないのだが、簡単に紹介させていただきたい。いつも優しく見守ってくださった名誉教授の西村雅樹先生、ドイツ語を超えて広くドイツ文学の知識を伝授してくださったディーター・トラウデン先生、人文学の営みとは何かを常に考えさせてくれる高橋義人先生、研究室の先輩であり今日に至るまで常に有意義なアドバイスを送り続けてくれる宇和川雄先生と西尾宇広先生、所属の垣根を超えて研究や将来の相談にいつも気軽に乗ってくださる稲葉瑛志先生と須藤秀平先生。体調不良を押して原稿にコメントを寄せくれた友人の横田悠矢さん。博士論文を書籍化するにあたり惜しみない助力をいただいた同僚の福元圭太先生。また、切磋琢磨して研究にともに取り組んだ京都大学文学部の独文研究室の方々、人間・環境学研究科の研究室の方々、この間に赴任した大阪大学大学院医学系研究科医の倫理と公共政策学のみなさま、松山大学の先生方、そして現勤務先の九州大学の先生方、日本独文学会をはじめ各所でお世話になった先生方に心からの感謝を申し上げます。

ちなみに今回の出版に際しては、九州大学大学院言語文化研究院の「田中俊明ドイツ語およびオランダ語基金」と、ドイツ語学文学振興会刊行助成（二〇二四年度）からの援助をいただいている。昨今の厳しい情勢のなかで、拙書にこれだけのご支援を賜ったことに対して、衷心よりお礼申し上げる。

編集担当の浦田千紘さんには、何から何まで迅速に作業を進めていただいたうえに、著者の意向を考えたうえで原稿にも的確なコメントをいただき、さらに内容をブラッシュアップさせることができた。この度も大変お世話になりました。

最後に、研究を続けていくうえで私を支えてくれた家族への感謝も記しておきたい。なかでも、いつも不安や弱音、愚痴を聞き続けてくれ、陰を陽に変える不思議な力をもった妻には感謝してもしきれない。月並みですがこの場を借りて、ありがとう、と伝えさせていただきます。

雪の後の雨と晴れ間をながめて

福岡

橋本　紘樹

略号一覧

APO　: Außerparlamentarische Opposition 議会外反対派
CDU　: Christlich Demokratische Union Deutschlands キリスト教民主同盟
CSU　: Christlich-Soziale Union in Bayern キリスト教社会同盟
FDP　: Freie Demokratische Partei 自由民主党
FNL　: Front de Libération Nationale アルジェリア民族解放戦線
NATO　: North Atlantic Treaty Organization 北大西洋条約機構
NSDAP : Nationalsozialistische Deutsche Arbeiterpartei 国民社会主義ドイツ労働者党
SDS　: Sozialistischer Deutscher Studentenbund 社会主義ドイツ学生同盟
SPD　: Sozialdemokratische Partei Deutschlands ドイツ社会民主党
RAF　: Rote Armee Fraktion ドイツ赤軍派

12月　作家と学者による「ベトナム戦争に関する声明」

1966年　12月　ドイツ社会民主党（SPD）とCDU/CSUとの大連立

以後、ドイツ社会主義学生同盟（SDS）を中心とする議会外反対派（APO）の活動が活発化

1967年　1月　急進的左派集団「コムーネ・アインス（Kommune I）」結成

6月　ベンノ・オーネゾルク射殺事件

SDSの会議「抵抗の条件と組織」、ハーバーマス「左翼ファシズム」発言

アドルノ／ゲーレンのテレビ対談「制度と自由」

9月　ルディ・ドゥチュケとハンス・ユルゲン・クラールの共同報告（SDS代表者会議にて）

10月　事実上最後となる47年グループの会合（プルファーミューレで開催）

1968年　ハーバーマス『認識と関心』公刊

4月　極右の青年によるルディ・ドゥチュケへの暗殺未遂事件（アンチ・シュプリンガー運動の激化）

フランクフルト百貨店放火事件

5月　非常事態法可決

6月　ハーバーマス「見せかけの革命と子どもたち」

11月　「テーゲラーヴェークの闘争」でデモが暴徒化

エンツェンスベルガー、キューバに長期滞在

1969年　1月　アドルノやハーバーマス、学生による社会研究所の占拠に対して警察を動員

8月　アドルノ没

10月　SPDと自由民主党（FDP）の連立政権、SPDのヴィリー・ブラントが首相

1970年　エンツェンスベルガー『ハバナの審問』公刊

3月　SDSの解散

5月　ドイツ赤軍派（RAF）結成

略年表

1933年	1月	ナチスによる政権獲得
	9月	アドルノ、ナチスにより教授資格をはく奪
1938年	2月	アドルノ、ニューヨークへ移住。アメリカでの亡命生活の始まり
1945年	5月	ドイツの無条件降伏
1947年		『啓蒙の弁証法』がアムステルダムのクヴェリード社から公刊
	9月	47年グループの初めての集い
1949年	5月	ドイツ連邦共和国（西ドイツ）誕生
	9月	ドイツ連邦共和国初代首相にコンラート・アデナウアーが選出
		キリスト教民主同盟（CDU）/キリスト教社会同盟（CSU）による政権
	10月	ドイツ民主共和国（東ドイツ）誕生
1951年		アドルノ『ミニマ・モラリア』公刊
1953年	7月	ハーバーマス「ハイデガーとともにハイデガーに抗して考える」発表
1954年	11月	アルジェリア戦争勃発
		アルジェリア民族解放戦線（FNL）の抵抗
1955年	5月	西ドイツの再軍備、北大西洋条約機構（NATO）への加盟
		「私はごめんだ（Ohne mich）」という抗議運動の展開
1956年		ハーバーマス、社会研究所でアドルノの助手に
	2月	アドルノ、ラジオ講演「ハイネという傷」
1957年		エンツェンスベルガー、デビュー詩集『狼たちの弁護』公刊
	4月	核装備に反対する「ゲッティンゲン宣言」
1960年	2月	非常事態法が議会に上程され、紛糾
1962年		ハーバーマス『公共圏の構造転換』公刊
	10月	『シュピーゲル』事件
1963年	10月	アデナウアー退任
	12月	フランクフルトでのアウシュヴィッツ裁判（65年まで続く）
1964年		エンツェンスベルガー、詩集『点字』公刊
		ハーバーマス、フランクフルト大学の正教授に
	3月	アドルノ／ゲーレンのラジオ対談「公共性――それは本来何を意味するのか」
1965年	2月	アメリカによる北ベトナムへの爆撃開始、ベトナム戦争の激化
	6月	エンツェンスベルガー、雑誌『時刻表』創刊
	7月	エンツェンスベルガーとペーター・ヴァイスとの論争

p.172 Lau, Jörg: *Hans Magnus Enzensberger. Ein öffentliches Leben.* Frankfurt a. M. (Suhrkamp) 2001, S. 202 (© Bildarchiv Preußischer Kulturbesitz).

p.200 https://de.wikipedia.org/wiki/Kursbuch_(Zeitschrift).（最終閲覧日：2024年12月21日）

p.230 Siegfried, Detlef: *1968. Protest, Revolte, Gegenkultur.* Ditzingen (Reclam) 2018, S. 165 (© Fotoarchiv Ruhr Museum/ Manfred Scholz).

p.239 Lau, Jörg: *Hans Magnus Enzensberger. Ein öffentliches Leben.* Frankfurt a. M. (Suhrkamp) 2001, S. 257 (© Hans Magnus Enzensberger).

図版出典一覧

p.36 Boll, Monika/ Gross, Raphael: *Die Frankfurter Schule und Frankfurt. Eine Rückkehr nach Deutschland*. Göttingen（Wallstein）2009, S. 42（© Archiv Zentrum, Universitätsbibliothek Frankfurt a. M., Max-Horkheimer-Archiv）.

p.54 Müller-Doohm, Stefan: *Adorno. Eine Biographie*. Frankfurt a. M.（Suhrkamp）2003, Abbildung 27（© Historisches Archiv des Hessischen Rundfunks, Frankfurt a. M.）.

p.84 Kraushaar, Wolfgang（Hrsg.）: *Frankfurter Schule und Studentenbewegung. Von der Flaschenpost zum Molotowcocktail 1946 bis 1995*. Bd. 1. Chronik, Register. Hamburg.（Rogner & Bernhard）1998, S. 398（© Max Scheler, Hamburg）.

p.89 https://www.klostermann.de/Ueber-Uns-1/Verlagsgeschichte/Philosophie/60-er-70-er（© Preim, Aachen）.（最終閲覧日：2024年12月21日）

p.104 Müller-Doohm, Stefan: *Adorno. Eine Biographie*. Frankfurt a. M.（Suhrkamp）2003, Abbildung 29（© Barbara Klemm, Frankfurt a. M.）.

p.116 Müller-Doohm, Stefan: *Jürgen Habermas. Eine Biographie*. Berlin（Suhrkamp）2014, Abbildung 12.

p.120 Doerry, Martin/ Janssen, Hauke（Hrsg.）: *Die SPIEGEL-Affäre. Ein Skandal und seine Folgen*. München（Deutsche Verlags-Anstalt）2013, S. 193（© dpa）.

p.125 Frei, Norbert: *1968. Jugendrevolte und globaler Protest*. Neuausgabe. 2. Aufl. München（dtv）2018, S. 76（© Zweitausendeins）.

p.140 Hodenberg, Christina von: *Das andere Achtundzwanzig. Gesellschaftsgeschichte einer Revolte*. München（C. H. Beck）2018, S. 78（© Bonner Stadtarchiv/ Foto: Engels）.

p.160 Müller-Doohm, Stefan: *Jürgen Habermas. Eine Biographie*. Berlin（Suhrkamp）2014, Abbildung 17（© bpk-images/ Foto: Abisag Tüllmann, Berlin）.

――――「あとがき：アメリカ合衆国・社会学・啓蒙――戦後のアドルノ／ホルクハイマー」：ホルクハイマー、M.／アドルノ 、Th. W.『ゾチオロギカ――フランクフルト学派の社会学論集』（三光長治／市村仁／藤野寛訳）平凡社 2012年、358-379頁所収。

――――『アドルノ／ホルクハイマーの問題研――同一性哲学の批判』勁草書房 2000年。

フレイザー、ナンシー『資本主義は私たちをなぜ幸せにしないのか』（江口泰子訳）筑摩書房 2023年。

ヘルマント、ヨースト『ドイツ近代文学理論史』（斉藤成夫訳）同学社 2002年。

星野太「ポストモダンの幼年期――あるいは瞬間を救うこと」：『現代思想』49巻7号（2021）〈特集：いまなぜポストモダンか〉青土社、22-31頁所収。

細見和之『「戦後」の思想――カントからハーバーマスへ』白水社 2009年。

――――「アドルノとエンツェンスベルガー――アウシュヴィッツ以後の表現をめぐって」：同著者『表現の〈リミット〉』（藤野寛／斎藤純一編）ナカニシヤ出版 2005年、80-106頁所収。

――――「テクストと社会的記憶」：同著者『アドルノの場所』みすず書房 2004年、107-139頁所収。

――――『アドルノ――非同一性の哲学』講談社 1996年。

三島憲一『歴史意識の断層――理性批判と批判的理性のあいだ』岩波書店 2014年。

――――『戦後ドイツ――その知的歴史』岩波書店 2007年。

――――「精神と政治の道具的ならざる関係をめぐって――ハーバーマスと戦後ドイツ社会」『現代思想』14巻11号（1986）〈特集：現代ドイツの思想〉青土社、50-68頁所収。

ミュラー、ヤン＝ヴェルナー『ポピュリズムとは何か』（板橋拓己訳）岩波書店 2017年。

ムフ、シャンタル『左派ポピュリズムのために』（山本圭／塩田潤訳）明石書店 2019年。

守博紀『その場に居合わせる思考――言語と道徳をめぐるアドルノ』法政大学出版局 2020年。

山口知三『廃墟をさまよう人々――戦後ドイツの知的原風景』人文書院 1996年。

ヤング、ジョック『後期近代の眩暈――排除から過剰包摂へ』（木下ちがや／中村好孝／丸山真央訳）青土社 2019年。

ラクラウ、エルネスト『ポピュリズムの理性』（澤里岳史・河村一郎訳／山本圭解説）明石書店 2018年。

厚東洋輔『モダニティの社会学——ポストモダンからグローバリゼーションへ』ミネルヴァ書房 2006年。

ジェイ、マーティン『アドルノ』（木田元／村岡晋一訳）岩波書店 2007年。

———『マルクス主義と全体性』（荒川幾雄訳）国文社 1993年。

———『永遠の亡命者たち——知識人の移住と思想の運命』（今村仁司ほか訳）新曜社 1989年。

シュベッペンホイザー、ゲアハルト『アドルノ——解放の弁証法』（徳永恂／山口祐弘訳）作品社 2000年。

ジュリアール、ジャック「フランスにおける知識人の歴史——18世紀から現代まで」（築山和也訳）：石崎晴己／立花英裕監修『21世紀の知識人——フランス、東アジア、そして世界』藤原書店 2009年、14-23頁所収。

城達也『自由と意味——戦後ドイツにおける社会秩序観の変容』世界思想社 2001年。

立花英裕「知識人の問題系——20世紀的空間から21世紀的空間へ」：『21世紀の知識人——フランス、東アジア、そして世界』前掲書、300-318頁所収。

竹峰義和『アドルノ、複製技術へのまなざし——〈知覚〉のアクチュアリティ』青弓社 2007年。

———『〈救済〉のメーディウム——ベンヤミン、アドルノ、クルーゲ』東京大学出版局 2016年。

徳永恂「アドルノ対ハバーマス？」：同著者『フランクフルト学派の展開——20世紀の思想の断層』新曜社 2002年、294-337頁所収。

———（編）『フランクフルト学派再考』弘文堂 1989年。

中岡成文『ハーバーマス——コミュニケーション行為』講談社 2003年。

中西眞知子「再帰性の変化と新たな展開——ラッシュの再帰性論を基軸に」：『社会学評論』64巻2号 2013年、224-239頁所収。

成田大起『「批判」の政治理論——ハーバーマスとホネットにおける批判の方法論』勁草書房 2023年。

ニコルズ、トム『専門知は、もういらないのか——無知礼賛と民主主義』（高里ひろ訳）みすず書房 2019年。

入谷秀一『感動を演技する——フランクフルト学派の性愛論』晃洋書房 2023年。

———『かたちある生——アドルノと批判理論のビオ・グラフィー』大阪大学出版会 2013年。

野村修編『ドキュメント現代史2：ドイツ革命』平凡社 1972年。

早崎守俊『グルッペ四十七史——ドイツ戦後文学史にかえて』同学社 1989年。

濱田洋輔「アーノルト・ゲーレンの倫理学——その問題と意義」：『倫理学年報』第67集（2018）、223-246頁所収。

藤野寛「反ユダヤ主義の諸要素——同一化としての反ユダヤ主義、その原史」：上野成利／高幣秀知／細見和之編『『啓蒙の弁証法』を読む』岩波書店 2023年、118-150頁。

Illustrierte Geschichte der Deutschen Revolution. Berlin（Internationaler Arbeiter-Verlag）1929.
Illustrierte Geschichte der Deutschen Revolution. Frankfurt a. M.（Neue Kritik KG）1968.

邦文献

アドルノ、テオドール「ハイネという傷」（三光長治訳）：『文学ノート１』みすず書房 2009年、110-118頁所収。

油井清光「グローカル化の元の「複数の第２の近代」――個人、中間集団、そして国家」：『社会学評論』60巻３号 2009年、330-347頁所収。

飯島祐介「ハーバーマスの「左翼ファシズム」発言とデモクラシー論」：『東海大学紀要文化社会学部』（10）2023年９月、１-16頁所収。

泉啓「五〇年代ハーバーマスにおける時代批判と秩序の思想――時事論、小論に基づく考察」：『社会学研究』第91号 東北社会学研究会 2012年、153-173頁所収。

―――「初期ハーバーマスのゲーレン批判――『近代の二元的把握』をめぐって」：『社会学研究』東北大学社会学研究会（84）2008年、223-246頁所収。

井関正久『戦後ドイツの抗議運動――「成熟した市民社会」への模索』岩波書店 2016年。

―――「西ドイツにおける抗議運動と暴力――「68年運動」と左翼テロリズムとの関係を中心に」：『日本比較政治学会年報』日本比較政治学会 2007年、177-197頁所収。

ヴィノック、ミシェル『知識人の時代――バレス／ジッド／サルトル』（塚原史／立花英裕／築山和也／久保昭博訳）紀伊国屋書店 2007年。

宇野重規『〈私〉時代のデモクラシー』岩波書店 2010年。

ブラウン、ウェンディ『寛容の帝国――現代リベラリズム批判』（向山恭一訳）法政大学出版局 2010年。

大河内泰樹「啓蒙への関心とその限界――初期ハーバーマスの認識論とドイツ観念論」：『一橋社会科学』（４）2008年、217-241頁所収。

大竹弘二「ハーバーマスと政治的なもの」：田村哲樹／加藤哲理編『ハーバーマスを読む』ナカニシヤ出版 2020年、247-268頁所収。

表弘一郎『アドルノの社会理論――循環と偶然性』現代書館 2013年。

小山英恵『フリッツ・イェーデの音楽教育――「生」と音楽の結びつくところ』京都大学学術出版会 2014年。

旧約聖書翻訳委員会『旧約聖書Ⅳ 諸書』（旧約聖書翻訳委員会訳）岩波書店 二〇〇五年。

ゲルヴァルト、ローヴェルト『史上最大の革命――1918年11月、ヴァイマル民主制の幕開け』（大久保里香ほか訳）みすず書房 2020年。

um die Neue Linken. Münster (Lit) 2010.

Walter-Busch, Emil: *Geschichte der Frankfurter Schule. Kritische Theorie und Politik*. München (Wilhelm Fink) 2010.

Wasserman, Jacob: *Mein Weg als Deutscher und Jude*. Berlin (S. Fischer) 1921.

Weitbrecht, Drothee: *Aufbruch in die Dritte Welt. Der Internationalismus der Studentenbewegung von 1968 in der Bundesrepublik Deutschland*. Göttingen (V&R Unipress) 2012.

Wellmer, Albrecht: Die Bedeutung der Frankfurter Schule heute. In: Ders./ Honneth, Axel (Hrsg.): *Die Frankfurter Schule und die Folgen. Referate eines Symposiums der Alexander von Humboldt-Stiftung vom 10.-15. 12. 1984 in Ludwigsburg*. Berlin (De Gruyter) 1986, S. 25-34.

Wesche, Tilo: *Adorno. Eine Einführung*. Ditzingen (Reclam) 2018.

Wiggershaus, Rolf: *Max Horkheimer. Unternehmer in Sachen »Kritische Theorie«*. Hamburg (Fischer) 2013.

Wiggershaus, Rolf: *Theodor W. Adorno*. München (C. H. Beck) 1987.〔ヴィガースハウス、ロルフ『アドルノ入門』(原千史/鹿島徹訳) 平凡社 1998年〕

Wiggershaus Rolf: *Die Frankfurter Schule. Geschichte. Theoretische Entwicklung. Politische Bedeutung*. München (dtv) 1988.

Winter, Rainer: Kritische Theorie jenseits der Frankfurter Schule? Zur aktuellen Diskussion und Bedeutung einer einflussreichen Denktradition. In: Ders./ Zima, Peter V. (Hrsg.): *Kritische Theorie heute*. Bielefeld (Transcript) 2007, S. 23-46.

Wöhrle, Patrik: *Metamorphosen des Mängelwesens. Zu Werk und Wirkung Arnold Gehlens*. Frankfurt a. M. (Campus) 2010.

Wussow, Philipp von: Adorno über literarische Erkenntnis. In: Berg, Nicolas/ Burdorf, Dieter (Hrsg.): *Textgelehrte. Literaturwissenschaft und literarisches Wissen im Umkreis der kritischen Theorie*. Göttingen (Vandenhoeck & Ruprecht) 2014, S. 159-183.

Yos, Roman: *Der junge Habermas. Eine ideengeschichtliche Untersuchung seines frühen Denkens 1952-1962*. Berlin (Suhrkamp) 2019.

Young, Jock: *Social Exclusion, Crime and Difference in Late Modernity*. London (SAGE Publications) 1999.〔ヤング、ジョック『排除型社——後期近代における犯罪・雇用・差異』(青木秀男/伊藤泰郎/岸政彦/村沢真保呂訳) 洛北出版 2007年〕

Ziege, Eva-Maria: *Antisemitismus und Gesellschaftstheorie. Die Frankfurter Schule im amerikanischen Exil*. Frankfurt a. M. (Suhrkamp) 2009.

Adorno-Handbuch. Leben – Werk – Wirkung, S. 431–435.

Schultz, Karla Lydia: Ex negativo: Enzensberger mit und gegen Adorno. In: *Hans Magnus Enzensberger*, S. 237–257.

Schürmann, Volker: *Souveränität als Lebensform. Plessners urbane Philosophie der Moderne*. München (Wilhelm Fink) 2014.

Seubold, Günter: *Das Ende der Kunst und der Paradigmenwechsel in der Ästhetik. Philosophische Untersuchungen zu Adorno, Heidegger und Gehlen in systematischer Absicht*. 3. Aufl. Bonn (DenkMal) 2005.

Siegfried, Detlef: *1968. Protest, Revolte, Gegenkultur*. Ditzingen (Reclam) 2018.

Staun, Harald: I. Q. In: *Theodor W. Adorno »Minima Moralia« neu gelesen*, S. 105–108.

Thies, Christian: *Arnold Gehlen. Zur Einführung*. Hamburg (Junius) 2000.

Thies, Christian: *Die Krise des Individuums. Zur Kritik der Moderne bei Adorno und Gehlen*. Hamburg (Rowohlt) 1997.

Reckwitz, Andreas: Gesellschaftstheorie als Werkzeug. In: Ders./ Rosa, Hartmut: *Spätmoderne in der Krise. Was leistet die Gesellschaftstheorie?* Berlin (Suhrkamp) 2021, S. 23–150.

Reckwitz, Andreas: *Das Ende der Illusionen. Politik, Ökonomie und Kultur in der Spätmoderne*. Berlin (Suhrkamp) 2019.〔レクヴィッツ、アンドレアス『幻想の終わりに――後期近代の政治・経済・社会』(橋本紘樹／林英哉訳) 人文書院 2023年〕

Rehg, William (übers. Nikolaus Gramm): Erkenntniskritik als Gesellschaftstheorie – *Erkenntnis und Interesse* (1968). In: *Habermas Handbuch*, S. 165–176.

Rickies, Joachim: Einleitung. In: Ders. (Hrsg.): *Bewundert viel und viel gescholten. Der Germanist Emil Staiger*. Würzburg (Königshausen & Neumann) 2009, S. 13–26.

Rosa, Hartmut: Best Account. Skizze einer systematischen Theorie der modernen Gesellschaft. In: *Spätmoderne in der Krise. Was leistet die Gesellschaftstheorie?*, S. 151–251.

Rosa, Hartmut: Beschleunigung. *Die Veränderung der Zeitstrukturen in der Moderne*. Frankfurt a. M. (Suhrkamp) 2005.〔ローザ、ハルトムート『加速する社会――近代における時間構造の変容』(出口剛司監訳) 福村出版 2022年〕

Sandkaulen, Birgit: Begriff der Aufklärung. In: Hindrichs, Gunnar (Hrsg.): *Max Horkheimer/ Theodor W. Adorno: Dialektik der Aufklärung*. Berlin/ Boston (De Gruyter) 2017, S. 5–21.

Vogel, Meike: Der 2. Juni 1967 als Kommunikationsereignis. Fernsehen zwischen Medienritualen und Zeitkritik. In: Bösch, Frank/ Frei, Norbert (Hrsg.): *Medialisierung und Demokratie im 20. Jahrhundert*. Göttingen (Wallstein) 2006, S. 207–241.

Voigts, Hannig: *Entkorkte Flaschenpost. Herbert Marcuse, Theodor W. Adorno und der Streit*

Heine. Deutscher, Jüde, Europäer. Berlin（Erich Schmidt）2008, S. 319–326.

Rehberg, Karl-Siegbert: Von den großen Herrschaftsordnungen zum Verteilungssystem. Arnold Gehlens melancholisches Staatsverständnis. In: *Die Macht der Institution. Zum Staatsverständnis Arnold Gehlens*, S. 17–44.

Rehberg, Karl-Siegbert: Nachwort des Herausgebers. In: *Gesamtausgabe*. Bd. 3–2, Frankfurt a. M.（Vittorio Klostermann）1993, S. 751–785.

Rehberg, Karl-Siegbert: Vorwort zur 6. Aufl. In: US, S. IX-XXI.

Rehberg, Karl-Siegbert: Vorwort zur 6. Aufl. In: MH, S. VII-XVII.

Ringer, Fritz K.: *The decline of german mandarins: The german academic community, 1890–1933.* Cambridge（Harvard University Press）1969.〔リンガー、フリッツ『読書人の没落——世紀末から第三帝国までのドイツ知識人』（西村稔訳）名古屋大学出版会 1991年〕

Ritsert, Jürgen: Methode. In: *Adorno Handbuch. Leben – Werk – Wirkung*, S. 223–232.

Rüther, Günther: *Die Unmächtigen. Schriftsteller und Intellektuelle seit 1945.* Göttingen（Wallstein）2016.

Said, Edward W.: *Representations of the Intellectual. The 1993 Reith Lectures.* New York（Pantheon Books）1994.〔サイード、エドワード・W『知識人とは何か』（大橋洋一訳）平凡社 1998年〕

Sammons, Jeffrey L.: *Heinrich Heine. Alternative Perspectives 1985–2005.* Würzburg（Königshausen & Neumann）2006.

Schildt, Axel: *Medien-Intellektuelle in der Bundesrepublik.* Herausgegeben und mit einem Nachwort von Gabriele Kandzora und Detlef Siegfried. 3. Aufl. Göttingen（Wallstein）2021.

Schildt, Axel: Auf neuem und doch scheinbar vertrautem Feld. Intellektuelle Positionen am Ende der Weimarer und am Anfang der Bonner Republik. In: Ders./ Gallus, Alexander（Hrsg.）: *Rückblickend in die Zukunft. Politische Öffentlichkeit und intellektuelle Positionen in Deutschland um 1950 und um 1930.* Göttingen（Wallstein）2011, S. 13–32.

Schiller, Hans-Ernst: Erfassen, berechnen, beherrschen: Die verwaltete Welt. In: Ruschig, Ulrich/ Schiller, Hans-Ernst（Hrsg.）: *Staat und Politik bei Horkheimer und Adorno.* Baden-Baden（Nomos）2014, S. 129–149.

Schloßberger, Matthias: Von der grundlegenden Bedeutung des Ausdrucks für die Philosophische Anthropologie. In: Ders./ Accarino, Bruno（Hrsg.）: *Expressität und Stil. Helmuth Plessners Sinnes- und Ausdrucksphilosophie.* Berlin（Akademie Verlag）2008, S. 209–217.

Schneider, Christian: Deutschland I. Der exemplarische Intellektuelle der Bundesrepublik. In:

Matuštík, Martin Beck: *Jürgen Habermas. A Philosophical-Political Profile.* London u. a. (Rowman & Littlefield Publischers) 2001, S. 89-123

McCarthy, Thomas: *The Critical Theory of Jürgen Habermas.* Cambridge u. a. (The MIT Press) 1978.

Moses, A. Dirk: *German Intellectuals and the Nazi Past.* Paperback edition. New York (Cambridge University Press) 2009.

Müller-Doohm, Stefan: *Jürgen Habermas. Eine Biographie.* Berlin (Suhrkamp) 2014.

Müller-Doohm, Stefan/ Ziegler, Christian: Professionell Heimatloser - Theodor W. Adornos intellektuelle Praxis zwischen Kontemplation und Engagement. In: Müller-Doohm, Stefan/ Jung, Thomas (Hrsg.): *Fliegende Fische. Eine Soziologie des Intellektuellen in 20 Porträts.* Frankfurt a. M. (Fischer) 2008, S. 63-84.

Müller-Doohm, Stefan: Zur Soziologie intellektueller Denkstile. Gemeinsamkeiten und Differenzen zwischen Theodor W. Adorno und Jürgen Habermas. In: Bluhm, Harald/ Reese-Schäfer, Walter (Hrsg.): *Die Intellektuellen und der Weltlauf. Schöpfer und Missionare politischer Ideen in den USA, Asien und Europa nach 1945.* Baden-Baden (Nomos) 2006, S. 259-274.

Müller-Doohm, Stefan: Theodor W. Adorno und Jürgen Habermas - zwei Spielarten des öffentlichen Intellektuellen. Soziologische Betrachtungen zum Wandel einer Sozialfigur der Moderne. In: Gebhardt, Winfried/ Hitzler, Ronald (Hrsg.): *Nomaden, Flaneure, Vagabunden. Wissensformen und Denkstile der Gegenwart.* Wiesbaden (VS Verlag für sozialwissenschaften), S. 23-36.

Müller-Doohm, Stefan: *Adorno. Eine Biographie.* Frankfurt a. M. (Suhrkamp) 2003, S. 590f. 〔ミュラー＝ドーム、シュテファン『アドルノ伝』（徳永恂監訳）作品社 2007年〕

Müller, Hans-Peter: Wozu (noch) Intellektuelle? Versuch einer Standortbestimmung. In: *Merkur* 66 (2012), S. 878-885.

Negt, Oskar: Einleitung. In: Ders. (Hrsg.): *Die Linke antwortet Jürgen Habermas.* Frankfurt a. M. (Europäische Verlagsanstalt) 1969, S. 17-32.

Negt, Oskar: Studentischer Protest - Liberalismus - »Linksfaschismus«. In: *Kursbuch* 13 (1968), S. 179-189.

Niese, Kristof: *„Vademkum" der Protestbewegung? Transnationale Vermittlungen durch das Kursbuch von 1965 bis 1975.* Baden-Baden (Nomos) 2017.

Olschner, Leonard: Heine-Lektüre und Lyrik-Verständnis bei Adorno. In: Goltschnigg, Dietmar/ Revers, Peter/ Grollegg-Edler, Charlotte (Hrsg.): *Harry... Heinrich... Henri...*

2011, S. 51-69.

Krüger, Hans Peter: *Homo Absconditus. Helmuth Plessners Philosophische Anthropologie im Vergleich*, Berlin/ Boston（De Gruyter）2019.

Langenohl, Andreas: Jürgen Habermas, Alexander Kluge und die Entwicklung einer Linksintellektuellen. Kritiktradition in der Bundesrepublik Deutschland（1960er bis 1980er Jahre）. In: *Warten auf Godot? Intellektuelle seit den 1960er Jahren*, S. 33-47.

Lash, Scott: Reflexivity and its Doubles. Structure, Aesthetics, Community. In: *Reflexive Modernization*, S. 110-173.〔ラッシュ、スコット「再帰性とその分身——構造、美的原理、共同体」（叶堂隆三訳）：『再帰的近代化——近現代における政治、伝統、美的原理』、前掲書、205-315頁所収〕

Lau, Jörg: *Hans Magnus Enzensberger. Ein öffentliches Leben*. Frankfurt a. M.（Suhrkamp）2001.

Lippe, Rudolf zur: Die Frankfurter Studentenbewegung und das Ende Adornos. Ein Zeitzeugnis. In: *Frankfurter Schule und Studentenbewegung. Von der Flaschenpost zum Molotowcocktail 1946 bis 1995. Bd. 3. Aufsätze und Kommentare, Register*, S. 112-125.

Löbig, Michael/ Schweppenhäuser, Gerhard（Hrsg.）: *Hamburger Adorno-Symposion*. Lüneburg（Dietrich zu Klampen）1984.

Lyotard, Jean-François: Tombeau de l' intellektuel. In: Ders.: *Tombeau de l' intelletuel et autres papiers*. Paris（eidition galilée）1984, S. 11-12.〔リオタール、ジャン＝フランソワ『知識人の終焉』（原田佳彦／清水正訳）法政大学出版局 1988年、3-18頁〕

Jean-François Lyotard: *La Condition Postmoderne. Rapport Sur Le Savoir*. Paris（Les Editions de Minuit）1979.〔リオタール、ジャン＝フランソワ『ポストモダンの条件——知・社会・言語ゲーム』（小林康夫訳）水声社 1989年〕

Mariotti, Shannon L.: *Adorno and Democracy*. Lexington（University press of Kentucky）2016.

Marmulla, Hennig: Hans Magnus Enzensberger und das „Kursbuch". In: Gilcher-Holtey, Ingrid（Hrsg.）: *„1968" - Eine Wahrnehmungsrevolution? Horizont-Verschiebungen des Politischen in den 1960er und 1970er Jahren*. München（Oldenbourg Verlag）2013, S. 13-27.

Marmulla, Henning: *Enzensbergers Kursbuch. Eine Zeitschrift um 68*. Berlin（Matthes & Seitz Berlin）2011.

Martin, Susanne: *Denken im Widerspruch. Theorie und Praxis nonkonformistischer Intellektueller*. Münster（Westfälisches Dampfboot）2013.

Kager, Reinhard: *Herrschaft und Versöhnung. Einführung in das Denken Theodor W. Adornos*. Frankfurt a. M. (Campus) 1988.

Kailitz, Susanne: *Von den Worten zu den Waffen? Frankfurter Schule, Studentenbewegung, RAF und die Gewaltfrage*. Wiesbaden (VS Verlag für Sozialwissenschaften) 2007.

Käuser, Andreas: Adorno – Gehlen – Plessner. Medien-Anthropologie als Leitdiskurs der 1950er Jahre. In: Koch, Lars (Hrsg.): *Modernisierung als Amerikanisierung? Entwicklungslinien der westdeutschen Kultur 1945–1960*. Bielefeld (Transcript) 2007, S. 129–153.

Kesting, Franz-Werner/ Reulecke, Jürgen/ Thamer, Hans-Ulrich (Hrsg.): *Die zweite Gründung der Bundesrepublik. Generationswechsel und intellektuelle Wortergreifungen 1955–1975*. Stuttgart (Franz Steiner) 2010.

Keulartz, Jozef: *Die verkehrte Welt des Jürgen Habermas*. Hamburg (Junius) 1995.

Kosiek, Rolf: *Die Machtübernahme der 68er. Die Frankfurter Schule und ihre zersetzenden Auswirkungen*. 8. Aufl. Tübingen (Hohenrain) 2011.

Kraushaar, Wolfgang: *Die blinden Flecken der 68er Bewegungen*. Stuttgart (Klett-Cotta) 2018.

Kraushaar, Wolfgang (Hrsg.): *Frankfurter Schule und Studentenbewegung. Von der Flaschenpost zum Molotowcocktail. 1946 bis 1995*. Bd. 1–3. Hamburg (Rogner & Bernhard) 1998.

Kraus, Karl: Heine und die Folgen. In: Wagenknecht, Christian/ Willms, Eva (Hrsg.): *Schriften zur Literatur*. Göttingen (Wallstein) 2014, S. 77–114.〔クラウス、カール『黒魔術による世界の没落』(山口裕之／河野英二訳) エートル叢書 2008年、110–161頁〕

Kraus, Karl: Die Feinde Goethe und Heine. In: *Fackel* 17. Band (1915), S. 52–89.

Kreisky, Eva: Intellektuelle als historisches Modell. In: Dies. (Hrsg.): *Von der Macht der Köpfe. Intellektuelle zwischen Moderne und Spätmoderne*. Wien (Universitätsverlag) 2000, S. 11–65.

Kroll, Thomas/ Reitz, Tilman: Zeithistorische und wissenssoziologische Zugänge zu den Intellektuellen der 1960er und 1970er Jahre. Eine Einführung. In: Dies. (Hrsg.): *Intellektuelle in der Bundesrepublik Deutschland. Verschiebungen im politischen Feld der 1960er und 1970er Jahre*. Göttingen (Vandenhoeck & Ruprecht) 2013, S. 7–18.

Krohn, Claus-Dieter: Intellektuelle und Mandarine in Deutschland um 1930 und um 1950. In: Gallus, Alexander/ Schildt, Axel (Hrsg.): *Rückblickend in die Zukunft. Politische Öffentlichkeit und intellektuelle Positionen um 1950 und um 1930*. Göttingen (Wallstein)

ト、アクセル「認識手段としての奇想——規格化された知識人の時代における社会批判」：同著者『理性の病理——批判理論の歴史と現在』（出口剛司／宮本真也／日暮雅夫／片上平二郎／長澤麻子訳）法政大学出版局 2019年、271-290頁所収〕

Honneth, Axel: Eine Physiognomie der kapitalistischen Lebensform. Skizze der Gesellschaftstheorie Adornos. In: Ders. (Hrsg.): *Dialektik der Freiheit. Frankfurter Adorno-Konferenz 2003*. Frankfurt a. M. (Suhrkamp) 2005, S. 165-187.〔ホネット、アクセル「資本主義的生活様式の観相学——アドルノの社会理論の素描」：『理性の病理——批判理論の歴史と現在』前掲書、83-113頁所収〕

Honneth, Axel: *Kritik der Macht. Reflexionsstufen einer kritischen Gesellschaftstheorie*. Frankfurt a. M. (Suhrkamp) 1989.〔ホネット、アクセル『権力の批判——批判的社会理論の新たな地平』（河上倫逸監訳）法政大学出版局 2003年〕

Honneth, Axel: Kritische Theorie. In: Fetscher, Iring/ Münkler, Herfried (Hrsg.): *Pipers Handbuch der politischen Ideen*. München 1987, S. 601-611.

Höntsch, Andreas: Der Staat zwischen Gleichheitsanspruch und Wohlstandsversprechen. Arnold Gehlens Blick auf die Bundesrepublik. In: Magerski, Christine (Hrsg.): *Die Macht der Institution. Zum Staatsverständnis Arnold Gehlens*. Baden-Baden (Nomos) 2020, S. 217-243.

Horkheimer, Max: Diskussion über Theorie und Praxis. In: Ders.: *Gesammelte Schriften*. Bd. 19. Hrsg. von Gunzelin Schmid-Noerr. Frankfurt a. M. (Suhrkamp) 1996, S. 32-72.

Horkheimer, Max (Hrsg.): *Zeugnisse. Theodor W. Adorno zum sechzigsten Geburtstag*. Frankfurt a. M. (Suhrkamp) 1963.

Hübinger, Gangolf: Jürgen Habermas, der „allgemeine Intellektuelle“. In: Gilcher-Holtey, Ingrid/ Oberloskamp, Eva (Hrsg.): *Warten auf Godot? Intellektuelle seit den 1960er Jahren*. Oldenburg (De Gruyter) 2020, S. 21-32.

Jäger, Lorenz: *Adorno. Eine politische Biographie*. München (Deutsche Verlags-Anstalt) 2003.〔イェーガー、ローレンツ『アドルノ——政治的伝記』（三島憲一／大貫敦子訳）岩波書店 2007年〕

Jaeggi, Rahel: »Kein Einzelner vermag etwas dagegen«. Adornos Minima Moralia als Kritik von Lebensformen. In: *Dialektik der Freiheit. Frankfurter Adorno-Konferenz 2003*, S. 115-141.

Johnson, Uwe: *Jahrestage. Aus dem Leben von Gesine Cresspahl*. 4 Bde. Frankfurt a. M. (Suhrkamp) 1970-83, Bd. 2.

Johnson, Uwe: Über eine Haltung des Protestierens. In: *Kursbuch* 9 (1967), S. 177-178

Goltschnigg, Dietmar/ Steinecke, Hartmut: *Heine und die Nachwelt. Geschichte seiner Wirkung in den deutschsprachigen Ländern. Texte und Kontexte, Analysen und Kommentare*. Bd. 2: 1907-1956. Berlin（Erich Schmidt）2008.

Görg, Christoph: Praxis - der blinde Fleck kritischer Theorie. In: *Zeitschrift für kritische Theorie*. Heft 20-21/2015, S. 112-126.

Graf, Daniel: Die Schrift unter der Schrift. Über Hans Magnus Enzensbergers *lachesis laponica*. In: *Sprachkunst* 33（2002）, S. 279-299.

Gundolf, Friedlich: Zeitalter und Aufgabe. In: Ders.: *George*. Berlin（Bondi）1920, S. 1-31.

Hacke, Jens: *Die Bundesrepublik als Idee. Zur Legitimationsbedürftigkeit politischer Ordnung*. Hamburg（Hamburger Edition）2009.

Hacke, Jens: *Philosophie der Bürgerlichkeit. Die liberalkonservative Begründung der Bundesrepublik*. 2. Aufl. Göttingen（Vandenhoeck & Ruprecht）2008.

Hager, Frithjof/ Pfütze, Hermann（Hrsg.）: *Das unerhört Modern. Berliner Adorno-Tagung*. Lüneburg（Dietrich zu Klampen）1990.

Hanuschek, Sven/ Hörnigk, Therese/ Malende, Christine: *Schriftsteller als Intellektuelle. Politik und Literatur im Kalten Krieg*. Tübingen（Max Niemeyer）2000.

David Harvey: *The Condition of Postmodernity*. Oxford（Blackwell）1989.〔ハーヴェイ、デヴィッド『ポストモダニティの条件』（吉原直樹監訳）筑摩書房 2022年〕

Hermand, Jost: *Heinrich Heine. Kritisch. Solidarisch. Umstritten*. Köln（Böhlau）2007.

Hiebel, Hans H.: *Das Spektrum der modernen Poesie. Interpretation deutschsprachiger Lyrik 1900-2000 im internationalen Kontext der Moderne*. Teil II（1945-2000）. Würzburg（Königshausen & Neumann）2006.

Hodenberg, Christina von: *Das andere Achtundzwanzig. Gesellschaftsgeschichte einer Revolte*. München（C. H. Beck）2018.

Hodenberg, Christina von: *Konsens und Krise. Eine Geschichte der westdeutschen Medienöffentlichkeit 1945-1973*. Göttingen（Wallstein）2006.

Hogh, Philip: *Kommunikation und Ausdruck. Sprachphilosophie nach Adorno*. Weilerswist（Velbrück Wissenschaft）2015.

Hohendahl, Peter Uwe: Adorno als Leser Heines. In: Ders.（Hrsg.）: *Heinrich Heine. Europäischer Schriftsteller und Intellektuelle*. Berlin（Eich Schmidt）2008, S. 208-221.

Honneth, Axel: Idiosynkrasie als Erkenntnismittel. Gesellschaftskritik im Zeitalter des normalisierten Intellektuellen. In: Ders.: *Pathologie der Vernunft. Geschichte und Gegenwart der Kritischen Theorie*. Frankfurt a. M.（Suhrkamp）2007, S. 219-234.〔ホネッ

コー思考集成Ⅵ 1976-1977 セクシュアリティ／真理』（蓮實重彦・渡辺守章監修／小林康夫・石田英敬・松浦寿輝編）筑摩書房 2000年、145-151頁所収〕

Fraser, Nancy（übers. Gramm, Nikolaus）: Theorie der Öffentlichkeit. *Strukturwandel der Öffentlichkeit*（1961）. In: Brunkhorst, Hauke/ Kreide, Regina/ Lafont, Cristina（Hrsg.）: *Habermas Handbuch. Sonderausgabe*. Stuttgart（J. B. Metzler）2015, S. 148-155.

Frei, Norbert: *1968. Jugendrevolte und globaler Protest*. Neuausgabe. 2. Aufl. München（dtv）2018.〔フライ、ノルベルト『1968年——反乱のグローバリズム』（下村由一訳）旧版、みすず書房 2013年〕

Frei, Norbert: Der Spiegel, die Freiheit der Presse und die Obrigkeit in der jungen Bundesrepublik. In: Doerry, Martin/ Janssen, Hauke（Hrsg.）: *Die SPIEGEL-Affäre. Ein Skandal und seine Folgen*. München（Deutsche Verlags-Anstalt）2013, S. 50-66.

Gabriëls, René: Intellektuelle. In: *Habermas Handbuch*, S. 324-328.

Geppert, Dominik/ Hacke, Jens: Einleitung. In: Dies.（Hrsg.）: *Streit um den Staat. Intellektuelle Debatten in der Bundesrepublik 1960-1980*. Göttingen（Vandenhoeck & Ruprecht）2008, S. 9-22.

Geppert, Dominik: Von der Staatsskepsis zum parteipolitischen Engagement. Hans Werner Richter, die Gruppe 47 und die deutsche Politik. In: *Streit um den Staat. Intellektuelle Debatten in der Bundesrepublik 1960-1980*, S. 46-68.

Giddens, Anthony: *The Consequences of Modernity*. Stanford（Stanford University Press）1990.〔ギデンズ、アンソニー『近代とはいかなる時代か？——モダニティの帰結』（松尾精文／小幡正敬訳）而立書房 1993年〕

Giddens, Anthony: Living in a Post-Traditional Society. In: *Reflexive Modernization*, S. 56-109.〔ギデンズ、アンソニー「ポスト伝統社会を生きること」（松尾精文訳）：『再帰的近代化——近現代における政治、伝統、美的原理』前掲書、105-204頁所収〕

Gilcher-Holtey, Ingrid: *Die 68er Bewegung. Deutschland. Westeuropa. USA*. 5. Aufl. München（C. H. Beck）2017.

Gilcher-Holtey, Ingrid: *1968. Eine Zeitreise*. Frankfurt a. M.（Suhrkamp）2008.

Gilcher-Holtey, Ingrid: Prolog. Eingreifendes Denken. In: Dies.: *Eingreifendes Denken. Die Wirkungschancen von Intellektuellen*. Weilerwist（Velbrück Wissenschaft）2007, S. 7-14.

Gilcher-Holtey, Ingrid: Primat der Theorie oder Primat der Praxis? Kritische Theorie und Neue Linke. In: *Eingreifendes Denken*, S. 163-183.

Gilcher-Holtey, Ingrid: Krise und Kritik: Pierre Bourdieu und Jürgen Habermas 1968. In: *Eingreifendes Denken*, S. 222-242.

Böttiger, Helmut: *Die Gruppe 47. Als die deutsche Literatur Geschichte schrieb*. 3. Aufl. München（Deutsche Verlags-Anstalt）2013.

Bourdieu, Pierre: Die Korporativismus des Universellen. Die Rolle des Intellektuellen in der modernen Welt. In: Dölling, Irene（Hrsg.）: *Die Intellektuellen und die Macht*. Hamburg（VSA-Verlag）1991, S. 41-65.

Brunkhorst, Hauke: *Der Intellektuelle im Land der Mandarine*. Frankfurt a. M.（Suhrkamp）1987.

Calhoun, Craig u. a.: *Habermas and the Public Sphere*. Massachusetts（The MIT Press）1992.〔キャルホーン、クレイグ編『ハーバーマスと公共圏』（山本啓／新田滋訳）未来社 1999年〕

Claussen, Detlev: Konflikt mit Teddie. In: Tiedemann, Rolf（Hrsg.）: *Frankfurter Adorno Blätter* VI. München（edition text + kritik）2000, S. 139-141

Carrier, Martin: Die Intellektuellen im Umbruch. In: Ders./ Roggenhofer, Johannes（Hrsg.）: *Wandel oder Niedergang? Die Rolle der Intellektuellen in der Wissensgesellschaft*. Bielefeld（Transcript）2007, S. 13-32.

Claussen, Detlev: *Theodor W. Adorno. Ein letztes Genie*. Frankfurt a. M.（Fischer）2003.

Clayton, Alan J.: *Writing with the words of others. Essays on the Poetry of Hans Magnus Enzensberger*. Würzburg（Königshausen & Neumann）2010.

Cook, Deborah: *Adorno, Habermas, and the Search for a Rational Society*. London（Routledge）2004.

Delitz, Heike: *Arnold Gehlen*. Konstanz（UVK）2011.

Demirović, Alex: *Der nonkonformistische Intellektuelle. Die Entwicklung der Kritischen Theorie zur Frankfurter Schule*. Frankfurt a. M.（Suhrkamp）1999.〔デミロヴィッチ、アレックス『非体制順応的知識人――批判理論のフランクフルト学派への発展：全四分冊』（仲正昌樹監訳）御茶の水書房 2009-2011年〕

Dietschreit, Frank/ Heinze-Dietschreit, Barbara: *Hans Magnus Enzensberger*. Stuttgart（J. B. Metzler）1986.

Eisenstadt, Shmuel N.: Multiple Modernities. In: Ders.（Hrsg.）: *Multiple Modernities*. Piscataway（Transaction Publishers）, S. 1-29.

Forner, Sean A.: *German Intellectuals and the Challenge of Democratic Renewal. Culture and Politics after 1945*. Cambridge（Cambridge University Press）2014.

Foucault, Michel: La function politique de l'intellectuel. In: Ders.: *DITS ET ÉCRITS*. Tomes III. Hrsg von Daniel Defert und François Ewald. Paris（Éditions Gallimard）1994, S. 109-114.〔フーコー、ミシェル「知識人の政治的機能」（石岡良治訳）：同著者『ミシェル・フー

ント『リキッド・モダニティ――液状化する社会』（森田典正訳）大月書店 2001年〕

Baumbach, Kora: *Standorte. Westdeutsche und lateinamerikanische Autoren im Wechselspiel politischer und ästhetischer Konstellationen*. Berlin（Erich Schmidt）2011.

Beck, Ulrich: The Reinvention of Politics. Towards a Theory of Reflexive Modernization. In: Ders./Anthony Giddens/Scott Lash: *Reflexive Modernization. Politics, Tradition and Aesthetics in the Modern Social Order*. Cambridge（Polity Press）1994, S. 1-55.〔ベック、ウルリッヒ（小幡正敬訳）「政治の再創造――再帰的近代化理論に向けて」：同著者／ギデンズ、アンソニー／ラッシュ、スコット『再帰的近代化――近現代における政治、伝統、美的原理』（松尾精文／小幡正敬／叶堂隆三訳）而立書房 1997年、10-103頁所収〕

Beck, Ulrich: *Risikogesellschaft. Auf dem Weg in eine andere Moderne*. Frankfurt a. M.（Suhrkamp）1986, S. 7-11.〔ベック、ウルリヒ『危険社会――新しい近代への道』（東廉／伊藤美登里訳）法政大学出版局 1998年〕

Becker-Schmidt, Regina: Nicht zu vergessen: Frauen am Frankfurter Institut für Sozialforschung. Gretel Adorno, Monika Plessner und Helge Pross. In: Boll, Monika/ Gross, Raphael: *Die Frankfurter Schule und Frankfurt. Eine Rückkehr nach Deutschland*. Göttingen（Wallstein）2009, S. 64-69.

Benicke, Jens: *Von Adorno zu Mao. Über die schlechte Aufhebung der antiautoritären Bewegung*. 2. Aufl. Freiburg（ça ira）2013.

Berghahn, Klaus L.: Es genügt nicht die einfache Wahrheit. Hans Magnus Enzensbergers *Verhör von Habana* als Dokumentation und als Theaterstück. In: Grimm, Reinhold（Hrsg.）: *Hans Magnus Enzensberger*. Frankfurt a. M.（Suhrkamp）1984, S. 279-293.

Berling, Dietz: *Die Epoche der Intellektuellen 1898-2001. Geburts - Begriff - Grabmal*. 2. Aufl. Berlin（Berlin University Press）2011.

Bieblicher, Thomas: Intellektueller als Nebenberuf: Jürgen Habermas. In: Kroll, Thomas/ Reitz, Tilman（Hrsg.）: *Intellektuelle in der Bundesrepublik Deutschland. Verschiebungen im politischen Feld der 1960er und 1970er Jahre*. Göttingen（Vandenhoeck & Ruprecht）2013, S. 219-231.

Bock, Hans Manfred: Nekrologe auf Widerruf. Legenden vom Tod des Intellektuellen. In: *Merkur* 66（2012）, S. 866-877.

Boll, Monika: *Nachtprogramm. Intellektuelle Gründungsdebatten in der frühen Bundesrepublik*. Münster（Lit）2004.

Bonß, Wolfgang: *Wie weiter mit Theodor W. Adorno?* E-Book-Ausgabe. Hamburger Edition 2016.

ァイス＝エンツェンスベルガー論争」：『何よりだめなドイツ』前掲書、159-176頁所収〕

Gehlen, Arnold: *Moral und Hypermoral. Eine pluralistische Ethik* [=MH]. 7. Aufl. Frankfurt a. M.（Vittorio Klostermann）2016.

Gehlen, Arnold: *Urmensch und Spätkultur. Philosophische Ergebnisse und Aussagen* [=US]. 7. Aufl. Frankfurt a. M.（Vittorio Klostermann）2016.〔ゲーレン、アーノルト『人間の原型と現代の文化』（池井望訳）法政大学出版局 2015年〕

Gehlen, Arnold: *Der Mensch. Seine Natur und seine Stellung in der Welt. Textkritische Edition unter Einbeziehung des gesamten Textes der 1. Aufl. von 1940*. In: Ders.: *Gesamtausgabe*. Bd. 3-2. Hrsg. von Karl-Siegbert Rehberg. Frankfurt a. M.（Vittorio Klostermann）1993, S. 709-743.〔ゲーレン、アーノルト『人間――その性質と世界の中の位置』（池井望訳）世界思想社 2008年〕

Gehlen, Arnold: *Die Seele im technischen Zeitalter. Sozialpsychologische Probleme in der industriellen Gesellschaft*. In: *Gesamtausgabe*. Bd. 6.〔ゲーレン、アーノルト『技術時代の魂の危機――産業社会における人間学的診断』（平野具夫訳）法政大学出版局 1986年〕

Gehlen, Arnold: Das Engagement der Intellektuellen gegenüber dem Staat. In: *Gesamtausgabe*. Bd. 7., S. 253-266.〔ゲーレン、アーノルト「国家への知識人の参加」：同著者『洞察――現代社会と知識人』（森田侑男訳）未來社 1988年、9-35頁所収〕

【二次文献】

外国語文献（邦訳を参照したものは合わせて記載）

Albrecht, Clemens/ Behrmann, Günter C. u. a.: *Die intellektuelle Gründung der Bundesrepublik. Eine Wirkungsgeschichte der Frankfurter Schule*. Frankfurt a. M./ New York（Campus）1999.

Albrecht, Clemens: Die Massenmedien und die Frankfurter Schule. In: *Die intellektuelle Gründung der Bundesrepublik*, S. 203-246.

Andersch, Alfred:（in Worten: ein）zorniger junger Mann. In: Grimm, Reinhld（Hrsg.）: *Hans Magnus Enzensberger*. Frankfurt a. M.（Suhrkamp）1984, S. 59-63.

Balke, Friedlich: Musterung. In: Bernard, Andreas/ Raulff, Ulrich（Hrsg.）: *Theodor W. Adorno »Minima Moralia« neu gelesen*. Frankfurt a. M.（Suhrkamp）2003, S. 70-75.

Barbey, Rainer: *Unheimliche Fortschritte. Natur, Technik und Mechanisierung im Werk von Hans Magnus Enzensberger*. Göttingen（V&R Unipress）2007.

Baumann, Zygmunt: *Liquid Modernity*. Cambridge（Polity Press）2000.〔バウマン、ジークム

Deutschland unter anderm. Äußerungen zur Politik, S. 123-151.〔エンツェンスベルガー、ハンス・マグヌス「ラス・カサス、あるいは未来への回顧」:『何よりだめなドイツ』前掲書、95-126頁所収〕

Enzensberger, Hans Magnus: Bildnis einer Partei. Vorgeschichte, Struktur und Ideologie der PCC. In: *Kursbuch* 18. Frankfurt a. M.（Suhrkamp）1969, S. 192-216.

Enzensberger, Hans Magnus: Gemeinplätze, die Neueste Literatur betreffend [=GL]. In: *Kursbuch* 15. Frankfurt a. M.（Suhrkamp）1968, S. 187-197.

Enzensberger, Hans Magnus: Berliner Gemeinplätze II [=BG II]. In: *Kursbuch* 13. Frankfurt a . M.（Suhrkamp）1968, S. 190-197.

Enzensberger, Hans Magnus: Berliner Gemeinplätze [=BG]. In: *Kursbuch* 11. Frankfurt a. M.（Suhrkamp）1968, S. 151-169.

Enzensberger, Hans Magnus: Fünf verschiedene Gedichte. In: *Kursbuch* 10. Frankfurt a. M.（Suhrkamp）1967, S. 140-149.

Enzensberger, Hans Magnus: Kronstadt 1921 oder die Dritte Revolution. Zusammenstellung und Kommentar von Hans Magnus Enzensberger. In: *Kursbuch* 9. Frankfurt a. M.（Suhrkamp）1967, S. 7-33.

Enzensberger, Hans Magnus: Europäische Peripherie. In: *Kursbuch* 2. Frankfurt a. M.（Suhrkamp）1965, S. 154-173.〔エンツェンスベルガー、ハンス・マグヌス「周辺部ヨーロッパ」:『何よりだめなドイツ』前掲書、127-157頁所収〕

Enzensberger, Hans Magnus: *blindenschrift* [=b]. Frankfurt a. M.（Suhrkamp）1964.〔エンツェンスベルガー、ハンス・マグヌス『点字』: 同著者『エンツェンスベルガー全詩集』（川村二郎／種村季弘／飯吉光夫訳）人文書院 1971年、265-387頁所収〕

Enzensberger, Hans Magnus: Die Steine der Freiheit. Über Nelly Sachs. In: Ders.: *Einzelheiten* [=E]. Frankfurt a. M.（Suhrkamp）1962, S. 246-252.〔エンツェンスベルガー、ハンス・マグヌス「自由の石」: 同著者『現代の詩と政治』（小寺昭次郎訳）晶文社 1968年、211-223頁所収〕

Enzensberger, Hans Magnus: Poesie und Politik. In: E, S. 334-353.〔エンツェンスベルガー、ハンス・マグヌス「詩と政治」:『現代の詩と政治』前掲書、143-170頁所収〕

Enzensberger, Hans Magnus: Bewußtseins-Industrie. In: E, S. 7-15.〔エンツェンスベルガー、ハンス・マグヌス「意識産業」: 同著者『意識産業』（石黒英男訳）晶文社 1970年、7-20頁所収〕

Weiss, Peter／Enzensberger, Hans Magnus: Eine Kontroverse. In: *Kursbuch* 6. Frankfurt a. M.（Suhrkamp）1966, S. 165-176.〔エンツェンスベルガー、ハンス・マグヌス「資料——ヴ

Habermas, Jürgen: Nachgeahmte Substanzialität. In: PP, S. 107-126.〔ハーバーマス、ユルゲン「偽装された実体性」:『哲学的・政治的プロフィール(上)』前掲書、157-183頁所収〕

Habermas, Jürgen: Universität in der Demokratie - Demokratisierung der Universität. In: Ders.: *Kleine Politische Schriften* I-IV [=KS]. Frankfurt a. M. (Suhrkamp) 1981, S. 134-156.

Habermas, Jürgen: Kongreß ›Hochschule und Demokratie‹. In: KS, S. 205-216.

Habermas, Jürgen: Die Scheinrevolution und ihre Kinder. In: KS, S. 249-260.

Habermas, Jürgen: Ein philosophierender Intellektueller (1963). In: Ders: *Philosophisch-politische Profile*. Frankfurt a. M. (Suhrkamp) 1971, S. 176-184.〔ハーバーマス、ユルゲン「哲学する知識人」:『哲学的・政治的プロフィール(上)』前掲書、231-241頁所収〕

Habermas, Jürgen: *Technik und Wissenschaft als Ideologie*. Frankfurt a. M. (Suhrkamp) 1968.〔ハーバーマス、ユルゲン『イデオロギーとしての技術と科学』(長谷川宏訳) 平凡社 2000年〕

Enzensberger, Hans Magnus: Frankfurter Poetikvorlesungen 1964/65 [= FP]. In: Barbey, Rainer (Hrsg.): *Hans Magnus Enzensberger. Scharmützel und Scholien. Über Literatur.* Frankfurt a. M. (Suhrkamp) 2009, S. 9-82.

Enzensberger, Hans Magnus: *Blindenschrift*. Frankfurt a. M. (Suhrkamp) 1999.

Enzensberger, Hans Magnus: Ankündigung einer neuen Zeitschrift. Wiederabgedruckt in: *Kursbuch. Reprint der ersten 20 Ausgabe*. Band I. Hamburg (Zweitausendeins) 1980.

Enzensberger, Hans Magnus: *Gedichte 1955-1970*. 5 Aufl. Frankfurt a. M. (Suhrkamp) 1978.

Enzensberger, Hans Magnus: Rede zur Verleihung des Georg-Büchner-Preises. 1962. In: *Büchner-Preis-Reden. 1951-1971*. Ditzingen (Reclam) 1972, S. 123-134.〔エンツェンスベルガー、ハンス・マグヌス「ビュヒナー賞受賞演説――ダルムシュタット、1963年10月19日」: 同著者『何よりだめなドイツ』(石黒英雄ほか訳) 晶文社 1967年、17-35頁所収〕

Enzensberger, Hans Magnus: Das Verhör von Habana [=VH]. Frankfurt a. M. (Suhrkamp) 1970.〔エンツェンスベルガー、ハンス・マグヌス『ハバナの審問』(野村修訳) 晶文社 1971年〕

Enzensberger, Hans Magnus: Versuch, von der deutschen Frage Urlaub zu nehmen. In: *Deutschland, Deutschland unter anderm. Äußerungen zur Politik*. Frankfurt a. M. (Suhrkamp) 1970, S. 37-48.〔エンツェンスベルガー、ハンス・マグヌス「ドイツ問題からオサラバする試み」:『何よりだめなドイツ』前掲書、49-64頁所収〕

Enzensberger, Hans Magnus: Las Casas oder Ein Rückblick in die Zukunft. In: *Deutschland,*

Adorno, Theodor W./ Tobisch, Lotte: *Der Private Briefwechsel*. Hrsg. von Bernhard Kraller und Heinz Steinert. Wien（Droschl）2003.

Adorno, Theodor W./ Kracauer, Siegfried: *Briefwechsel. „Der Riß der Welt geht auch durch mich" 1923–1966*. Hrsg. von Wolfgang Schopf. Frankfurt a. M.（Suhrkamp）2008.

Adorno, T. W. u. a.: *The Authoritarian Personality*. New York（Harper & Row Publishers）1950.〔アドルノ、テオドール『権威主義的パーソナリティ』（田中義久／矢沢修次郎／小林修一訳）青木書店 1980年〕

Theodor W. Adorno Archiv [=TWAA]. 現在、アドルノアーカイヴの資料は、ベルリンの芸術アカデミー（Akademie der Künste）で複製を閲覧可能。

Habermas, Jürgen: *Erkenntnis und Interesse. Mit einem neuen Nachwort* [=EI]. 17. Aufl. Frankfurt a. M.（Suhrkamp）2019.〔ハーバーマス、ユルゲン『認識と関心』（奥山次良／八木橋貢／渡辺佑邦訳）未來社 2001年〕

Habermas, Jürgen: *Der philosophische Diskurs der Moderne. Zwölf Vorlesungen*, Frankfurt a. M.（Suhrkamp）1998.〔ハーバーマス、ユルゲン『近代の哲学的ディスクルスI、II』（三島憲一／木前利秋／轡田収／大貫敦子訳）岩波書店 1990年〕

Habermas, Jürgen: *Theorie des Kommunikativen Handelns. Band I. Handlungsrationalität und gesellschaftliche Rationalisierung*, Frankfurt a. M.（Suhrkamp）1995.〔ハーバーマス、ユルゲン『コミュニケイション的行為の理論 上・中・下』（河上倫逸ほか訳）未來社 1985–1987年〕

Habermas, Jürgen: *Strukturwandel der Öffentlichkeit. Untersuchungen zu einer Kategorie der bürgerlichen Gesellschaft; mit einem Vorwort zur Neuauflage* [=SÖ]. Frankfurt a. M.（Suhrkamp）1990.〔ハーバーマス、ユルゲン（細谷貞雄／山田正行訳）『公共性の構造転換——市民社会の一カテゴリーについての探求』未來社、第二版、2011年〕

Habermas, Jürgen: Heinrich Heine und die Rolle des Intellektuellen. In: Ders.: *Eine Art Schadenabwicklung*. Frankfurt a. M.（Suhrkamp）1987, S. 25–54.〔ハーバーマス、ユルゲン「ハイネとドイツにおける知識人の役割」（轡田収訳）：『思想』（762）岩波書店 1987年、5–31頁所収〕

Habermas, Jürgen: Der Zerfall der Institutionen. In: Ders.: *Philosophisch-politische Profile* [=PP]. Frankfurt a. M.（Suhrkamp）1987, S. 101–106.〔ハーバーマス、ユルゲン「諸制度の崩壊」：同著者『哲学的・政治的プロフィール（上）——現代ヨーロッパの哲学者たち』（小牧治／村上隆夫訳）未來社 1999年、149–156頁所収〕

Adorno, Theodor W.: Die auferstandene Kultur. In: GS20-2, S. 453-464.

Adorno, Theodor W.: Vorlesung über Negative Dialektik. In: Ders.: *Nachgelassene Schriften*. 4. Abt. Bd. 16. Hrsg. von Rolf Tiedemann. Frankfurt a. M. (Suhrkamp) 2003.〔アドルノ、テオドール『否定弁証法講義』(細見和之／河原理／高安啓介訳) 作品社 2007年〕

Adorno, Theodor W.: Aspekte des neuen Rechtsradikalismus. In: Ders.: *Nachgelassene Schriften*. 5 Abt. Bd. 1.: *Vorträge 1949-1968*. Hrsg. von Michael Schwarz. Berlin (Suhrkamp) 2019, S. 440-467.〔アドルノ、テオドール『新たな極右主義の諸側面』(橋本紘樹訳) 堀之内出版 2020年〕

Adorno, Theodor W., Krahl, Hans-Jürgen u. a.: Über Mitbestimmung, Regelverstöße und Verwandtes. Diskussion im Rahmen der Vorlesung am 5. 12. 1967. In: *Frankfurter Adorno Blätter* VI, S. 155-168

Adorno, Theodor W./ Gehlen, Arnold: Öffentlichkeit - Was ist das eigentlich? [= A/ G, Ö] In: Adorno, Theodor W./ Horkheimer, Max/ Marcuse, Herbert: *Die Frankfurter Schule. Vorträge und Gespräche in Originaltonaufnahmen.* (Auf Tonträger) München (Quintino) 2008, CD 4.

Adorno, Theodor W./ Gehlen, Arnold: *Soziologische Erfahrungen an der modernen Kunst.* In: *Die Frankfurter Schule. Vorträge und Gespräche in Originaltonaufnahmen.*

Adorno, Theodor W. / Gehlen, Arnold: Institution und Freiheit [= A/ G, F]. 以下のサイトで閲覧可能、http://onikfpok.blogspot.com/2010/09/institution-und-freiheit-t-w-adorno-und.html.(最終閲覧日：2024年12月21日) 出典に関しては以下――Klein, Richard/ Kreuzer, Johann/ Müller-Doohm, Stefan (Hrsg.): *Adorno-Handbuch. Leben - Werk - Wirkung*. Stuttgart (J. B. Metzler) 2011 (2011) S. XIV.

Adorno, Theodor W./ Gehlen, Arnold: Ist die Soziologie eine Wissenschaft vom Menschen? Ein Streitgespräch. In: Friedemann Grenz (Hrsg.): *Adornos Philosophie in Grundbegriffen*. Frankfurt a. M. (Suhrkamp) 1974, S. 223-251.

Adorno, Theodor W./ Horkheimer, Max: *Briefwechsel 1927-1969*. Bd. 3: 1945-1949. Hrsg. von Christoph Gödde und Henri Lonitz. Frankfurt a. M. (Suhrkamp) 2005.

Adorno, Theodor W.: *Briefe an die Eltern 1939-1951*. Hrsg. von Christoph Gödde und Henri Lonitz. Frankfurt a. M. (Suhrkamp) 2003.

Adorno, Theodor W./ Mann, Thomas: *Briefwechsel 1943-1955*. Hrsg. von Christoph Gödde und Thomas Sprecher. Frankfurt a. M. (Fischer) 2002.

参考文献

【一次文献】

アドルノ、ハーバーマス、エンツェンスベルガー、ゲーレンのテクストへの参照は、以下の著作より行い、略号を設定したものは、本文中に略号と巻数および頁数を記載している。

Adorno, Theodor W.: *Gesammelte Schriften* [=GS]. 20 Bd. Hrsg. von Rolf Tiedemann unter Mitwirkung von Gretel Adorno, Susan Buck-Morss und Klaus Schultz. Frankfurt a. M. (Suhrkamp) 1970-1986.

Adorno, Theodor W.: Dialektik der Aufklärung. Philosophische Fragmente. In: GS3.〔ホルクハイマー、マックス／アドルノ、テオドール『啓蒙の弁証法——哲学的断想』(徳永恂訳) 岩波書店 2007年〕

Adorno, Theodor W.: Minima Moralia. Reflexionen aus dem beschädigten Leben. In: GS4.〔アドルノ、テオドール『ミニマ・モラリア——傷ついた生活裡の省察』(三光長治訳) 法政大学出版局、新装版、2009年〕

Adorno, Theodor W.: Meinungsforschung und Öffentlichkeit. In: GS8, S. 532-537.

Adorno, Theodor W.: Kulturkritik und die Gesellschaft. In: GS10-1, S. 11-30.〔アドルノ、テオドール「文化批判と社会」: 同著者 (渡辺祐邦／三原弟平訳)『プリズメン——文化批判と社会』ちくま書房 1996年、9-36頁所収〕

Adorno, Theodor W.: Was bedeutet: Aufarbeitung der Vergangenheit. In: GS10-2, S. 555-572.〔アドルノ、テオドール「過去の総括とは何を意味するのか」: 同著者『自律への教育』(原千史／小田智敏／柿木伸之訳) 中央公論新社 2011年、9-36頁所収〕

Adorno, Theodor W.: Marginalien zu Theorie und Praxis. In: GS10-2, S. 759-782.〔アドルノ、テオドール「理論と実践にかんする傍注」: 同著者『批判的モデル集II——見出し語』(大久保健治訳) 法政大学出版局 1971年、226-258頁所収〕

Adorno, Theodor W.: Rede über Lyrik und Gesellschaft. In: GS11, S. 49-68.〔アドルノ、テオドール「抒情詩と社会」: 同著者『文学ノート 1』(三光長治／恒川隆男ほか訳) みすず書房 2009年、52-74頁所収〕

Adorno, Theodor W.: Die Wunde Heine. In: GS11, S. 95-100.〔アドルノ、テオドール「ハイネという傷」:『文学ノート 1』前掲書、110-118頁所収〕

Adorno, Theodor W.: Keine Angst vor dem Elfenbeinturm. In: GS20-1, S. 402-409.

Adorno, Theodor W.: Toward a Reappraisal of Heine. In: GS20-2, S. 441-452.

「制度」の問題――憲法パトリオティズムの前史として」：日本独文学会中国四国支部機関誌『ドイツ文学論集』第55号（2022年）、19-34頁所収（査読有）。

・第六章

橋本紘樹「詩と社会をめぐるエンツェンスベルガーの問題圏、『点字』から『時刻表』へ――テーオドル・アドルノへの批判的応答――」：日本独文学会京都支部機関誌 Germanistik Kyoto 21号（2020年）、21-38頁所収（査読有）。

・第七章

橋本紘樹「歴史を媒介とした文学と政治的実践の架橋――エンツェンスベルガー、『時刻表』に隠された『さまざまな５つの詩』――」：「かいろす」の会機関誌『かいろす』61号（2023年）、1-18頁所収（査読有）。

・第八章（以下の論文の一部のみ）

Hiroki Hashimoto：Zeitgeschichte für Zeitzeugen. Literalische Inszenierung der Erinnerung bei Enzensberger - Von Das Verhör von Habana bis Der Untergang der Titanic. In: *Japanische Gesellschaft für Germanistik: Neue Beiträge zur Germanistik*. Nr. 165.（2023）p129-147（査読有）。

・終章

書き下ろし。

初出一覧

本書は、2022年３月に京都大学大学院文学研究科に提出された博士論文『初期ドイツ連邦共和国における知識人の諸相、自己省察から討議へ――アドルノ、ハーバーマス、そしてエンツェンスベルガー――』に、大幅な加筆修正を施し、新章を加えたものである。各章の初出は以下のとおりである。

• 序章（以下の論文を部分的に序章と第１章に分割して改稿を施している。）
橋本紘樹「アドルノにおける知識人像――理論的観点からの再評価の試み――」：京都大学大学院独文研究室『研究報告』第30号（2017年）、65-89頁所収（査読有）。

• 第一章（序章に同じ。）
橋本紘樹「アドルノにおける知識人像――理論的観点からの再評価の試み――」：京都大学大学院独文研究室『研究報告』第30号（2017年）、65-89頁所収（査読有）。

• 第二章
橋本紘樹「アドルノによる二つのハイネ講演，あるいは文化批判と社会」：日本独文学会機関誌『ドイツ文学』第156号（2018年）、174-191頁所収（査読有）。

• 第三章
Hiroki Hashimoto: Adornos Medienpraxis in der BRD der 1960er Jahre und seine Sicht auf die sich radikalisierenden Zeitströmungen – Eine Analyse seiner Rundfunk- und Fernsehdiskussionen mit Arnold Gehlen –. In: *Japanische Gesellschaft für Germanistik: Neue Beiträge zur Germanistik.* Nr. 159. (2019) p123-141（査読有）。

• 第四章
橋本紘樹「自己省察的な社会批判の射程――1960年代の西ドイツ、アドルノ、そしてハーバーマス」、第四五回社会思想史学会、於・オンライン発表、2020年10月25日、セッション共同発表「アドルノ研究の現在地――没後50年をどう捉えるべきか」（橋本紘樹、宇和川雄、竹峰義和、藤井俊之、細見和之）。

• 第五章
橋本紘樹「ハーバーマスとゲーレンの対峙、初期ドイツ連邦共和国における民主主義的発展と

わ行

ま行

や行

ら行

な行

は行

た行

さ行

索　引

著者略歴

橋本紘樹（はしもと・ひろき）

1992年、滋賀県生まれ。専門は、47年グループやフランクフルト学派を中心とする現代ドイツ文学・思想。九州大学大学院言語文化研究院助教。松山大学経済学部特任講師を経て、2023年度より現職。訳書にアドルノ『新たな極右主義の諸側面』（堀之内出版、2020年）、『アーレント＝ショーレム往復書簡集』（岩波書店、2019年、共訳）、レクヴィッツ『幻想の終わりに――後期近代の政治・経済・文化』（人文書院、2023年、共訳）など。主要論文に「アドルノにおけるハイネ講演、あるいは文化批判と社会」日本独文学会機関誌『ドイツ文学』第156号（第59回ドイツ語学文学振興会奨励賞受賞）。

JIMBUNSHOIN Printed in Japan
ISBN978-4-409-03136-0　C3010

戦後ドイツと知識人
――アドルノ・ハーバーマス・エンツェンスベルガー――

二〇二五年三月二〇日　初版第一刷印刷
二〇二五年三月三〇日　初版第一刷発行

著　者　橋本紘樹
発行者　渡辺博史
発行所　人文書院
〒六一二‐八四四七
京都市伏見区竹田西内畑町九
電話〇七五・六〇三・一三四四
振替〇一〇〇〇‐八‐一一〇三

印刷所　創栄図書印刷株式会社
装　丁　鎌内　文

落丁・乱丁本は小社送料負担にてお取り替えいたします